中国人字

中ZHONG 国GUO 人REN 字ZI

《中国字 中国人》编委会 编著

山东友谊出版社·济南

图书在版编目（CIP）数据

中国字 中国人 /《中国字 中国人》编委会编著 .—
济南：山东友谊出版社，2022.9（2024.12 重印）
ISBN 978-7-5516-2649-1

Ⅰ.①中… Ⅱ.①中… Ⅲ.①汉字 - 关系 - 中华文
化 - 研究 Ⅳ.① H12 ② K203

中国版本图书馆 CIP 数据核字 (2022) 第 141878 号

中国字 中国人

ZHONGGUO ZI ZHONGGUO REN

策划统筹：何慧颖　王俊杰
责任编辑：张亚欣　王 苑 赵 锐
装帧设计：刘一凡

主管单位：山东出版传媒股份有限公司
出版发行：山东友谊出版社
　　　　　地址：济南市英雄山路 189 号　邮政编码：250002
　　　　　电话：出版管理部（0531）82098756
　　　　　　　　发行综合部（0531）82705187
　　　　　网址：www.sdyouyi.com.cn
印　　刷：山东新华印务有限公司

开本：880mm×1230mm　1/32
印张：20.5　　　　　　字数：350 千字
版次：2022 年 9 月第 1 版　印次：2024 年 12 月第 6 次印刷
定价：98.00 元

前 言

一文一世界，一字一乾坤。

中国字是记录中华民族生产、生活、思想、审美和情感的载体。有了中国字，中国历史才由口耳相传转化为以文字作为媒介的客观记载；有了中国字，中华民族才得以了解过往、记录今天、昭示未来；有了中国字，中华民族精神世界的大门才正式打开，中华文化的殿堂里才得以鸿函钜椟浩如烟海。可以说，中国字是了解中国人性格、道德、修为以及中国人哲学思想、价值观念的一把钥匙。

汉字是世界上历史悠久的文字中唯一使用至今的表意文字。两河流域的楔形文字、古埃及的圣书字、古印度印章文字和美洲的玛雅文字都已成为考古学家研究的对象，而不是大众用以承载自己意义世界的工具。

中国字是在中华大地上产生、传承并广泛使用的原生文字。除了闻名世界的甲骨文，在距今 8000 多年的河南舞阳贾湖遗址，还出土了一批刻划符号文物，有学者认为这些刻符就是古老的文字，是甲骨文的前身。7000 年前的双墩遗址、6000 年前的半坡遗址、5000 年前的良渚遗址……不同区域，不同时期，大量刻划符号的发现说明，中国字随着中华文明的萌生而萌生，伴随中华文明的成熟而走向成熟。

从学术意义上讲，这些考古发现里所见的刻符，更多的是"文"而不是"字"。"文"是独体字，主要是象形字、指事字，"字"则是由两个或两个以上独体字合体形成的，主要是会意字、形声字。从发展的角度讲，先有"文"，后有"字"，"文"是有限的，而"字"是一个开放的系统——恰恰是形声、会意等造字方法的出现，为中国字的不断创新预设了广阔的前景。两汉以下，文、字不分，这一转变也说明，中国文字是一个开放、包容且不断更新的系统，中国字最大的特点就是古老而常新。

纸笔出现以前，"刻"是中国字最主要的承载方式。从新石器时代的刻符演变到甲骨文这一历史过程，远比甲骨文演变到楷书的时间跨度大。有了初步的冶炼技术以后，中国字的承载方式又增加了"铸"。金文，也叫钟鼎文，是由甲骨文演变、发展而来的。从商周时期到秦统一之前，贵族阶层铸在青铜器上的铭文通称金文。

春秋战国时期，列国纷争，出现了文字异形的现象。秦始皇统一六国后，文字统一为小篆。小篆看起来漂亮，但书写太麻烦，为了便于书写，在小篆的基础上又产生了隶书，隶书进一步规整、演化而成为楷书，也就是中国人今天常用的字体。当然，在演变的过程中还出现了草书、行书等，不过这些字体不是官方通行的，主要在民间使用。

中国字是中国的，同时也是世界的，是人类共同的文化财富。中国字很早就走出国门、走向世界。亚洲一些国家，都曾经以中国字为本国通行文字，读书人以识中国字、通中国诗文而自豪。在这个"汉字文化圈"里，儒家文化被广泛接纳，这充分说明，文字走到哪里，文明就被带到哪里。

世界上没有任何一种文字像中国字这样注重书写形式，它不仅发展出篆、隶、草、行、楷等字体，还与礼、乐、射、御、数合称"六艺"。古往今来，从笔法上的万岁枯藤、长空新月，到体式上的孤蓬自振、惊沙坐飞，到章法上的众星错落、芝草团云，再到风格气韵上的风樯阵马、乱头粗服，笔墨在纸上自由驰骋，尽情挥洒着书者对自然的慨叹、对人生的哲思。

中国字与中国人高度合一。所谓"尺牍书疏，千里面目也"，由于书者用笔墨达其性情、形其哀乐，所以中国字也往往是一个人学养、胸襟、气度、人格的展现。比如，王羲之品德清纯，其字亦清秀飘逸、动静和畅；颜真卿刚正不阿，其字则刚劲浑厚、正气浩然。人品成就书品，书品彰显人品，字如其人、人字合一，在中国书法艺术中体现得淋漓尽致。

数千年来，中国人一直使用中国字、书写中国字、研究中国字，从中国字里领悟修身处事之道。依托中国字，生成了专门的文字学、训诂学、书法美学等。对中国字的研究可谓多矣，有学问家的研究，有书法家的研究，有思想家的研究，还有民间爱好者的研究。

拿"人"字来说，从甲骨文、金文、籀文，到小篆、隶书、楷书，"人"都是一个象形字，形似人的形状，臂与腿特别突出。字一旦创造出来，解释权就在使用这个字的人而非原创者了。许慎《说文解字》释"人"曰："天地之性最贵者也"，这一解释凸显了人在宇宙中的地位和独特价值。说人是天地万物之中最为宝贵的存在，这不是文字学上的解释，而是哲学上的说明。

《礼记》中说："人者，其天地之德"，"人者，天地之心也，五行之端也"。这也是从哲学的角度丰富了"人"的内涵。今人对"人"字的解释，可谓多种多样：有人说一撇代表自己，一捺代表他者，也有人说一撇代表男人，一捺代表女人……这些说法都像王安石所说的"波者水之皮"一样，是"望文生义"。由于中国字的构造本身是意象性的存在，所以恰恰为后人"望文生义"留下了广阔的空间。

中国的文化经典大多是由文字写成的。颜之推用"夫文字者，坟籍根本"来提醒那些只研习经典而"多不晓字"的"世之学徒"，认为识字、辨字、理解字是通晓中国经典的基本功。了解中国字，才能真正读懂中国经典、弄通中国经典，进而弘扬中国文化的精、气、神，增强中国人的骨气和底气。

《中国字 中国人》一书终于与大家见面了，本书有如下特点：

第一，选字精准、主题鲜明。许慎《说文解字》收录9353个常用字，《康熙字典》收录 4.7 万余字，《汉语大字典》收录 5.6 万余字，在如此庞大的中国字系统中，本书紧紧围绕"自律助人""孝老爱亲""服务利他""节俭绿色""共建共享""和合大同"六个主题，精选与之相应的107 个汉字，集中体现了这些字所蕴含的讲仁爱、重民本、守诚信、崇正义、尚和合、求大同的哲学思想、道德规范和人文价值。

第二，以字为根、贯通古今。本书分析中国字的形态、结构、原始意义及历史演变，融文字学、哲学、文学、美学为一体，在对中国字进行正本清源的同时，利用中国古典哲学、文学、史学、美学等思维，帮助读者更好地理解中国字背后的文化内涵与当代价值。

第三，由字及人、融情说理。颜炳罡先生把选出的107个中国字按照六大主题，编成"三字经"形式的百字歌，读起来朗朗上口，便于读者领悟记忆。更难能可贵的是，透过这些中国字，可以使当代人特别是广大青少年去重新发现、认识、传承我们中国人应有的品性、风骨与底气，也可以使那些想了解中国文化的外国朋友们更加直观地品味中国字的特性、体味中国文化的精髓。

中国人创造了中国字，中国字又塑造了中国人，二者同生共长。发掘、揭示二者之间的关联，是讲好中国故事、实现中华优秀传统文化创造性转化与创新性发展的基础性工程。山东作为孔孟之乡、礼仪之邦，理应在这一文化工程中扮演重要角色、发挥应有作用。《中国字 中国人》是近期山东学者阐释好中华优秀传统文化系统工作中的一环，我们愿将这一工作持续不断地推展下去，力求通过"绵绵为力，久久为功"，达到"止于至善"。

是为序。

编 者

2022 年 8 月

人 情 性 志 气 命 仁 智 勇 廉 谦 静 习 礼 乐 贤 而 圣

自律助人

1

孝老爱亲

4

和合大同

1 自律助人

人情性　志气命
仁智勇　廉谦静
习礼乐　贤而圣

自

律助人

甲骨文 1

甲骨文 2

金文

小篆

楷书

《说文解字》："人，天地之性最貴者也。
此籀文，象臂脛之形。"

"人"字，不过一撇一捺，却有无尽的义涵。有人说，一撇是阳，一捺是阴，一阴一阳之谓道，懂得道理就是人；有人说，一撇是自己，一捺是他者，互爱互助一家人；有人说，一撇是德行，一捺是才能，有德有才完美人；还有人说，一撇是长处，一捺是短处，瑕瑜互见每个人。多少文人骚客奋书感叹人之不易、人生苦短；多少哲学大师陷入沉思，人从何来、人之何为？

"人"是一个象形字，其甲骨文字形形似一个人侧身垂臂站立，或左向站立，或右向站立，两种字形在目前出土的文物中使用频次大体相当。金文"人"的字形发生了两个比较明显的变化：一是"人"大多是左向站立的，二是原本直立的人身趋于弯腰垂臂。小篆的"人"字在金文的基础上，又将左边下垂的手臂延长。许慎《说文解字》认为，人是天地产生的万物之中最尊贵的存在。

人何以是"天地之性最贵者也"？此一问，引发了哲学家们的"人禽之辨"：人与禽兽的区别在哪里？人比万物尊贵在哪里？孟子认为，人与禽兽的区别很少，最关键的一处就是仁义礼智"四端"之心，仁义礼智之心是人与生俱来的本心，本心就是本性，人性本善。孟子强调："仁也者，人也。合而言之，道也。"仁是人的本质，即人的本性。荀子虽然主张人性恶，但在关于人与动物之区别的观点上与孟子高度一致。荀子认为人之所以尊贵，在于人比动物多一点"义"，人有义方尊贵，无义则与动物无别。人是天地即大自然的杰作，天地有了人后才有心，人是天地之心。反过来，人"为天地立心"，即发现自己，发现我性本善，因为人性根源于天地之性。

在中国文化中，人的尊贵在于人的心性原本与天地同体、同道而具有无限性，如《中庸》说"天命之谓性，率性之谓道"，陆九渊说"宇宙便是吾心，吾心便是宇宙"，王阳明说"心外无物，心外无事，心外无理，心外无义"，所以每个人都应该在自尊自爱的基础上自立自强，通过以心志帅气、以道义养气的方法，使自己的身体与精神融合为一，最终成身成性，彰显天地之大美。

　　中国"人"的文化是一种即凡而圣、修凡成圣的文化，孟子认为"人皆可以为尧舜"（《孟子·告子下》），荀子说"涂之人可以为禹"（《荀子·性恶》），都认为只要人们充分利用内在心性与外在礼乐，积学累功，积健为雄，就必能水到渠成地成就自己的理想人格。不过，在人生的漫漫旅途中，想要修身成圣并不容易，必须通过自我反思与他人评价，对自己的身心状态有一个全面而深刻的认知才行。因此，中国古人留下了许多有关"人物品鉴"与"圣贤境界"的著名论述。

　　东汉末年的许劭兄弟曾主持"月旦评"，在每月初一发表对当时著名人物的品评，盛极一时。据说，许劭评人不溢美也不隐恶，要么不评，评则直言，因此坊间流传，"月旦评"一旦评出，便成公论，比皇帝授官时诏书中的文辞还让人信服。据《后汉书·许劭传》记载，曹操在尚未成名时，多次谦恭地请见许劭，求许劭为自己品题，但许劭鄙薄其为人奸诈，不肯发言褒贬。后经曹操胁迫，只好勉为其难评了一句："君清平之奸贼，乱世之英雄。"不料，曹操听后竟然惊喜交集，大悦而去。

　　三国时期刘劭撰写的《人物志》是一部从血气、才性、品德、精神等方面探讨识人、用人的著作。魏晋南北朝时期，品鉴人物更是成为时代风尚，《世说新语》中就不乏此类经典评论，比如时人目王羲之："飘如游云，矫若惊龙。"山涛赞嵇康："为人也，岩岩若孤松之独立；其醉也，傀俄若玉山之将崩。"庾敳评和峤："森森如千丈松，虽磊砢有节目，施之大厦，有栋梁之用。"

　　古人还会以人物品鉴作为择婿的参考。北宋著名诗人、书法家黄庭坚曾盛赞周敦颐"人品甚高，胸怀洒落，如光风霁月"（《濂溪诗序》）。有一次，蒲宗孟路遇周敦颐，二人一见如故，论学三日三夜。之后，蒲宗孟大发感慨：没想到世上竟有这样人品出众的人物。于是将自己性情明爽、为人端淑的妹妹嫁给了周敦颐。

周敦颐经常让求学于自己的程颢、程颐两兄弟"寻颜子、仲尼乐处，所乐何事"，二程"遂厌科举之业，慨然有求道之志"（《河南程氏文集》），这是因为他们深深感受到"天地间有至贵至爱可求"（《通书》）。这个"至贵至爱"，就是人类最为美好的伦常道德，是超越世俗功利而充盈着人情味的为人准则与做人目标。《孟子》中有"父子有亲，君臣有义，夫妇有别，长幼有叙，朋友有信"之"五伦"，《礼记》中有"父慈，子孝，兄良，弟弟（悌），夫义，妇听，长惠，幼顺，君仁，臣忠"之人道"十义"。在中国古代圣贤看来，一个人只有遵守这些人伦规范，才能自别于禽兽，活出人应有的样子与价值，成为一个顶天立地的"大人"而非自私自利的小人。

《庄子·知北游》有言："人生天地之间，若白驹之过隙，忽然而已。"漫长的人生路，与天地相比，"忽然而已"，然而在忽然之间，每一个生命都是天地间唯一的存在，都有绝对、无限意义，都可以"赞天地之化育"，与天地并列。天地之性人为贵，人何以保有自己的尊贵？人来到人世间，如何过好自己这一生，从而无愧天地间的尊贵之名？人人都需思考。

情 小篆

情 楷书

《说文解字》："情，人之陰气有欲者。从心，青聲。"

　　一个"情"字，展现了中国人最柔软的精神世界。从"慈母手中线，游子身上衣"的亲情，到"愿得一心人，白头不相离"的爱情；从"海内存知己，天涯若比邻"的友情，到"愿得此身长报国，何须生入玉门关"的报国之情，无不深刻体现了中国人情感之丰富细腻、深邃绵长。

　　"情"为形声字，左边形旁"心"表意，指明"情"与人的心理、情感活动相关；右边声旁"青"表音。"青"虽为声旁，但兼有表意功能。金文"青"字的上半部指草木青色，下半部"丹"指红色，在古人看来，红青二色是不变的颜色，《说文解字》将其解释为"丹青之信"，其含义或与真实、守信有关。

"情"主要有二义：一为从"青"而来的"实情"义，引申为情报、情况，如《尚书·康诰》中所说的"民情大可见"；二为从"心"而来的"人情"义，引申为情绪、情感、情欲，这是"情"字最重要的义项。何谓人情？《礼记》做了通俗的解答，那就是喜、怒、哀、惧、爱、恶、欲这七种不学而能的情绪、情感。

中国人很早就认识到了"情"的重要性。先秦儒家文献《性自命出》中就有"道始于情"的说法，即人之道发端于"情"。"情"作为可感知可把握的心理活动，是人修身养性与构建文化世界的入口。

在中国古人眼里，"情生于性"而"礼作于情"（《性自命出》），"情"之一字，内与心性相关，可上通"天命"；外与礼法相联，可落实于社会秩序。现代人常说"真性情"，是因为情出自性；现代人也常说"情理法"，是因为情需要理性及规范的约束，这种约束在古人那里呈现为"礼"。

中国历代思想家与文学家，对情性关系、情礼关系有不同的认知，从而形成了对情感的不同态度。在孔子、孟子这里，性、情、礼和谐一体，"情"作为美好、本真之情感，是礼乐兴发的根源与赞美的对象，这是中国思想史上关于情感认知的主流观点，影响深远。与孔、孟不同，儒家另一重要人物荀子认为，性、情、欲都是人生来就有的本能，也是礼乐规范的对象。庄子崇尚自然，以本真性情的自由释放为旨归，与儒家重现实、重有为的观念形成对照，对后世"主情"思想影响深远。关于"情"与"礼"的关系，中国文化中既有《毛诗序》所强调的"发乎情，止乎礼义"这种内在性情与外在礼法的协调，也有《牡丹亭》里"情不知所起，一往而深"的情感释放。

文化的最终产物是人格，不同时代不同派别的思想家对"情"的重视与探讨，共同塑造了"理性早启，文化早熟"的中华民族特质，并最终造就了重真情、懂感恩、讲礼仪的中国人。中国人凡事都追求合情合理，甚至认为只要发于真情，从情而为，就无有不善，所以，说中国文化尤其是儒家文化就是以"情"为中心的文化也不为过。

中国文化重仁爱，倡孝道，强调人与人之间的情感联系，"老吾老，以及人之老；幼吾幼，以及人之幼"（《孟子·梁惠王上》），将亲情之爱推扩至家国天下，试图以此构建人间的温情世界。

孔子去世之后，众弟子像对待父母一样为其守孝三年，子贡更是重情不重利，又独自为老师守孝三年，演绎了感人的师生情。汉代以孝立国，涌现了一大批孝亲典范，缇萦救父、黄香温席等流传千古的故事就是对以"孝"为核心的亲情的生动诠释。

魏晋时期，庄学复兴，文人寄情山水，强调本真性情的自由释放，对汉末僵化礼教所造成的情感压抑进行了必要的缓解。唐至宋元明清，"情"的内涵更加丰富而深化。范仲淹历经宦海沉浮，面对政敌的打击，依然"居庙堂之高，则忧其民；处江湖之远，则忧其君"，表达了忧国爱民之情；陆游和唐琬虽结发情深，却被棒打鸳鸯，无缘白头偕老，多年后二人在沈园相遇，唐琬经丈夫许可，向陆游敬上一杯薄酒，二人赓和写下两阕千古名篇《钗头凤》，演绎了"发乎情，止乎礼义"的人间真情。

提到"情"字，近代史上有一位不能不提的人物——林觉民，他有一封不容忘却的家书——《与妻书》。林觉民是中国近代民主革命的先驱、黄花岗七十二烈士之一。他在广州起义之前写下的《与妻书》，既是向挚爱妻子的诀别，也是对家国天下的深情告白："吾至爱汝，即此爱汝一念，使吾勇于就死也。吾自遇汝以来，常愿天下有情人都成眷属……吾充吾爱汝之心，助天下人爱其所爱，所以敢先汝而死，不顾汝也。"因为有"情"，所以能"勇"；因为有"情"，所以能"仁"。在这封家书里，我们读到了上通孔、孟的大情、大仁与大勇，认识了一个深情与豪迈兼具的林觉民。

"情"字作为中国人重情思想的载体，表现了"人情味"的鲜明特质：第一，尚情义，不麻木，不算计；第二，重温情，尚含蓄，不极端；第三，大情怀，重家国，能升华。这三点特质，构成了中国人固有且独特的文化基因，对当今世界人类命运共同体的构建意义深远。今天，我们对中国人之情感性、本真性及家国情怀的发扬，将为知性色彩逐渐浓重、情感色彩日趋淡薄的现代生活注入一些活力，为我们这个趋于程序化、数字化的生存世界带来更多温暖。

性

 甲骨文"生"

土 金文"性"

 小篆"性"

性 楷书

《说文解字》："性，人之陽气性善者也。从心，生聲。"

"性"一般被理解为个人性情，如陶渊明说"少无适俗韵，性本爱丘山"，杜甫说"为人性僻耽佳句，语不惊人死不休"。其实，这种内涵在世界各国文化中普遍存在，但中国文化的独特之处在于将"性"发展成中华民族精神中最为核心的哲学概念之一，使"修齐治平"的经邦济世成为士人君子本性中认定的职分。

"性"字未见于甲骨文，从其金文字形来看，"性"字应该是从甲骨文的"生"字衍生而来。"生"的造字本义为草木从泥土中萌芽并向上生长。"性"字演化到小篆时，在"生"字旁边加了一个"心"字，来表示"性"与"生"的不同。这样一来，"性"字便成为以"生"为声旁、以"心"为形旁的形声兼会意字了。

"心"代表思想、意念、感觉、性情，再结合"生"字的出生、生命、生育之义，"性"字自然引申出根性、本性、天性、秉性等内涵，并进一步抽象出了性命、性能、性质、个性、气性、心性等哲学名词。如《尚书·汤诰》"若有恒性"中的（恒）性，就是指人的本性。因此，从修身自律的角度来看，中国文化中的"性"字有秉承天性（敬畏生命来源）、涵养性情（完善生命历程）、顺致性命（实现生命价值）这三层蕴意。

人们常说修身养性，在"养性"之前，我们首先应明白到底要养一个什么样的"性"。关于"人性"，中国古代有性善论、性恶论、性善恶混论、性三品论等观念，但"人之初，性本善"才是古代圣贤体认天地造化人类的主流价值观，并逐渐成为中国古人的基本信念。儒家的"性善论"认为每个人的本性都是完全平等的，都与天道浑然一体，具有至真至善至美的无限可能。孔子反复告诫世人"我欲仁，斯仁至矣"（《论语·述而》），孟子认为"人皆可以为尧舜"（《孟子·告子下》），荀子讲"涂之人可以为禹"（《荀子·性恶》），就是希望每个人都要坚信自己生来就有向善、积善、成贤、成圣的可能性，希望每个人都能矢志不渝地迁善改过。

孟子曾对质疑"性本善"的人做过一个比喻论证：牛山的树木曾经是很茂盛的，但人们老是上山砍柴伐木，还去山上放羊牧牛，久而久之，牛山变得光秃秃的。大家看见光秃秃的山，便以为山上不曾有过树木。可这难道是山的本来面目吗？当然不是。这是后天接连不断的破坏造成的啊。同理，虽然每个人都秉承至善的天性，但这天性往往被恶劣的现实环境戕害了。

南宋大儒朱熹曾感慨，无论外在的社会环境如何，如果一个人真心坚信本性至善，那么他当下就是圣贤了。因为这样的人一定会时刻牢记自尊自爱，时刻告诫自己为善去恶，让自己的言行无愧于天、无怍于人。当代学者钱穆也说，孔、孟、荀以及宋明诸儒之所以声称每个人都可以借助自己的本性与后天的努力成贤成圣，不外乎是想宣告天下"人类有真平等与真自由"，不外乎是要劝勉世人"深信人性皆有善与人皆可以为善始"。

人性所至而善无终极，这是中国人性论对人类世界永恒的伟大贡献。试想，如果人自身没有这种至真至善、与天地万物贯通的本性作为依靠，那么人的为善去恶便只能借助宗教信仰与法律管制来实现了，而人若不能主宰自己的行为，又如何能真正捍卫人性的尊严、预防人性的堕落，并建立起一个真正尊重生命与人性的价值世界呢？久而久之，社会必将走向宿命论或人生虚无主义。所以，中国古代圣贤反复强调人本性至善，每个人都可以成为圣人，只要坚守住本性"这点灵明"，便能给人类一个光明的未来。

 金文

 小篆

 楷书

《说文解字》："志，意也。从心，之聲。"

看到"志"字，人们往往会很快联想到"有志者，事竟成""人无善志，虽勇必伤""三军可夺帅也，匹夫不可夺志也"等名言警句，也往往很快体悟到：志不立，则天下无可成之事；志存高远，则未来可期。

"志"的甲骨文尚未发现，从金文与小篆字形来看，其上半部是"之"，下半部是"心"，《说文解字》释曰："志，意也。从心，之声。"如《尚书》中所说的"诗言志，歌永言"。不过，段玉裁在《说文解字注》中说"从心、㞢，㞢亦声"，认为"志"是一个会意兼形声字，本义为"心所之也"，即内心趋向。后来，在小篆向隶书演变的过程中，上半部的"㞢（之）"变为"士"，这一变化无形中对中国士人精神产生了巨大影响。

自春秋战国时期起，"志士"便成为有使命、有担当的知识分子的代称，故而孔子说："士志于道，而耻恶衣恶食者，未足与议也。"（《论语·里仁》）孔子还高度赞扬了志士的气节与担当："志士仁人，无求生以害仁，有杀身以成仁。"（《论语·卫灵公》）孟子也说："志士不忘在沟壑，勇士不忘丧其元。"（《孟子·滕文公下》）"志士"绝不会因为受到威逼利诱就放弃自己一贯坚守的原则，而是始终"居天下之广居，立天下之正位，行天下之大道"，具有"富贵不能淫，贫贱不能移，威武不能屈"（《孟子·滕文公下》）的大丈夫人格。

深受儒家思想的影响，中国古代的普通家庭也都以男儿志在四方、心包宇宙和大丈夫志在千里、能屈能伸来教育子女，希望他们既不因已有的成就而志得意满、故步自封，也不因当下的挫折而怨天尤人、一蹶不振。即便像冯唐、李广那样"时运不齐，命途多舛"，也要"穷且益坚，不坠青云之志"，永葆高远的志向与坚贞的节操，乐天知命，韬光养晦，见机而作，最终成就人生志业。

一个人只有志念精纯、志行端正、心志专一、意志坚定，才能不断提升自己的生命境界，进而实现自己的人生理想。孟子曾说，一个人虽有目标却不能实现，是因为他不能坚守初心。纵使是一种极易生长的植物，晒它一天，冷它十天，它也不可能正常生长。弈秋是全国最擅长下棋的大师，假使让他同时教两个学生，其中一个专心致志地聆听弈秋的教诲，另一个虽也听讲，心里却总惦记着有只天鹅快要飞来，想拿起弓箭去射它。那么，即便两个人一道学习，成绩也会有高下之别。

被视为"完人"的王阳明针对立志也有一系列精当的譬喻。他说一个人如果不立志，就好比种植花草树木"不种其根而徒事培拥灌溉"，必定劳而无功；君子之学应该"无时无处而不以立志为事"，所以人们在日常生活中应将自己的耳目心思都用在"立志"上，如"猫捕鼠""鸡覆卵"一样全神贯注；还应时刻反省，做到"无一息而非立志责志之时，无一事而非立志责志之地"，使各种负面情绪"如烈火之燎毛，太阳一出而魑魅潜消"。

中国历朝历代的精英人物，确实都是能够"立志""责志"的。三国时，东吴大将吕蒙因孙权劝勉而立志读书，不久之后便让鲁肃大吃一惊，说他不再是从前那个"吴下阿蒙"了。据《世说新语》记载，西晋名臣周处少时臂力过人，喜欢争强斗狠，乡人都以他为祸患。周处也知道自己为人所恶，逐渐有了改过自新的想法，便去向陆机、陆云讨教，说自己虽有悔悟之心，但年岁已大，恐为时已晚。陆云则说："古人尚且说'朝闻道，夕死可矣'，何况你还年轻，前途可期，现在你只该担心志向不立，何必忧虑美名不彰呢？"自此之后，周处改过自勉，发奋攻读，最终成为一代忠臣孝子。

《荀子·大略》中有一句发人深省的话："君子之学如蜕，幡然迁之。"意谓君子学习圣贤之道，会像虫蛹蜕变一样，迅速脱胎换骨。

如果世人都能既以天下苍生为己任，有"朝闻道，夕死可矣"的弘道志向，又自始至终以修身成圣为目标，有苦其心志、立志如穷的修道决心，那么，天下太平也就指日可待了。

甲骨文

金文

小篆

楷书

《说文解字》："气，雲气也。象形。"

"气"是一个极富中国文化特色的汉字。《说文解字》认为"气"是表示云气的象形字。从甲骨文字形来看，"气"的造字本义可能就是天上层叠的云气。金文字形中的上下两横延伸出弯曲的竖笔，可能是为了表现云气流动变化的形态。

"气"的含义，从最初的"云气"引申出气体、气象、节气、气候等义，又进一步衍生出气化、气运、气质、气性等抽象内涵。若将这些义项应用于描写人，便可经由气息、声气、血气、气势等身体状态的种种作用，形成气派、气概、气魄、气量、志气、义气、勇气、豪气等精神状态，其个体性的内在根源为元气、精气，其群体性的外在表现则为气氛、风气等。由此，"气"全方位、多层次地影响了中国古代社会的许多基本观念。

就中华民族修身自律的精神而言，"气"的影响主要表现为四个方面：以气养生、以志帅气、以气明理、圣贤气象。

中国的道家与儒家都非常注重养生。道家注重滋养人的元气与精气，主张尽量不在声色娱乐与功利斗争上虚耗精力，比如老子在《道德经》中告诫世人要"专气致柔""冲气以为和"。儒家则强调要在日常生活中通过治气之术来养心，如孟子认为人们应该在深夜与清晨反省白天的言行，通过存夜气与养平旦之气来发现自身的良知良能并使其自然生长。荀子认为，人们应借助礼乐文化来治气养心，要刚柔并济、内外兼修，同时要预防奸声邪行感人、逆气成象而生乱，从而使全社会"血气和平，移风易俗，天下皆宁，美善相乐"（《荀子·乐论》）。

人作为万物之灵，必须从同为"血气"之属的一般动物中超脱出来，用"志气"来对治人类原始的动物性。《左传》中说："凡有血气，皆有争心。"孔子亦说："君子有三戒：少之时，血气未定，戒之在色；及其壮也，血气方刚，戒之在斗；及其老也，血气既衰，戒之在得。"（《论语·季氏》）

　　孟子进而直接提出"以志帅气"的命题，他举例说，北宫黝、孟施舍这两个勇士的勇气只能对付别人，不如曾子这样的贤人有勇气来战胜自己，只有在遇到任何人任何事时都能"仰不愧于天，俯不怍于人"，正直坦荡而又合情合理，才是真正的大勇。所以孟子经常以周文王、周武王"一怒而安天下之民"的大勇来警醒当时好勇斗狠的各国诸侯。而对于普通人来说，孟子则告诫人们应该"持其志，无暴其气"，即坚定志气，不滥用意气，因为志气如果专一就能控驭意气，而意气如果专横则会带偏志气。只有日常的所思所想、所作所为都不违背道义，积健为雄地滋养出至大至刚、充塞宇宙的浩然之气来，人才能将自己的血肉之躯彻底转化成道义之身。这正如文天祥的《正气歌》所言："天地有正气，杂然赋流形。……于人曰浩然，沛乎塞苍冥。"

　　至于"以气明理"，庄子与张载说得很清楚。

庄子在《大宗师》《齐物论》《逍遥游》等文章中指出，人类世界的一切现实斗争与理论争辩，都起源于"成心""成见"，只有与万物平等、顺应天地造化而进入"游乎天地之一气"的境界，人才能从"小我"中超脱出来并汇入宇宙中变化无穷的"大我"。所以，庄子提出以"吾丧我"的"坐忘"与"听之以气""虚而待物"的"心斋"这两种修养工夫，来与"至人无己，神人无功，圣人无名"的理想人格相对接。

庄子虽然以"天地一气"打通了善恶、是非、美丑、成败乃至生死，但用理论将其高度概括出来的人则是北宋大儒张载。张载有句名言："知虚空即气，则有无、隐显、神化、性命通一无二。"（《正蒙·太和》）他认为只要明白万事万物都是由太虚之气生化而来的，人们就能以气之聚散、隐显、精粗、清浊、厚薄、通塞、刚柔、缓急等不同形态来解释宇宙中千姿百态的物质世界与精神世界，而不会迷惑于生死鬼神。只要活一天，就要做一天由气通性而德胜其气的穷理尽性之事。

　　如果一个人一生都持之以恒地去做"以气养生""以志帅气""以气明理"的事，那么他身上就会自然而然地生成一种"圣贤气象"，北宋大儒程颢即是如此。《宋史·程颢传》载："颢资性过人，充养有道，和粹之气，盎于面背，门人交友从之数十年，亦未尝见其忿厉之容。"程颢对孔、颜、孟圣贤气象的区别细加体味，认为孔子是元气充沛的天地气象，颜子是和风庆云的春生气象，孟子则是巍峨如泰山的高峻气象。程颢说"学者须要理会得圣贤气象"（《河南程氏遗书》），认为在日常生活中要时刻以古人的圣贤气象来审视自己的言行，这对明理成性很有帮助。

　　通过"希圣希贤""与圣人为徒""观想圣人"的心志修炼来变化气质、成就理想人格，不仅是中国古代儒家所强调的，亦是所有中国人孜孜以求的。

 甲骨文

 金文

 小篆

 楷书

《说文解字》："命，使也。从口，从令。"

甲骨文的"命""令"二字构形相同，上面是一个大屋顶，下面是一个跪坐的人，象征着一个有身份的人正在发出命令或者一个人正在接受别人的命令。可能是为了与"令"字区分开来，金文的"命"字在跪坐的人旁边增加了一个"口"，但发号施令的意思没有改变，故《说文解字》释曰："命，使也。从口，从令。"后来，"命"字逐渐引申出政令、教令等义项。由于发出最高命令的君主在上古时期通常被视为"天子"，代表天的意志，而政令、教令又能决定人的祸福乃至生死，所以"命"进而抽象出天命、命运、性命等哲学内涵。

"命"既是一种限定，也是人不可抗拒的必然性。降生于什么时代、什么国家、什么民族、什么家庭，绝不是个人所能决定的，这就是"命"或"天命"。天命虽非人力所能抗拒，但也并非永恒不变，即所谓"惟命不于常"（《尚书·康诰》）。人们在面对贫富、贵贱、安危、夭寿、生死时，可能身处顺境坦途，也可能遭遇逆境险阻。王勃《滕王阁序》中的"时运不齐，命途多舛。冯唐易老，李广难封"，李白所说的"时命乃大谬，弃之海上行"，杜甫所说的"文章憎命达，魑魅喜人过"，都是知识分子对命运不公的控诉。即便圣哲如孔子，也因为自己德行优异的弟子英年早逝而发出了沉重的哀叹。伯牛得了重病，孔子拉住他的手说："难得活了，这是命呀。没想到这样的人竟有这样的病！这样的人竟有这样的病！"颜渊不幸短命而死，孔子更加伤心："哎呀！这是老天爷要我的命呀！老天爷要我的命呀！"弟子们担心老师的身体，劝说道："老师您太伤心了！"孔子回答说："真的太伤心了吗？我不为这样的人伤心，还为什么人伤心呢！"孔子对弟子的这份情义，千载之下，读来仍然令人感慨系之。

面对不能左右的命，人是安之从之，还是奋起抗争？道家选择前者，儒家选择后者，而墨家干脆否定了命，直接打出了"非命"的旗帜。道家认为，人生在世，一切都是命运的安排，"死生存亡，穷达贫富，贤与不肖毁誉，饥渴寒暑，是事之变，命之行也"（《庄子·德充符》）。既然无法左右命运，那就向内心探求，在既定的命运中过一种与世无争的生活，此即庄子所说的"逍遥"。在儒家看来，即便明知世事难测祸福难料，也要"尽人事，听天命"，"穷理尽性以至于命"。即使"死生有命，富贵在天"（《论语·颜渊》），一个君子也要努力从"宿命"之中超拔出来，做到"艰难困苦，玉汝于成"，正如孟子所言："天将降大任于是人也，必先苦其心志，劳其筋骨，饿其体肤，空乏其身，行拂乱其所为，所以动心忍性，曾益其所不能。"（《孟子·告子下》）墨家则崇尚人的力量而不相信命运的存在，认为人可以战胜一切，且"赖其力者生，不赖其力者不生"（《墨子·非乐上》），鼓励人们发现并运用自身的力量，自立自主，进而掌握自己的命运。

"天命"这一中国哲学范畴，自古即为思想家们所喜闻乐道。所谓"天命"，就是上天赋予每个人的人生使命，对于身居高位、有德有才的君子而言，就是对时代、对百姓乃至对天下后世的一种深沉的忧患意识与担当精神。《尚书》告诫君主要"钦崇天道，永保天命"，认为"天命有德"，只有不断提升天德的人才能顺应天道、永保天命。北宋大儒张载的"横渠四句"，将"天命"的具体内涵总结得非常全面，即："为天地立心，为生民立命，为往圣继绝学，为万世开太平。"

真正知天命、了解自己时代使命的士君子，不应怨天尤人，而应如王勃所言："所赖君子见机，达人知命。老当益壮，宁移白首之心？穷且益坚，不坠青云之志。"

我命由我不由天，人不是命运的奴隶而是命运的主人，唯有将命运牢牢掌握在自己手里，方能不忘初心、终始如一，在时代的汪洋中，挺立潮头，乘风破浪。

 金文

 小篆

 楷书

《说文解字》："仁，親也。从人，从二。忎，古文仁，从千心。尼，古文仁，或从尸。"

　　"仁"是一个最能体现中国人内心世界与外在感通的中国字。"仁"是孔子的核心思想，在儒家文化中一直占有极其重要的地位，甚至可以说，如果抛开"仁"去谈儒家文化、去谈中国传统文化，那只能算隔靴搔痒。

　　许慎《说文解字》列举了三种"仁"的写法："仁，亲也。从人，从二。""亲"指亲近、亲情，是一个人与生俱来、发自内心的情感。从结构上说，"仁"是由"人"与"二"构成的会意字，"从人"很好理解，因为"仁"这种亲情是人所共有的。何以"从二"？徐铉的解释是："仁者兼爱，故从二。"而郑玄、阮元、康有为、谭嗣同、梁启超等则以"相人偶"来理解"二"，认为"仁"指人与人之间的相亲互敬。"仁"的第二种写法是"从千心"的"忎"，有学者认为，这种写法应当是由在郭店楚简中反复出现的上"身"下"心"的"愳"字讹变而来的，"千"是"身"的变体。"愳"喻指身心合一，以心宰身，爱自己也爱别人。"仁"的第三种写法，即"从尸"的"layer"，"尸"本指祭祀时代替死者受祭的人，其象形字近似"人"字，在表义功能上与"人"一样。由此可见，"仁"的造字意旨就是期许人类在天地之间相亲相爱、相互礼敬，成就自己，也成就他人。

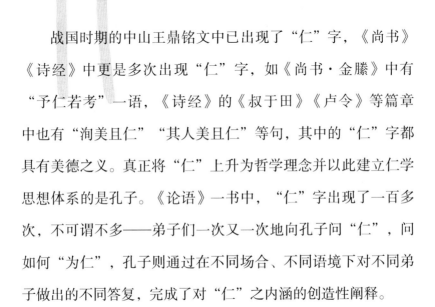

　　战国时期的中山王鼎铭文中已出现了"仁"字，《尚书》《诗经》中更是多次出现"仁"字，如《尚书·金縢》中有"予仁若考"一语，《诗经》的《叔于田》《卢令》等篇章中也有"洵美且仁""其人美且仁"等句，其中的"仁"字都具有美德之义。真正将"仁"上升为哲学理念并以此建立仁学思想体系的是孔子。《论语》一书中，"仁"字出现了一百多次，不可谓不多——弟子们一次又一次地向孔子问"仁"，问如何"为仁"，孔子则通过在不同场合、不同语境下对不同弟子做出的不同答复，完成了对"仁"之内涵的创造性阐释。

　　孔子确立了"仁"的最基本含义是"爱人"。孔子主张"泛爱众"，认为对任何人，无论是亲人还是陌生人，仁者都会有亲之爱之的感情。仁者之爱，何止于人，即使是动物，乃至天地间的一草一木，只要出现于仁者的世界，仁者就会呈露出亲之爱之的感情。孟子所说的"亲亲而仁民，仁民而爱物"，最能反映出"仁"字的情怀。

　　孔子提出了实践"仁"的基本方法，即"近能取譬"的"为仁之方"，仁爱由亲亲之情逐步向外扩展，推及整个人类，即所谓"泛爱众而亲仁"（《论语·学而》）。孔子告诉人们，实践"仁"非常简单，不过是"老者安之，朋友信之，少者怀之"（《论语·公冶长》）而已，要不要做一个仁者取决于自己，即"为仁由己"；而真正达到仁者的境界又是如此艰难，孔门弟子众多，身通六艺者就有七十余人，但只有颜子可以做到"三月不违仁"，其余则"日月至焉而已矣"（《论语·雍也》）。

　　孔子提出，"仁"是人的最高价值。"仁"在孔子思想中具有至高无上的价值，以至于"志士仁人，无求生以害仁，有杀身以成仁"（《论语·卫灵公》）。"仁"是人的道德生命、文化生命，这种生命高于自然生命，充分体现了中国人的骨气、底气和气节。

　　子思与孟子作为孔子之后的儒家学者，扩充、完善了孔子的仁学，明确了"仁"是人之本质的定位。"仁者，人也，亲亲为大"（《中庸》），"仁也者，人也。合而言之，道也"（《孟子·尽心下》），这是说"仁"是人的本质，一个人只有具备"仁"的德性，才算是一个真正的人，失去了"仁"的德性，就不成其为人了。"恻隐之心，仁之端也"（《孟子·公孙丑上》），恻隐之心就是仁心、不忍人之心。"仁，人之安宅也"（《孟子·离娄上》），"仁"是人之心灵最为安适的居所，是人的精神家园。"居天下之广居，立天下之正位，行天下之大道。得志，与民由之；不得志，独行其道。富贵不能淫，贫贱不能移，威武不能屈，此之谓大丈夫。"（《孟子·滕文公下》）这种由浩然正气养成的大丈夫精神仁而无敌！

　　历两汉至宋明，中国历代学者不断继承、发展孔子的仁学宗旨，在著述中推衍、发挥着仁学大义，在生活中彰显着仁者气象及胸次。虽然后世学者对"仁"的阐发如抽丝剥茧，邃密日增，新意迭出，但仍不离"仁者爱人"之本宗旨归。

　　中国学人不仅在理论上不断传承、创新着"仁"的学说，而且在生活中不断践行着"仁"的美德、锻造着"仁"的品格，这是中国人的大修为、真工夫。文天祥誓不降元，临终绝笔："孔曰成仁，孟曰取义；惟其义尽，所以仁至。读圣贤书，所学何事？而今而后，庶几无愧！"过市，意气扬扬自若，观者如堵。临刑，从容谓吏曰："吾事毕矣。"文天祥"杀身成仁"，成就了他"留取丹心照汗青"的人生格言。

　　"仁"字是仁学思想的载体，在历代中国人的一再诠释下，中国文化中形成了庞大精密的仁学思想体系。它跨越国界，在全世界产生了广泛的影响；它穿越历史，成为中华民族至今仍旧秉持的核心价值理念；它面向未来，展现出历久弥新的强大生命力。

智

甲骨文

金文

小篆

智 楷书

《说文解字》："矯，識詞也。从白，从亏，从知。"

在中国历史中，人们对"智"的理解与态度是多元化的，也是见仁见智的。无论是《周易》中的变易与不易，还是《中庸》里的"执两用中"；无论是道家的无为而治，还是兵家的出奇制胜；无论是魏晋名士的玄心洞见，还是禅宗大师的见性成佛……都是中国人智慧的代表与结晶、积淀与突破。

"智"字最早出现在甲骨文中，一种说法是从"于"，"知"声。形旁"于"是"竽"的象形字，表示"智"的本义与听竽声可知心迹有关。声旁"知"是从"口"，"矢"声的形声字，本义为口之所陈，心迹可识。还有一种说法是"智"从"于"、从"口"、从"矢"，指一个人说话、反应犹如弓矢一般，是聪明、思维敏捷的体现。金文、小篆字形与甲骨文时期的略有差别。可见，"智"字是经过几次讹变才呈现出现在的样子，其含义也逐渐引申为智慧、智谋、见识等，《尚书·召诰》"智藏瘝在"中的"智"则指有智慧的贤人。

　　"智"是儒家"五常"（仁、义、礼、智、信）中不可或缺的一个要目，也是"三达德"（智、仁、勇）中的重要一环。孔子将"智"从一种人之聪敏的评判，提升为一种德性的标准。"智"与"知"在古代是相通的，《论语》中就多次出现具有"智慧"含义的"知"，如"知者不惑，仁者不忧，勇者不惧"（《论语·子罕》），又如"里仁为美。择不处仁，焉得知"（《论语·里仁》），再如"知者乐水，仁者乐山。知者动，仁者静。知者乐，仁者寿"（《论语·雍也》）。这些闪耀着智慧光芒的经典名句，都是将仁与智并举，认为它们各自有其不同的定位与境界。仁且智，是一个完整人格所必备的要义。有智慧的人，不能仅仅在知识领域占地盘，还要有道德判断作支撑，才能合乎仁义之方。如若不然，则会出现"知及之，仁不能守之；虽得之，必失之"（《论语·卫灵公》）的可悲后果。

　　孟子进一步将智与仁、义、礼三德并举，即所谓"恻隐之心，仁也；羞恶之心，义也；恭敬之心，礼也；是非之心，智也"（《孟子·告子上》）。这里的"智"，已然成为一个人与生俱来的能力，可使人辨别是非、判断曲直。

　　后来，荀子对"知"与"智"做出区分，提出了"所以知之在人者谓之知，知有所合谓之智"（《荀子·正名》）的观点，认为"知"更接近于感性经验与认识，"智"则是对感性认识与客观知识不断内化、省思、融贯的结果，内蕴着更为丰富的心理功能与道德工夫，凸显出德性内涵。

　　"吃一堑，长一智"，如何避免在同一个地方摔倒两次，如何能够在经历挫折后增长经验、提升认知，这是智慧的一种表现。知识只有在被人掌握与应用后，才能化为"智慧"；而能熟练运用知识、发现事物发展规律的人，才是"智者"，正如《白虎通义·情性》所言："智者，知也。独见前闻，不惑于事，见微知著也。"

　　智者不仅聪明、敏慧，还通达，能随机应变。孔子的弟子子贡就是其中的佼佼者，他能综合运用各种能力，将知与智完美地结合起来解决问题。子贡擅言谈，是孔门十哲"言语"科的翘楚；子贡从商，"亿则屡中"，能够准确地判断市场行情；子贡从政，通达事理，处理内政外交事务举重若轻。齐国田常发动叛乱后，专齐国之政，准备攻打鲁国。子贡自告奋勇，主动承担起"为鲁解困"这项异常艰难的外交斡旋事宜。他先是到齐国劝说田常伐吴，之后南下诱导吴王夫差伐齐救鲁，再请越王勾践发兵助吴，并让晋国修兵以待。司马迁在《史记》中高度评价了子贡这次纵横捭阖的外交活动，认为子贡凭借自己的谋略与智慧，保全了鲁国，搞乱了齐国，借刀杀人灭了吴国，壮大了晋国，亦使越国成功复仇，可谓远交近攻、一箭多雕。

在中国传统文化中，儒、释、道三家对于"智"都有各自的解读。儒家试图建构一种"仁智双全"的人格类型；道家尝试用"绝圣弃智"来恢复人的自然本性；佛家则希图将传统意义上的智慧与情感全部清除，用般若智慧来重构宇宙万物，最终实现"灰身灭智"的理想。

而今高度发达的信息技术是人类智慧的结晶，是变革的产物，是社会发展进步的阶梯。不过，我们也不应忽视，信息技术是一把"双刃剑"，互联网、人工智能等数字化工具，在方便信息的传递交流、打破人与人之间的时空限制、丰富人们的日常生活、为人类社会创造前所未有之大机遇的同时，也带来了各种良莠不齐、冗余庞杂的信息，令人难辨真假。人们开始习惯于在信息技术工具的裹挟之下，机械地复制生活图景，使"智"的传统光晕与本真面目逐渐淡化。鉴于此，我们应充分利用传统文化中"智"的哲学思想，为人类改造自然的知识论路径提供生长与更新因子，在充分利用信息化工具的同时，维护"智"的价值与地位，发挥"智"的作用，通过致良知、明道义、行仁智的途径，实现"以智守德""以智增德""以智润德""仁智合一"的美好愿景。

勇

金文

小篆

勇 楷书

《说文解字》："勇，气也。从力，甬聲。"

在中国历史的长河中，"勇"的精神弥漫四方、贯穿古今，响彻寰宇。"路曼曼其修远兮，吾将上下而求索"，这是面对未知、百折不挠的勇往直前；"黄沙百战穿金甲，不破楼兰终不还"，这是征战沙场、奋力杀敌的勇者不惧；"人生自古谁无死，留取丹心照汗青"，这是为国尽忠、舍生取义的勇者无敌；"心忧天下，敢为人先"，这是仁爱苍生、挺立潮头的勇担道义。

"勇"是形声字，最早见于金文，其上半部分是"戈"，下半部分是"用"，表示使用戈这种武器的人十分骁勇善战。在古代，"勇"有多种写法，如：从"力""甬"声作"勈"，从"戈""甬"声作"戱"，从"心""甬"声作"恿"。《说文解字》释曰："勇，气也。从力，甬声。"可知其本义为勇气，即心中之气上涌，使胆量增强，后被引申为勇猛、勇敢之义。

毋庸置疑，"勇"是人类共同提倡的道德。《中庸》明确将"智、仁、勇"并列为"三达德"，把"勇"界定为一种主体行为所蕴含的道德力量与道德意志。对此，孔子做了进一步阐发，认为"知者不惑，仁者不忧，勇者不惧"（《论语·子罕》）。

在中国人的心目中，一个人想做到"勇"，除了要有胆量之外，还要有仁、礼、义、智做支撑，否则很容易误入歧途。

"勇"要以"仁"为基石，唯有如此，我们才会有"当仁不让"的气魄，才能走出"好勇疾贫"的误区，才能见他人困顿而挺身相助，进而忘记自身安危与利益得失，达到"仁者无敌"的境界，此即为仁勇。

"勇"要以"礼"为约束机制。"勇而无礼则乱"（《论语·泰伯》），一个人不管多勇敢，也都需要礼的约束。单凭一身勇气往前冲是鲁莽的，很容易走向极端，惹出事端，甚至酿成大祸。只有用礼乐来教化，用礼节来约束，人们才能更为坚毅地走上勇敢之路。

"勇"要以"义"为调节阀门。《吕氏春秋》中割肉自啖、逞勇斗狠的齐国武士，从自己的利害关系出发，危及他人和自身，是"小人之勇"。孟子笔下的北宫黝，被刺身体而不避，被刺眼睛而不躲，只是为了磨炼自己的勇力，这是"匹夫之勇"。孟施舍不断培养自己的勇气，无论对手是强大还是弱小，他都觉得并不可怕，这是"血气之勇"。而唯有"虽千万人，吾往矣"的曾子身上所具备的，才是儒家所推崇的大勇——"君子之勇"。这种勇来自"义"，倘若不是出于正义的目的，那么即使面对弱小也不去欺负；倘若是出于正义的目的，那么纵使面对千军万马，也毫不畏惧地向前冲。这就是深明大义、合乎气节的道德之勇。

"勇"要以"智"为理性支持，以勇助智，以智导勇，最终实现智勇双全。《尚书·仲虺之诰》中提到，夏桀"昏德"，使社会混乱，于是，上天赐商汤"勇智"，以"表正万邦，缵禹旧服"。儒家推崇勇德，但反对盲目的牺牲、鲁莽的冒险。孔子所说的"暴虎冯河"者，就是指那些空手与虎搏斗和徒步涉大河的人，他们其实都是有勇无谋、冒险行事之人的代表。一个人的勇气，应该以智慧为支点，以深思为前提，人应通过道德自省和效果预估来做出理性的举动。

孔子的弟子子路，年轻时粗鄙张扬且好勇力。初见孔子时，子路"冠雄鸡，佩豭豚"，因为这两样东西在当时都是好勇斗狠的象征，他想借此向孔子显示自己的威风。孔子并未介怀，收其为徒。在孔子让弟子们各言其志时，子路说，自己的志向是治理一个规模庞大的诸侯国，即使遭遇外敌入侵、自然灾害，也能在三年内使国民勇敢善战且懂得礼义。孔子听完之后，对子路报以哂笑，提醒他不要仅凭意气行事。当子路问孔子什么是"强"（勇）时，孔子用南方之强和北方之强做对比，提点子路应更多地去践行德义之勇，成为真正让人敬畏的君子勇士。

在孔子的悉心教导下，子路逐渐将儒家的道义、礼仪与自身的勇敢结合起来，立下赫赫战功。后来，当好友子羔劝说他不要回卫国，以免被卷入内乱时，他义正词严地说："食人之禄，焉能避其难？"于是义无反顾地返回卫国。在战斗中，子路的帽缨被敌人割断了，他想起老师教导的大丈夫死不免冠，于是想结缨再战，却被敌人趁机击杀并剁成了肉酱。子路在主公受到胁迫的情势下奋不顾身地加以营救，无疑是对儒家忠义的坚守，也是对自己勇德的最后践行。

一个人的勇气，还应该以耻感为先导，以知耻为动力。《礼记》有云："知耻近乎勇。"只有具备了羞耻之心，人们才能进行自我反思、自我激励，战胜人性中的自私与怯懦，迎难而上。勇气应该与敬畏互动共生，临事而惧，好谋而成，有所惧才能更清醒，有所谋才能更理性。君子不立危墙之下，哪怕是潜在的危险，也要心存警惕。唯有心存敬畏，谋定而后动，方能成就大勇。

几千年来，中华儿女从未停止对"勇"的追求。敢于直面惨淡的人生，在逆境中求平和，是勇；敢于果断地放弃习惯性思维，在积淀中求突破，是勇；敢于在苦难中有所作为，在困顿中求希望，是勇；敢于在平凡的人生路上创造价值，在日常中求超越，也是勇。

人的一生，需要勇气来助力自我征服，一鼓作气；也需要勇气来鼓舞自我承受困苦，理性选择进退。勇是内蕴在我们身体中的薪火，是灌注于我们美好人生中的力量。在仁的指导下，在礼的约束下，在义的引领下，在智的辅助下，每一个勇敢的中国人，必能乘风破浪、勇往直前，最终达到"知者不惑，仁者不忧，勇者不惧"的至高境界。

廉

 小篆

廉 楷书

《说文解字》：“廉，仄也。从广，兼聲。”

看到"廉"字，很多人可能会想到于谦的"粉身碎骨浑不怕，要留清白在人间"，想到王昌龄的"洛阳亲友如相问，一片冰心在玉壶"，想到晏婴、杨震、诸葛亮、范仲淹、包拯、司马光、海瑞、于成龙等清官廉吏。"廉"字在《尚书·皋陶谟》中就有美德的含义，"简而廉"意为平易近人而又坚持原则。根据许慎《说文解字》的解释，"廉"字的本义应为屋角逼仄狭窄，后来引申出棱角分明、刚直、方正、清廉等抽象内涵。

"廉"字对中国文化的深远影响，主要体现在廉直、廉洁、廉耻三个方面。

"廉直"是说一个人品行方正刚直，棱角分明，坚持原则，不为个人私利而牺牲公平正义，甚至不愿进行适度的灵活变通。"廉直"最为典型的代表，便是商末周初的伯夷、叔齐两兄弟。

叔齐严格遵守长子继承制，不接受父亲立自己为国君，长子伯夷则谨遵父亲立叔齐为君的遗命，也不接受国君之位，结果兄弟俩都离开孤竹国去投奔周文王。等他们到了周国的丰邑，却发现文王已死，武王正要出兵讨伐商纣。于是兄弟俩拉住武王的马缰，劝谏周武王不要以暴制暴，而且说武王作为儿子不在家给去世的父亲守孝却去征伐杀戮可谓不孝，作为臣子以下犯上去谋害国君可谓不仁。但兄弟二人最终没能阻止武王伐纣。周朝建立以后，兄弟二人不肯吃周人种的粮食，跑到首阳山上采薇而食，最终饿死，堪称"廉直"的极端体现。

中国历史上像伯夷、叔齐这样极端廉直的人还有很多，如楚昭王的国相石奢。有一次，他在巡查时抓到一个杀人犯，发现那人竟是自己的父亲，他放走了父亲，然后自缚向楚昭王请罪。楚昭王认为石奢情有可原，想要赦免他。石奢却说："不袒护自己的父亲，不是孝子；不遵守王法，不是忠臣。您赦免我的罪责，是主上的恩惠；我服刑而死，是为臣的本分。"随后，他刎颈而死。

　　《史记·循吏列传》中记载的公仪休、李离等人，是奉法循理、廉直公正的官员，当公私利益发生尖锐冲突时，他们甘愿以身殉法。由于"廉直公正"是中国古人倾心向往的理想吏治，所以除了"廉直"之外，历代史书与公文也经常使用"廉平""廉正"等词，来形容深受国君信任与百姓爱戴的好官。廉直、廉正的官员必定公私分明、清正廉洁，他们不仅不会用手中的公权来谋取私利，也决不与违法乱纪之人并立同行。用今天的话来说，廉直、廉洁之人身上有理想主义者的"精神洁癖"。所以，孟子对伯夷大加赞叹："故闻伯夷之风者，顽夫廉，懦夫有立志。"（《孟子·万章下》）

　　屈原是中国古代知识分子"其志洁，其行廉"的典型代表。《楚辞·渔父》中记载了屈原和渔父之间一段非常著名的对话。屈原说："举世皆浊而我独清，众人皆醉而我独醒，所以我才被放逐了。"渔父道："道德修养臻于最高境界的人，对事物的看法并非一成不变，而是能依据时代风气的迁变而做出调整。既然大家都肮脏，你何不也搅浑泥水扬起浊波呢？既然大家都迷醉，你何不也吃点残糟喝点剩酒呢？为什么一定要保持美玉一般的品德，使自己落得被贬逐的下场呢？"屈原回答说："我听说，刚洗过头的人一定要弹弹帽子，刚洗过澡的

谦

 小篆

謙 繁体楷书

谦 简体楷书

《说文解字》："谦，敬也。从言，兼聲。"

　　谦虚是人类公认的美德，但几乎没有一个民族像中华民族这样，将谦德发展至"天道"的高度。《尚书·大禹谟》就有"满招损，谦受益"之说，谦德是几千年来所有中国人心目中最为重要的德目之一。无论是高居庙堂的达官贵人，还是与世偃仰的山野村夫，都常以谦谦君子作为自己追求的人生高标。

　　"谦"的甲骨文与金文目前尚未发现，从其小篆字形来看，左边是"言"，《说文解字》释曰"直言曰言"；右边是"兼"，好似一只手拿着两把禾苗，有一同、一并的寓意。这样来看，"谦"的造字本义可能是指一个人与他人相处、说话时能考虑到对方的想法与做法，谦让、谦逊的意思也就由此而来。由于换位思考往往需要降低自己的身份或减损自己的利益，所以"谦"又衍生出虚心、不足等抽象内涵。

　　"谦"能从一个普通汉字发展成一种重要德行，《周易》六十四卦中的"谦卦"发挥了极为关键的作用。其卦象为上坤（大地）、下艮（高山），本应挺立于大地之上的高山却深藏于大地之下。中国古人正是由这个卦象受到启发，敷演出了谦德、谦道。

　　谦德，是君子之德，被誉为修身第一德。大山深藏于地下，外虽谦卑而内实高大，这就是人们常说的涵养越深厚，越不显山露水。我们常看到一些有很高修养和本领的人，却过着淡泊平实的生活；一些非常富有的人，却一点也不奢侈炫耀；一些学识渊博的人，却总能看到自己的不足，虚心学习别人的长处。

"有大者不可以盈，故受之以《谦》"（《周易·序卦传》），说的是"有大者"不能自满，依然要谦逊。一个人如果拥有很多却保持谦和，则必然可以持盈保泰；如果拥有很多却不知谦和，就会走到"月满则亏，水满则溢"的可悲境地。

西汉名将韩信就是因不懂谦和、居功自傲而落了个凄惨结局。青少年时极其落魄的韩信，忍得胯下之辱，终于等来知己萧何与明主刘邦。韩信也确实对得起萧刘二人的知遇之恩，他发挥自己天才般的军事指挥能力，为刘邦建立汉朝立下了赫赫战功。辉煌的战绩令韩信日益骄傲自大，他看不起汉朝其他将领，甚至产生了谋反自立的念头。现代作家老舍有一句名言：骄傲自满是我们的一座可怕的陷阱，而且，这个陷阱是我们自己亲手挖掘的。果然，韩信的不知谦退就给自己挖了个陷阱，最后，他被吕后设计诛杀。司马迁在为韩信作传时，不无遗憾地评价道：如果韩信能够学会谦让，不自矜功伐，那么他在汉朝的功勋便可以与周公、召公、太公之于周朝相媲美，其子孙亦能享祭不绝。

王阳明曾经颇为感慨地说："人生大病，只是一傲字……谦者众善之基，傲者众恶之魁。"（《传习录》）自古以来，以尧、舜、禹、周文王、孔子等人为代表的圣贤，都是谦恭的表率。山不厌高，水不厌深，自己的过人之处越多，反而越能认识到自身的不足，所以不懂谦虚实际上是缺少见识的表现。总而言之，还是毛主席说得好："虚心使人进步，骄傲使人落后，我们应当永远记住这个真理。"

谦道，亦是天地之道，"天道亏盈而益谦，地道变盈而流谦"（《周易·谦卦》）。无论是在自然界还是人世间，高低、大小、多少、长短等皆相伴而生，人们需要努力通过各种方法，减损多余来补充不足，权衡各种事物，尽量做到公平施予。因此，谦德并非独善其身之德，而是兼善天下之德，实为至真至善、至公至平的"天地之道"。

谦道，上足以保全天下、保全邦国，下足以保全家族、保全己身，所以《周易》六十四卦中，只有"谦卦"六爻皆吉。这告诫世人，只要常存谦敬、谦让、谦虚、谦和之心，所作所为便会广受欢迎而吉无不利。

静

 金文

 小篆

静 楷书

《说文解字》："静，审也。从青，争聲。"

　　"静"可能是金文时期由"青""争"组合而成的一个形声字，本义为在丹、青等不同颜色间沉着思考、辨识所需，引申义为安宁、洁净、平和等。

　　提到"静"字，中国人可能会想起《诗经》中的"静言思之""莫不静好"，会想起《道德经》里的"清静为天下正"，会想到《大学》里的"知止而后能定，定而后能静，静而后能安"，也会想到诸葛亮《诫子书》里的"静以修身，俭以养德"。无论是对于整个社会，还是对于个人生活，多一分清静，少一分躁动，都是很重要的。

　　古人认为，做人要有一颗"虚静之心"。"虚静之心"就像清静之水与明亮之镜一样，能够真实地映照出万物的本来面目，只有始终保有虚静之心，人才能与天地万物沟通无碍。老子说"致虚极，守静笃"，只有心灵保持虚静至极的状态，才能发现万事万物发展变化的根本原因及其内在规律，才能不为个人私欲、躁动、成见、妄念所影响。在此基础上，荀子提出必须让心灵进入"虚壹而静"的"大清明"境界，去除种种遮蔽，从而体悟真理。

"虚壹而静"的"大清明"境界，普通人需要通过专注且持续的"静修之功"才能达到，所以中国古代儒、释、道三家都特别强调"静功"。佛教以"禅坐"为"由定发慧"的主要修行法门；道教主张闭关修炼；儒家学者也很注重静修，比如孔子就明确说"仁者静""仁者寿"，认为"静"是一种仁者得道后安详满足的身心状态。

二程可谓静修的典范。游酢和杨时初见北宋大儒程颐时，程颐正在瞑目静坐，他们就在一旁等候。程颐静修结束后，才发现二人已等候多时，门外的积雪已经有一尺多深了。据说程颐的静修工夫是与其兄长程颢一起向周敦颐学的，周敦颐曾说"主静立人极"（《太极图说》），认为人只有在"静定"的状态下，才能参悟宇宙造化的真机，最大限度地彰显出人为万物之灵的灵气来。对于这一点，程颢体会得非常深刻，他曾说："静后，见万物自然皆有春意。"（《河南程氏遗书》）

正因为如此，二程之后，很多宋明理学家都主张通过静修来排除杂念，深切细微地感知天地造化，如南宋大儒朱熹就曾说："始学工夫，须是静坐。"（《朱子语类》）又如明代大儒陈献章，他少时跟随吴与弼学习，虽然"读书穷日夜不辍"，但依旧"筑阳春台，静坐其中，数年无户外迹"。后来，他学问有成，在教育自己的学生时亦"但令端坐澄心，于静中养出端倪"（《明史》）。

静修之功其实就是摒除世俗杂念而安定身体、净化心灵的一种方式，人们习练静修之功是为了能在面对纷繁复杂的事务时，始终保持"纯粹而不杂，静一而不变"（《庄子·刻意》）的镇定安详状态，做到"福事至则和而理，祸事至则静而理"（《荀子·仲尼》）。真正能够长期静定的人，才可谓能隐能显、能屈能伸的人中俊杰。

"静"与"动"相依相存，所以静修之功的终极目标是使人韬光养晦、伺机而动、动静有常。《周易》中说"时止则止，时行则行，动静不失其时，其道光明"，意思是说，做事情的时候，如果条件成熟就采取行动，条件不成熟就静待良机。《淮南子·人间训》中的"圣人深居以避辱，静安以待时"，则深刻诠释了做人的韬光养晦、厚积薄发之道。孙武还将这个道理应用于兵法，说作战时应该"静若处子，动若脱兔"。历代明君都推崇的"休养生息"，其实也是指君王常存爱民之心，在长期战乱之后、新朝初建之时，利用貌似"清静无为"的施政方略，成就民生日舒、国力日强的太平盛世。

 甲骨文

 小篆

 繁体楷书

 简体楷书

《说文解字》："習，數飛也。从羽，从白。"

　　"习"是一个非常朴实而又极具中国文化特色的汉字,既直观呈现了尊师重教、谦虚好学、重实践、重实用的中国文化精神,又明确强调了涵养心性工夫与善世化俗之道对于修身治国的根本性作用。

　　"习"字的甲骨文字形,上面是"羽",下面是"日",其造字本义可能是小鸟在白天振动翅膀演练飞行,也有人说下面的"日"字代表鸟窝,指小鸟尚在窝中即开始振动翅膀演练飞行。"习"字的金文字形目前尚未发现,其小篆字形下面的"日"字逐渐讹变成了"白",有学者认为"白"是"自"的减省写法,意谓自从长出了羽毛,鸟儿就频频试飞。《说文解字》对"习"字的解释,也基本是这个意思。由此可见,"习"的基本含义是练习、学习,比如习文、习武;因常年重复而养成的不易改变的行为,就成了习惯或习俗;长期在某种自然条件或者社会环境下学习、练习所养成的特性,就成了习性。

　　孔子说"学而时习之，不亦说乎"，曾子也每日自省："传不习乎？"对于古代的读书人来说，需要按时练习、实践的主要文事为诵习经典、研习教义，尤其是要通过"习礼乐"来涵养自己的德性，防止内在邪辟之根的萌生与外在邪辟之行的牵引。对于居上位者来说，则当在以身作则且持之以恒的基础上去"习教事""明习国家事"，所以当子路在请教如何为政治民时，孔子教导他说：自己要给百姓带头，并且永远不要懈怠。在"学而不怠"方面，孔子为我们做了良好的示范。孔子在带领弟子们周游列国时曾被困于陈、蔡之间，七天都吃不上饭，但仍然"读书习礼乐不休"（《韩诗外传》），足见"习文"这一日常工夫已然融入他们的骨血之中。

中国古人一贯强调内外兼修、文武双全，事实上，以"射御""干戈"为代表的武事也是"礼乐"的重要内容。"习武"精神可以概括为"习御射以防患，习军旅以备变"，即强身健体、保国安邦。对个人来说，"习文"的同时，也应"习武"，通过一些常规教学项目来习弓马、习骑射、习干戈、习攻战、习兵阵；对国家治理来说，既要有文德教化，又不能丢弃武装力量。孔子曾明确说过："有文事者，必有武备；有武事者，必有文备。"（《孔子家语·相鲁》）但由于崇尚仁爱、向往和平是中国文化的底色，所以中国人讲求"习用武事"绝不是要侵犯他人，而是希望将"习武"也收归到"习文"的修身立德上来。

　　自天子以至于庶民，若是长年累月都按照上述"习文""习武"的精神来修己安人、处事应物，那么整个社会便会形成一种积极向上、文质彬彬的淳厚风俗，治国安民也会进入良性循环，因此中国古代圣贤极其强调居上位者应该在不断修养、提升自身德行的基础上化民成俗。比如，季康子曾经向孔子询问为政之事，孔子回答说："'政'的意思就是端正，您自己带头端正，谁敢不端正呢？"

　　中国古人一致认为"以身作则""以德化民"是"王道"之本，判断执政者能否让远方的人归服，只需看其能否让近处的人安居乐业。倘若执政者释放正能量，发挥居上位者的表率作用，社会便能治理好，百姓也能日复一日地改过迁善；反之，人们便会对一些恶劣的行径习以为常，整个社会也就习非成是。中国文化一贯强调见微知著、防微杜渐，历代圣贤反复告诫居上位者要不断学习前人的善政善教，及时调整自己的施政方略。

　　在"习性"方面，虽然中国古代的主流文化一直认为"人性本善"，人们只要顺应天命之性的内在成长规律，就能为善去恶、善世化俗，但是，"与善人居，如入芝兰之室，久而不闻其香，即与之化矣；与不善人居，如入鲍鱼之肆，久而不闻其臭，亦与之化矣"（《孔子家语·六本》），人在成长过程中，必然会受到外在环境的影响，身处善的习俗中容易养成善的习性，身处恶的习俗中则容易养成恶的习性。所以，孟母为给儿子提供更好的成长环境而三次搬家，贾谊亦建议汉文帝让太子从小与端正之人一起生活、学习，避免受到邪人恶行的影响。孟母和贾谊所考虑的事，用《尚书》中的话来说是"习与性成"，用《论语》中孔子的话来说则是"性相近也，习相远也"。

　　《吕氏春秋》云："至圣变习移俗。"白居易《策项》亦云："人无常心，习以成性；国无常俗，教则移风。"居上位者如能普施善政善教，使社会形成善的习俗，使百姓养成善的习性，便离王道大治不远了。

礼

 甲骨文

金文

小篆

繁体楷书

礼 简体楷书

《说文解字》："禮，履也，所以事神致福也。
从示，从豊，豊亦聲。"

中国素以"礼仪之邦"著称于世。从关乎个人成长阶段的婚丧嫁娶，到人与人交往的谦恭礼让，再到关乎国家社稷的祭祀、外交礼仪，"礼"对于中国人有着"致广大而尽精微"的深刻影响。

"礼"的精神内核是敬；"礼"的核心意义则是定亲疏、决嫌疑、别同异、明是非，使所有人各安其位，以此来维护社会的和谐稳定。

　　从甲骨文与金文字形来看，"礼"原是一个象形字，代表一种盛放祭品、主要用于祭祀的礼器。后在小篆字形中增加了"示"，从而强调"礼"不仅是一种礼器，还是一种祭祀神灵的活动或仪式。如《尚书·舜典》中的"修五礼"，西周早期何尊铭文中的"复稟武王礼"，均表此义。许慎《说文解字》用"履"（行走）来解释"礼"，还进一步说这种行为的目的在于侍奉神灵并祈求其降福。这样一来，"礼"就成了会意字。后来，"礼"字由礼器、礼物的含义引申出了礼仪、典礼的义项，进而抽象出礼节、礼法、礼俗、礼教等内涵，并形成了"礼敬"这一伦理学核心概念。

　　《礼记·曲礼》中说："鹦鹉能言，不离飞鸟。猩猩能言，不离禽兽。今人而无礼，虽能言，不亦禽兽之心乎？"在中国人看来，语言不是人区别于禽兽的根本标志，礼才是。礼将人的角色、地位、名分区别开来，让人以自己的身份、名分从事活动，如父慈子孝、夫义妇柔、兄友弟恭、君礼臣忠等。

　　对于个人而言，知礼懂礼是一种修养。一个人只有学礼、知礼、明礼并使言行合于礼，才能在社会上立足。《论语》中记载，子夏说：如果一个人做事能够"敬而无失"，与人相处又能"恭而有礼"，那自然"四海之内皆兄弟"。一个人只有遵循礼法，才能安然生活，若不讲礼法，则一定会陷入危险，正如《礼记》所云："人有礼则安，无礼则危"，"失之（礼）者死，得之（礼）者生"。孔子自幼学礼，终身习礼并依礼而行，无论是教育儿子，还是教育弟子，他都将礼放于重要位置。有一次，孔子独自站在自家的庭园中，儿子伯鱼从他面前快步走过。孔子叫住伯鱼，问，学礼了吗？伯鱼回答，没有。孔子告诫道："不学礼，无以立。"同时，孔子亦教诲弟子："兴于诗，立于礼，成于乐。"

　　对于国家而言，礼是维护社会正常运行的工具。"安上治民，莫善于礼"（《礼记·经解》），让国家安定、使国君安心、将百姓管理好，没有比礼更有用的了。抛弃礼法的国家会毁灭覆亡，遵守礼法的国家才能持续发展。

春秋时期，有一次齐景公开怀畅饮，说："今天，我要与诸位大夫喝个高兴，请大家都不要拘礼了。"晏子听到这句话，立刻劝谏道："您这么说不对啊！正是因为有了礼节的严格约束，力量大的人才不敢冒犯他的尊长，勇气盛的人才不敢杀死他的君王。倘若抛弃了礼，人们就会像禽兽一样，强者欺凌弱者，而且天天更换首领。这样一来，您作为国君，还能安稳地坐在自己的位置上吗？"可见，只有每个人都依礼而行，各守其分，各尽其责，人们才能和谐共处，社会才能正常运转。这正如荀子所言："人无礼则不生，事无礼则不成，国家无礼则不宁。"（《荀子·修身》）

礼是随着时代的变化而变化的，故而"礼，时为大"（《礼记·礼器》）。孔子曾说：商朝继承了夏朝的礼仪制度，有所废除也有所增加；周朝沿袭了商朝的礼仪制度，有所废除也有所增加。那么，假定有继承周朝而当政的，哪怕是百代以后，也同样可以预知，他们对前代的礼仪制度是有所废除与增加的。

孔子曾说："礼之以和为贵。"（《礼记·儒行》）孔子的弟子有若亦认为："礼之用，和为贵。"（《论语·学而》）师徒二人用"和为贵"高度概括了"礼"的终极目标，是引导人们按照"礼"的规范和模式，处理和协调人与人之间、人与社会之间、人与自然之间的关系，进而化解矛盾，使天地万物和谐共生。

在"贵和"这一价值取向的长期影响下，中华民族形成了谦恭善良、宽容礼让、求大同存小异的道德传统和精神基调。因为儒家礼乐文化中"贵和"的价值取向发挥了隐性作用，所以中华民族在数千年的历史洪流中，虽然历经战乱与王朝更迭，但总体上一直处于"大一统"的政治格局之下。

儒家倡导的"礼"文化不仅强调人与人的和睦相处，而且也强调人与自然的和谐相处，希望实现"天人合一"之理想境界，构建大同社会。以"贵和"为价值取向的礼，是中华民族宝贵的文化遗产，亦是人类共同的精神财富。

 甲骨文

 金文

 小篆

 繁体楷书

 简体楷书

《説文解字》：“樂，五聲八音總名。象鼓鞞。木，虡也。”

甲骨文的"乐"是象形兼会意字，下面是"木"，表示用来制作弦乐器的木材，上面是"丝"的减省，示意乐器上的丝弦。金文的"乐"在"丝"字中间增加了一个"白"字，一种说法认为，"白"是鼓的象征；一种说法认为，这是表示音乐里加入了说唱的形式。《说文解字》认为"乐"字的上部象鼓（古人在祭祀或战事中使用的乐鼓），下面的"木"象虡（古代悬挂钟或磬的架子两旁的柱子），还说"乐"是五声（宫、商、角、徵、羽五种音阶）八音（金、石、土、革、丝、木、匏、竹八类不同材质的乐器）的统称。

从造字本义出发，"乐"可引申出乐工、奏乐、音乐舞蹈等义项，如"夔：命汝典乐，教胄子"（《尚书·舜典》），西周时期匡卣铭云"匡抚象乐二"。而从奏乐、享受的过程或状态中，也能衍生出欢快、喜爱等义项，如"逝将去女，适彼乐土"（《诗经·魏风·硕鼠》）。因此，"乐"在先秦时期便已发展出了yuè（音乐）、lè（快乐）两种常用读音。

中国文化含蓄内敛的特质，在"乐"字上有鲜明的体现。孔子告诫世人要"乐而不淫"（《论语·八佾》），强调君子即便是在享乐时，也要有所节制，因为乐常与哀相伴而生。为了从根本上避免乐极生悲，中国文化除了强调节制，还注重对人类各种情绪初发时的察识存养。"喜怒哀乐之未发谓之中，发而皆中节谓之和"（《中庸》），强调无论情绪是否发作，人们都应以"中庸""中和"为理想状态来要求自己，所以中国古代以琴、棋、书、画为代表的各种赏心乐事，都以修身、养性、怡情、达意为目标。

这样一来，中国人所追求的"乐"，自然便转到乐善、乐义、乐道、乐天上来了。孔子明确告诫人们，有益的快乐有三种，有害的快乐也有三种：以得到礼乐的调节为快乐，以宣扬别人的好处为快乐，以交了不少有益的朋友为快乐，便是有益；以骄傲为快乐，以游荡忘返为快乐，以大吃大喝为快乐，便是有害。孔子志道修德，"发愤忘食，乐以忘忧，不知老之将至"（《论语·述而》）。

内心丰盈滋润的快乐，莫过于"孔颜之乐"："饭疏食饮水，曲肱而枕之，乐亦在其中矣"（《论语·述而》）；"一箪食，一瓢饮，在陋巷，人不堪其忧，回也不改其乐"（《论语·雍也》）。周敦颐说，孔子和颜回因为看到天地间有大道可求，所以忘记了日常生活中的忧愁困顿，虽身处逆境，却能身心通泰、无所不足。

孔子说"知者乐水，仁者乐山"，孟子则进一步将这种君子之乐提升为充塞宇宙、自足无待的至高境界："君子有三乐，而王天下不与存焉。父母俱存，兄弟无故，一乐也；仰不愧于天，俯不怍于人，二乐也；得天下英才而教育之，三乐也。"（《孟子·尽心上》）

　　在《至乐》中，庄子点破了世人所追求的快乐不过都是"俗乐"而已，比如追求舒适的生活、漂亮的服饰、好吃的食物等。世俗之乐，我们可以去追求，但不要被它们绑架，一旦对这些世俗之乐太过于沉迷或执着，它们就会成为痛苦的来源。

　　在庄子所处的时代，人们大都以获得名利为快乐。庄子当时隐居在一个偏僻的小地方，楚王派两个大臣来请庄子出山，并许以高官厚禄。庄子对来请他的人提了一个问题，他说，我听说楚国的庙堂里供奉着一只死去的神龟，你们觉得那个神龟是愿意死去后被这样尊贵地供奉起来，还是愿意继续活着，在烂泥里自由地摇尾巴呢？来请他的两个大臣异口同声地回答，当然是继续活着，在烂泥里自由地摇尾巴好啊！于是庄子说，那就请你们转告大王，我还想继续在烂泥里摇尾巴。

　　"至乐无乐",这是一种超越世俗的境界。我们没有庄子那样的境界,很难做到完全不受外物的诱惑,但我们可以慢慢尝试不让世俗的欲望束缚自己,活出真正的自我与快乐。

 金文

 小篆

賢 繁体楷书

 简体楷书

《说文解字》："賢，多才也。从貝，臤聲。"

　　人们常用"贤"来赞美人的品行，比如贤能、贤明、贤德等，同时，"圣希天，贤希圣，士希贤"（《通书·志学》），每位有志之士也都希望自己成为"贤能"之人。

　　"贤"字未见于甲骨文，从其金文字形来看，可能是由"臤""贝"二字组合而成的形声兼会意字。"臤"的甲骨文字形由"臣"与"又"构成，"臣"的造字本义为俯首屈从的奴仆，"又"代表一只手，可见"臤"字的意思是牢牢掌控奴仆，象征着中国古代的主仆、君臣关系。"贤"的金文字形是在"臤"的下面加了一个"贝"字，可能象征着臣仆具有创造财富、管理财富的能力，可能象征着臣仆对于君王来说是一种财富，也可能象征着臣仆因才德出众而值得君王用钱财来大力嘉赏。这样一来，"贤"字自然引申出了"有德行，多才能"这一先秦典籍中最为常见的义项，并进一步衍生出"优良、美善""胜过、超过""尊崇、器重"等较为抽象的含义。

中国古人最为崇尚的理想人格是"内圣外王"，因此，"贤"字的内涵也包括独善其身的个人才德与兼善天下的外在事功两个方面。

从独善其身的层面来说，一个有志于成贤的人，首先要与"不贤"的人相比，时刻提醒自己"贤"与"不肖"的区别。"不肖"就是"不像样"，即不成器、没本事、没出息的意思。

李斯年轻时曾在楚国上蔡当小吏。他看到吏舍厕所里有老鼠偷吃脏东西，有人或狗来厕所时，老鼠就会惊慌逃窜。后来，李斯发现粮仓中的老鼠不仅吃着上等的粟米，而且不用担心会有任何惊扰，于是慨叹道："老鼠有没有出息，其实是由它所处的环境决定的。人也是如此。"从此，他豁然觉醒，跟随荀子学习帝王治天下之道。学业完成后，他的见识、心胸已非常人可比，他一眼看透，除了秦国之外，在其他国家都没有发展前途。最终，他辅助秦王嬴政完成了统一六国的大业，在秦朝建立后升任丞相。

"见贤思齐焉，见不贤而内自省也"（《论语·里仁》），与"不贤"之人比较之后，有志于成贤的人当然还要进一步与贤者相比，所以孔子教导子贡，每到一地都应以当地的贤者仁者为师为友。当子贡问及子张与子夏两人谁更贤能时，孔子说，子张做得太过了，子夏做得还不够，过犹不及，二人差不多。孔子认为，真正的贤者应该像蘧伯玉和颜回那样，为人处事能根据所处环境来把握分寸，一切都恰到好处。

《大学》中说，一个真正贤能的人应该像喜好美色一样"好贤"，像讨厌恶臭一样厌恶"不贤"。颜回"不迁怒，不贰过"，足见他对自己的言行高度警惕，所以，孔子盛赞颜回："贤哉，回也！一箪食，一瓢饮，在陋巷，人不堪其忧，回也不改其乐。贤哉，回也！"（《论语·雍也》）孟子更进一步说：大禹治水，三过家门而不入，孔子称叹他的贤德；颜回箪食瓢饮，不改其乐，孔子也称叹他的贤德。实际上，颜回与大禹的贤德是一样的。可见，孟子认为评价一个人贤能与否的标准，并不在于其生活环境之好坏、人生机会之多少、身份地位之高低、功名利禄之大小等外在条件。

从兼善天下的层面来说，衡量身居高位之人是否贤能的一个非常重要的标准，就是看他们是否尚贤、举贤、用贤、敬贤。《尚书》中之所以反复强调"建官惟贤，位事惟能""任官惟贤材""所宝惟贤""推贤让能""野无遗贤"，是因为只有这样才能实现《礼记·礼运》中所说的"大道之行也，天下为公，选贤与能，讲信修睦"这种天下大治的大同之世。反之，如果远贤、蔽贤、不信仁贤，"则国空虚"（《孟子·尽心下》），"贤人在下位而无辅，是以动而'有悔'也"（《周易·乾卦·文言》）。诸葛亮在《前出师表》中亦说："亲贤臣，远小人，此先汉所以兴隆也；亲小人，远贤臣，此后汉所以倾颓也。"

关于如何"举贤才"，孔子提出，尽量举用你知道的贤人，你不知道的贤人，别人会向你推荐或者自荐。鲍叔牙向齐桓公推荐管仲代替自己做丞相，最终齐国借助管仲的贤能实现大治并称霸天下。在当时及后世，人们不仅赞美管仲本人的贤能，亦称赞鲍叔牙能知人举贤。在这一点上，孔子也曾发出感慨：臧文仲大概是个做官不管事的人吧！他明知柳下惠贤良，却不给他官位。

　　如果一个国家的掌权者能真正做到"尊贤使能，俊杰在位"（《孟子·公孙丑上》），让有德有才者居高位，使每个人都德位相配、才称其职，就必定能使全国的贤士亲近归附，从而实现国家大治。诚如《周易·系辞上》所言："有亲则可久，有功则可大。可久则贤人之德，可大则贤人之业。"如果举国之贤人都能得位行道，那么社会风俗就会敦厚淳美，百姓的生活就会安定祥和，而国家也必定会繁荣富强。

圣

甲骨文

金文

小篆

繁体楷书

简体楷书

《説文解字》："聖，通也。从耳，呈聲。"

　　"圣"是形声字，从"耳"，"呈"声。"听""声""圣"三字同源，本为一字，后字形虽殊，仍互相通用，所以"圣"字的本义即听觉灵敏，后引申出洞察精通之义，如《尚书·说命上》中说"惟木从绳则正，后从谏则圣"，《诗经》中提到"母氏圣善"等。又被用来专指有高超智慧、完美德性，或者在某个领域登峰造极的人，如孔子被称为"圣人""至圣"，杜甫被称为"诗圣"。

　　"圣"是中国文化中理想人格的典范。人们最为熟悉的圣人代表就是孔子，所谓"天不生仲尼，万古如长夜"，意思是说，假如没有孔子，历史就会如长夜一样黑暗。孔子之所以如此被尊崇，是因为他象征着一种人文精神的觉醒，这种人文精神如同照进黑夜的一束光，不仅照亮了人类自身，而且照亮了整个宇宙。明代大儒王阳明曾说："天没有我的灵明，谁去仰他高？地没有我的灵明，谁去俯他深？"在浩瀚的宇宙中，人类的存在虽然既渺小又偶然，但如果没有人的灵明，没有人文精神的照耀，天和地就都只是宇宙中的物理存在，毫无生机。唯有在人性光辉的照耀下，天地的存在才具有意义。这种意义既是人文精神带来的，也是生命自身具备的。

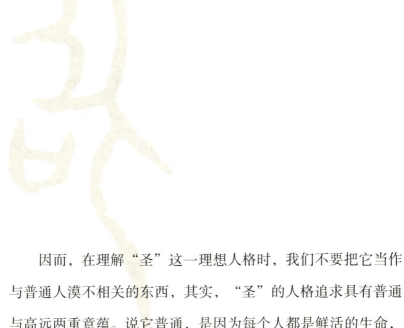

因而，在理解"圣"这一理想人格时，我们不要把它当作与普通人漠不相关的东西，其实，"圣"的人格追求具有普通与高远两重意蕴。说它普通，是因为每个人都是鲜活的生命，都能够体现人性，理解什么叫作人文关怀；说它高远，是因为我们不能像圣人那样确切地体会到它的真实性与重要性，不能时刻将它践行为人生的首要宗旨，所以一旦出现令人两难的抉择，譬如义利之辨，我们就容易彷徨失措，无法坦然处之，甚至失掉了本心。但是儒家向来认为"人皆可以为尧舜"，即人人都可以成圣成贤，我们与圣贤之间唯一的差别，就在于后天的努力程度与意志的坚定程度。

孟子又有"四圣"之说，谓："伯夷，圣之清者也；伊尹，圣之任者也；柳下惠，圣之和者也；孔子，圣之时者也。孔子之谓集大成。"（《孟子·万章下》）这段话的意思是说，伯夷性格刚烈，做事情讲原则、不退让，所以他是追求贞洁清白的圣人；伊尹辅佐商汤建国，积极进取，以天下为己任，所以他是追求担当奉献的圣人；柳下惠对世事无怨无艾，待人接物如和风细雨，所以他是追求平和自足的圣人；孔子做事情当行则行，当止则止，当速则速，当迟则迟，善于因时制宜，所以他是追求时中适宜的圣人，最终成为圣人中的集大成者。

孟子这段话有两个重点：第一，作为理想人格的典范，"圣"具有多样性与包容性。像伯夷、伊尹、柳下惠，虽各有各的人格特点，但都是"圣"的具体表现。生活中，我们每个人的禀赋、性格、喜好不甚相同，有的人刚烈，有的人随和，有的人豪放，有的人细腻，这些特点并没有优劣之分，重点在于我们的心灵要将这些特点运用于对人文精神的追求上。仅仅是豪放，或者只是一味求进取，最多只能说是顺遂了自己的性情，谈不上什么人文理想。就进取而言，我们只有在顺遂自己性情的过程中，反省进取是为了什么，进取的路径又是怎样的，才能从人文精神的层面去认识进取本身的价值，让心灵不被性情肆意支配，甚至能够借此对自己的性情进行反思与取舍。这样，"人"的价值就挺立起来了，"人"的心灵世界也就打开了。所以，孔子之所以会被孟子视为"圣"的集大成者，是因为伯夷、伊尹、柳下惠三人虽跻身圣贤，但行事作风还有浓厚的个人色彩，而孔子考虑的则是如何在兴复周礼的过程中让仁义的价值得到最大体现，他服从的不是自己的性情，而是人文精神的召唤——这是孔子最为可贵也最能体现"圣"字价值与内涵的做法。

第二，既然人的心灵基于反省而获得了自由，那么只停留于自我的世界、享受心灵的满足便不够好。人总要做一点什么，创造一点什么，经由个人的实践与创造使人文精神在自然界中显现出来，才能配得上这种自由。所以无论是伯夷、伊尹，还是柳下惠、孔子，他们都没有选择像隐士一样逃避，而是有着进取的一面。这种进取彰显的是一种对人类世界的丑恶现象无法坐视不管的道义，同时也是人文精神的真实流露。如果这种"进取的真实"沦落到为博取"圣"的高名而表现出的惺惺作态，那就本末倒置了。

王阳明少时读书，曾问塾师道："什么是天下第一等事呢？"塾师说："恐怕没有比金榜题名更重要的了吧！"王阳明听后疑惑地说："真的吗？但我觉得读书考中状元并不是什么了不起的事，读书做圣贤可能才是第一等人做的第一等事。"王阳明的父亲王华听说后，笑道："就你这小孩子也想做圣贤吗？"王华是明朝状元，在他看来，读书考科举中状元对普通人来讲，应该是至高的追求。但在王阳明看来，博取功名利禄却并非最重要的事情，所以，王阳明才能成为中国历史上罕见的做到了立德、立功、立言"三不朽"的人物。王阳明晚年总结自己的心路历程时，说自己一生的成就都是"从百死千难中得来"的。在他看来，"学做圣贤"不能只是一句豪言壮语，"圣"的人格追求需要在生活中踏踏实实做来，容不得半点含糊推诿。

2

孝老爱亲

孝悌友　老少敬

爱养亲　敦慕尊

谏戒让　家顺昌

孝

老爱亲

 甲骨文

 金文

 小篆

 楷书

《说文解字》："孝，善事父母者。从老省，从子。子承老也。"

古人云："百善孝为先。"在中国传统道德文化中，孝老爱亲、奉行孝道一直是人们的伦理道德之本、行为规范之首。从古到今，从繁华都市到僻野乡村，从簪缨世族到柴门小户，从帝王将相到布衣百姓，人们无不把"孝"作为立身之基、修身之本。可以说，中国文化是最讲孝道的文化，"孝"是中华民族最具特色的文化标识和最根本的文化基因。

据考证，"孝"字早在甲骨文中就出现了。从小篆等的字形看，"孝"是会意字，上半部分是"老"字的一部分，代表老人，下半部分是"子"字，象征子女。"老"和"子"组成"孝"字，象征子女支撑、扶助老人，故《说文解字》曰："孝，善事父母者。"

"孝"的字形结构本身就向我们诠释了敬老爱亲的真谛，《尚书·尧典》中也提到"克谐以孝，烝烝乂，不格奸"，而"孝"作为一个伦理道德观念被正式提出则是在西周。这个时期，"孝"逐渐由祖先崇拜的原始宗教观念，转化为善事父母的人间德行。《周礼》记载，地官大司徒的职责之一就是用"六行"，即六项行为标准——孝、友、睦、姻、任、恤教民，"孝"被列为"六行"之首。

春秋时期，面对礼崩乐坏的局面，孔子及其弟子创立的儒家学派将修身、齐家作为稳定社会秩序的重要手段，"孝"格外受到重视。孔子及其弟子提出"事父母能竭其力""孝弟也者，其为仁之本与""教民亲爱，莫善于孝"等观点，强调"孝"是做人的根本，是教化民众的最佳途径。他们不仅力倡孝道，而且力行孝道，闵子骞、子路、曾参等都是践行孝道的典范。

儒家学者一直在丰富和发展"孝"的内涵。曾子把"孝"发展成一种超越时空、具有普遍意义的行为准则，认为"孝有三：大孝尊亲，其次弗辱，其下能养"（《礼记·祭义》），强调孝亲要顺亲，即"乐其心，不违其志，乐其耳目，安其寝处，以其饮食忠养之"（《礼记·内则》）。曾子以孝立身，有很多孝亲事迹，"曾子养志"的故事就被后世视作孝老爱亲的典范。

　　曾子家里虽不太富裕，但他会让父母每餐都吃上酒肉。酒肉在当时还属于稀缺食品，所以晚辈要待父母吃过后再吃。晚辈吃过后，父母会关心地问："还有剩余吗？"不管有没有剩余，曾子都会回答"还有"。曾子之所以这样回答，是因为他能想父母之所想，体贴父母的用心。父母当然希望晚辈也能分享美味佳肴，所以听说酒肉"还有"，做父母的才会心安。孟子说，像曾子这样奉养父母，可以称得上是"养志"。"志"就是心中的意愿，养志就是养心。**善于养心，使父母安心、欢心，才是子女奉养父母的最高境界。**

　　说到"孝"字，不能不提到儒家经典《孝经》。《孝经》把"孝"的地位与作用推向极致，认为"夫孝，天之经也，地之义也，民之行也"，明确提出"天地之性，人为贵。人之行，莫大于孝"，把"孝"提升到使人成其为人的地位。《孝经》对后世影响巨大，正如孙中山先生在《三民主义·民族主义》中所说的那样："《孝经》所讲孝字，几乎无所不包，无所不至。现在世界中最文明的国家讲到孝字，还没有像中国讲到这么完全。"

到了汉代，"孝"由家庭伦理拓展为社会伦理、政治伦理，"以孝治天下"成为贯穿中国传统社会的治国纲领。但同时，也出现了一些愚昧化、极端化的现象，产生了诸如"割股疗亲"等荒诞不经的愚孝故事。

"孝"还是中国历代选拔、任用官员的标准之一。一个人如果不孝，便无法在社会上立足，甚至还会受到法律的制裁。有个"李皋治不孝"的故事可以为证。唐代名臣李皋有一次外出巡视，看到一位白发苍苍的老妇人独坐路旁，哀伤哭泣。李皋询问得知，老妇人有两个儿子在京为官，他们已有二十年没回过家，也未联系过老母亲。经核查，老妇的两个儿子一个叫李钧，做了御史，另一个叫李锷，做了法曹，在当时都已经很有名望。李皋非常生气，他认为，对父母尚不能尽孝的人，又怎么可能对国家尽职尽忠呢？这样的人不配位列朝堂、为人臣子！于是，李皋将这件事情上奏朝廷，皇帝下旨免除了李钧、李锷的官职且终身不再录用。可见，一个人如果不孝，即使他地位再高，也会为世人所不齿，为社会所不容。

　　孟子有言："人人亲其亲、长其长，而天下平。""孝"是一种美德，是刻在中国人骨子里的伦理精神，更是中华民族的根和魂之所系。"孝"作为中华民族独特的文化传统，早已积淀和内化成极具民族特点和凝聚力的文化基因，深深地陶染着每一个中国人。无论社会如何变迁，无论时代如何发展，家庭仍是每个人安身立命之所，"孝"仍是维系亲情的纽带，是凝聚民族精神的正能量。以孝立身、以忠兴邦，永远是中华儿女最执着的精神追求。

悌

甲骨文"弟"

金文"弟"

小篆"弟"

小篆"悌"

悌 楷书

《说文解字》："悌，善兄弟也。

从心，弟聲。經典通用弟。"

中国人历来重视兄弟之情。"凡今之人，莫如兄弟"，是《诗经·小雅·常棣》对兄弟情深的赞叹；"本是同根生，相煎何太急"，是曹植对兄弟相残的悲愤；"落地为兄弟，何必骨肉亲"，是陶渊明于人世间"潇洒走一回"的豪言；"遥知兄弟登高处，遍插茱萸少一人"，饱含着王维的思兄念弟之情。这诸多浓厚的兄弟之情，如果用一个字来概括，那就是"悌"。

"悌"是"弟"的后起分化字。"悌"首见于小篆，"弟"则需要从甲骨文说起。

　　"弟"是会意字，在甲骨文、金文、小篆中的字形一脉相承，都形似缠绕着绳子的"弋"（木橛）。这种缠绕不是杂乱无章的，而是一圈一圈整齐有序的，喻示着不可随意更改的先后次序。这个"次序"就是"弟"的本义。表次序的"弟"后来写作"第"，如次第、等第。人之出生亦有先后次序，所以"弟"就引申出"同辈中年龄比自己小的男子"之义，与"兄"对应。兄弟相处，要顺次第而为，长幼有序，于是"弟"又引申出"敬爱兄长"之义，后人在用到这个含义的时候，便在"弟"的左边加了"忄"，使其变成"悌"，读为tì。在古代典籍中，"弟"与"悌"往往通用，我们在阅读时要细加分辨。如《礼记·曲礼上》云"僚友称其弟也"，意思是同僚们都称赞他敬爱兄长，如果解读成同僚们都称他为小弟，则会贻笑大方。

　　贾谊《道术》云："弟敬爱兄谓之悌。"弟弟敬爱兄长固然是"悌"的表现，但"悌"强调的是一种双向互动的伦理关系——作为弟弟，要从心底尊敬兄长；作为兄长，要用真心爱护弟弟。弟兄之间相互友爱、敬让，正是"悌"所体现的兄友弟恭、长幼有序的伦理道德，也是兄弟相处的基本准则。民谚云"兄弟齐心，其利断金""打虎亲兄弟，上阵父子兵"，兄弟若团结友爱、齐心协力，则无往而不胜。《周易·家人卦》中的"兄兄、弟弟（悌）"，是正家之道的重要内容，意谓只有兄友爱、弟笃恭，家庭才能和睦，家道才能兴盛。

"悌"作为中国传统伦理的重要德目，多与"孝"相提并论。儒家认为，孝悌是"仁"的根本："其为人也孝弟，而好犯上者，鲜矣""孝弟也者，其为仁之本与"（《论语·学而》），"尧舜之道，孝弟而已矣"（《孟子·告子下》）。"孝"与"悌"是一体的，只有孝悌行于家，才有仁爱及于物，所以"为仁"首先就要孝顺父母、敬爱兄长。《弟子规》更进一步阐明，"兄道友，弟道恭；兄弟睦，孝在中"，意谓兄友弟恭不仅是兄弟之间的互敬，更是晚辈对父母的一片孝心，是尽孝的一种方式。

历史上，伯夷、叔齐二人就是兄友弟恭、践行悌道的典范。商朝末年，孤竹国的国君偏爱三子叔齐，想传位给他。孤竹君去世之后，叔齐不慕权位，希望尊长兄伯夷为君主。但伯夷也不肯继位，认为应当遵从父亲的遗愿，由叔齐继位。兄弟俩彼此谦让，相持不下，先后避走他乡，宁肯流落异国也不愿继国君之位。商朝灭亡后，兄弟二人耻食周粟，最终饿死于首阳山。相比那些手足相残、兄弟阋墙之事，伯夷、叔齐彼此爱护、惺惺相惜的兄弟情实在是弥足珍贵。

正所谓"兄弟者，分形连气之人也"，兄弟常常被喻为骨肉、手足，兄弟之间的情分就是骨肉之亲、手足之情。孟子曾说："仁人之于弟也，不藏怒焉，不宿怨焉，亲爱之而已矣。"（《孟子·万章上》）一句"亲爱之而已矣"，道尽兄弟情。

苏轼与苏辙便是这样手足情深的好兄弟。他们从小一起读书，同科进士及第，苏辙感激哥哥"扶我则兄，诲我则师"，苏轼赞赏弟弟"岂是吾兄弟，更是贤友生"。二人是兄弟，更是诗词赓和的良友、相互勉励的知己，二人往来诗词现存近二百首，千古名句"但愿人长久，千里共婵娟"，就出自苏轼的念弟之作。后来，苏轼罹祸入狱，以为自己命将休矣，便写下"与君世世为兄弟，又结来生未了因"的诗句向弟弟诀别，令人动容。而苏辙"不胜手足之情，故为冒死一言"，上书说父母亡故，唯有哥哥与自己"相须为命"，所以他情愿免去一身官职，为兄赎罪。苏轼去世后，苏辙在《祭亡兄端明文》中，以沉痛的笔触抒发了对兄长的无尽思念："手足之爱，平生一人！"苏辙临终前，特别叮嘱家人，务必将他安葬在兄长身边，与苏轼生死为伴。苏轼与苏辙相互勉励、患难与共的兄弟情，实在令人感怀。

"悌"，笃爱而意诚，友顺而投契。"悌"在家门之内，又在四海之间。《论语》有云："四海之内皆兄弟也。"就是说，普天之下、四海之内，只要志同，就可道合，只要道合，就是兄弟。这种四海之内皆为兄弟、把兄弟亲情扩散到宇宙天地的情怀，这种海纳百川、兼容并包的精神，彰显出中国人的友爱与和平、开阔与豁达，及其天下一家的博大胸襟和恢宏气魄。

友

甲骨文

金文

小篆

楷书

《说文解字》："友，同志爲友。从二又。相交友也。"

　　"嘤其鸣矣，求其友声"，《诗经》中那一声声嘤嘤鸟鸣，是鸟儿飞出深谷呼唤同伴的叫声。鸟儿和鸣于林，不愿独飞，人生世间，亦不可能离群索居、绝物而处。中国人自古以来就非常看重朋友，论及友情的诗词章句比比皆是，如"海内存知己，天涯若比邻""山河不足重，重在遇知己""结有德之朋，绝无义之友"等。老话也常说："在家靠父母，出门靠朋友""朋友多了路好走""一个好汉三个帮"。无论是达官显贵，还是布衣百姓，都离不开朋友的砥砺和帮助。

　　"友"是会意字，最早见于甲骨文。从字形上看，甲骨文和金文的"友"都是方向相同的两只手靠在一起的样子，就像现在朋友相见常常通过握手来表达亲密友好之情。因此，"友"字的本义即两人协力互助、相互支持，表达的是志同道合、互爱互助的情谊，也就是我们现在所说的"朋友"的含义。不过在古代，"朋"和"友"的含义是有区别的："同门曰朋，同志曰友"，师从同一个老师的人被称为"朋"，志同道合之人被称为"友"。也就是说，古人所说的"朋友"，相当于现在"同学"和"朋友"这两个词的叠加。

　　"君子以朋友讲习"（《周易·兑卦》），"友"作为一种人伦关系，在西周时期就已发展成重要的社会道德规范了。"朋友五伦一，结交不可轻"，在儒家倡导的五种人伦关系中，朋友是必不可缺的。以孔、孟为代表的儒家，十分重视交友之道，《论语》开篇即讲："有朋自远方来，不亦乐乎？"曾子提倡"以文会友，以友辅仁"，朋友之间要相互促进、相互补益。儒家提出的交友原则是"主忠信，无友不如己者""朋友有信"，即朋友间要讲诚信、守信义。在怎样交友上，孟子也鲜明地提出了自己的观点："友也者，友其德也，不可以有挟也"（《孟子·万章上》），交朋友，应当看重他的品德，不能别有所图。

　　儒家认为交友的首要条件是志同道合，孔子云："道不同，不相为谋。"（《论语·卫灵公》）用今天的话说，就是三观不合不相为友。理想、志趣、目标不一致的人，不可能成为真正的朋友，成语"割席断交"，讲的就是管宁因志不同、道不合而与华歆分道扬镳的故事。

　　管宁和华歆都是三国时期的名士，也曾是很好的朋友，但通过两件事情，管宁决定与华歆各奔东西。一次是二人同在园中锄草，土里有一小块金子，管宁看见，丝毫不为所动，华歆却高兴地拾起金子，端详了许久，才恋恋不舍地扔掉。又有一次，两人同坐在一张席子上读书，有个乘着华丽车子、穿着华美礼服的人从门前经过，管宁如同没看见一样，照旧读书，华歆却立刻放下书跑去观看。于是，管宁就跟华歆割席分坐，并说："子非吾友也！"这看似苛刻的行为背后，是管宁严肃谨慎的交友原则。古人云"窥一斑而见全豹"，管宁从华歆贪慕虚荣的举动中，发现二人并非志同道合。后来，二人走出了不同的人生轨迹：管宁始终淡泊名利，不事权贵，以讲学终老；华歆则热衷于高官厚禄，应召出仕，官至太尉，封博平侯。

常言道"欲知其人，先观其友"，朋友对一个人的影响非常大。孔子告诉我们，交友应当谨慎："与善人居，如入芝兰之室，久而不闻其香，即与之化矣；与不善人居，如入鲍鱼之肆，久而不闻其臭，亦与之化矣。"（《孔子家语·六本》）他在《论语·季氏》里还明确阐述了判断一个人可交还是不可交的标准："益者三友，损者三友。友直，友谅，友多闻，益矣。友便辟，友善柔，友便佞，损矣。"告诫世人，要与品德高尚、学识渊博的人交朋友，不要结交那些心术不正、花言巧语、诡计多端的人。

朋友相交，贵在知心。古人鄙弃势利之交、酒肉之交，因为"以势交者，势倾则绝；以利交者，利穷则散"（《文中子中说·礼乐》）。同心同德、同生死共患难，不因富贵而疏远、不因艰危而忘义的友情，被雅称为患难之交、生死之交、布衣之交、杵臼之交、莫逆之交、金兰之交、刎颈之交、管鲍之交等。

春秋时期，齐国人管仲与鲍叔牙少年时就是好朋友，鲍叔牙对管仲十分了解、赏识。两人曾经一起做买卖，分利的时候管仲总要多拿一些，鲍叔牙从来不认为管仲贪心，因为他知道管仲家里贫困。管仲曾替鲍叔牙办过几件事，可是不仅没办好，反而弄得更糟糕，鲍叔牙也不认为管仲无能，因为他知道事情总有不顺利的时候。管仲曾多次被罢官，鲍叔牙并不认为他不成器，因为他知道管仲只是没有得到发挥才干的机会。管仲在打仗时曾多次逃跑，鲍叔牙也不认为他胆小怕死，因为他知道管仲家里有老人要奉养。相交数年之后，管仲感慨地说："生我者父母，知我者鲍子也！"后来，鲍叔牙把管仲推荐给齐桓公为相，自己却甘心位居管仲之下。管、鲍二人的同甘共苦、相扶相助诠释了友情的真谛，所以后世就用"管鲍之交"来形容朋友之间彼此了解、相互信任的情谊。

"友"是理解，是欣赏，是包容，是信任，是坦诚，是奉献……"友"是诸多美德的化身，它使人如沐春风、如临秋水。团结、友爱历来是中华民族的传统美德，真诚相待、相互尊重、同甘共苦、携手共进，体现了中国人用心交朋友和待朋友如兄弟的优良传统。

老

甲骨文

金文

小篆

楷书

《说文解字》："老，考也。七十曰老。从人、毛、匕。言鬚髮變白也。"

　　"老"，意味着深厚、绵长、悠久和永恒。许多人与事，有了"老"，便平添了几分韵味和意境——一座城市有了"老"，就成了古朴典雅、底蕴深厚的老城；一家店铺有了"老"，就成了货真价实、值得信赖的"老字号"；一个家庭只要有老人在，就有了家的温馨，给人以安宁。青砖灰瓦的老弄堂令人怀念，轻轻旋转的老唱片流淌着醉心的旋律，尘封的老物件见证着世事的变迁，久未谋面的老朋友依然亲切如故……文化越老，越博大精深；民族越老，越坚毅顽强；人年纪越大，越睿智从容。

　　"老"是会意字，甲骨文字形好似一位手持拐杖的长发老人。"老"的本义是年纪大的人，又引申出长久、陈旧、历事多而熟练等一系列义项，比如老物件、老手。用"老"做部首的字，大都表示年龄大，比如耆、耄、耋。有时候，"老"还被用作序数词，比如老大、老二，排到年纪最小的，就成了由一对反义词构成的"老小"。"老"和姓氏合用，如果放在前，一般体现了平辈之间的亲切，比如老张、老李；如果放在后，一般体现了对长者由衷的敬仰，比如董老、钱老。"老"还是一种情绪的表达，表示很、极，比如老好了、老生气了。

　　"无侮老成人"（《尚书·盘庚上》），中华民族在长期发展过程中，形成了尊老、爱老的优良传统，认为"长民者，朝廷敬老，则民作孝"（《礼记·坊记》），"上老老而民兴孝"（《大学》）。孔子的大同理想就是老有所终，追求"老者安之"（《论语·公冶长》），而孟子则主张"老吾老，以及人之老"（《孟子·梁惠王上》）。这一传统也影响了韩国、日本等国家，尊老、爱老成为东亚文化的共同价值观。

老人的归附问题甚至成为统治者能否取得政权的重要影响因素。《孟子》记载，伯夷为躲避商纣王的暴政，居住在北海之滨，听闻西伯昌（即周文王）崛起，便说："为什么不归附西伯呢？我听说他诚恳，奉养老人。"姜太公为躲避商纣王的暴政，居住在东海之滨，听闻西伯昌崛起，也说了同样的话。孟子总结说："二老者，天下之大老也，而归之，是天下之父归之也。天下之父归之，其子焉往？"（《孟子·离娄上》）孟子的意思是，德高望重的老人归附周文王，就是天下人的父亲归附周文王，天下人的父亲都归附了，他们的儿子自然也会归附。可见，老人的归附问题关乎民心之向背，是衡量民意的重要参考指标。

儒家认为，不同年龄段的老人，体力不同、需求不同，享受的生活待遇、政治待遇也理应不同。据《礼记·内则》记载，各级政府要对老人承担一定的扶养义务："凡五十养于乡，六十养于国，七十养于学，达于诸侯。"古代肉、帛等产量有限，但六十岁以上的人可以优先享用。在历代明君看来，不能让老人在生活上挨饿受冻、在政治上受到漠视，而要在完善的社会制度下，使"少者以长，老者以养"（《荀子·富国》），让老人和孩子都得到关怀。

　　周代设置的庠、序、学等专门机构，是供养高龄老人的地方，同时也是老人传授知识与经验的重要场所，具有学校的性质。汉代"以孝治天下"，敬老养老政策非常务实，实行了很多具有量化指标的"养老令"，还对七十岁以上的老人授予雕有斑鸠的"王杖"，持杖老人拥有很多特权，备受优待。唐宋时期，国家设有专门的养老机构，并给予老人物质供养和减免赋役等待遇。明代有"尊高年、设里正、优致仕"三大敬老规定，清代有规模盛大的"千叟宴"等敬老活动。

　　上至朝廷，下至民间，中华民族尊老爱老的美德世代相传，而让所有老年人都能老有所养、老有所依、老有所乐、老有所安，也是中国人祖祖辈辈共同的心愿。

"老骥伏枥，志在千里；烈士暮年，壮心不已"，曹操流传千古的《龟虽寿》，彰显了人至暮年仍积极进取、自强不息的豪迈气概。在中国历史上，还有很多老当益壮、老有所为的著名人物。姜子牙半生寒微，七十多岁时辅佐周武王伐纣，立下勋业。"伏波将军"马援，曾言"丈夫为志，穷当益坚，老当益壮"，年逾六十仍请缨出征。三国名将黄忠，皓首白须却依然常常冲锋陷阵，勇毅冠绝三军。定军山一战中，他力斩夏侯渊，声名大震，他的名字在后世几乎成为"老当益壮"的代称。在小说《三国演义》中，他与关羽、张飞、赵云、马超四人并称为蜀汉"五虎上将"。"莫道桑榆晚，为霞尚满天"，这股不服老的劲头，激励着一代代人不仅年轻时积极进取，而且在暮年仍老有所为，终生为家庭、为社会、为国家贡献着自己的力量。

一个"老"字，经历过风霜，镌刻了沧桑，承载着岁月，陶染了情怀。生命愈往前走，我们愈能品出"老"的滋味。"老"是中国人文化与情感的积淀，是一种老而弥坚、奋发向上的力量，它使暮年的我们更加平和而淡定、从容而自信，它让我们古老的民族历久弥新，不断点燃奔向未来的希望。

甲骨文

金文

小篆

楷书

《说文解字》：“少，不多也。从小，丿聲。”

"少"字最早见于甲骨文，为指事字。甲骨文的"少"字只有四个小点，表示不多。金文的"少"字将下方的那一点拉长，变为一撇。小篆的"少"字则承接金文，进而线条化、整齐化，隶变后成为人们今天所写的"少"。

"少"字可读作 shǎo，与"多"相对，表示数量少，由此引申出丢失、亏欠、暂时等义项。"少"亦可读作 shào，与"老"相对，指年纪轻，如蔡侯钟铭文云"余唯末少子"。

在中国成语中，往往多少并举、老少联袂，如积少成多、少见多怪、僧多粥少、老安少怀、少年老成。在中国民谚、诗词中，它们也经常一起出现，如"百不为多，一不为少""少壮不努力，老大徒伤悲""光阴似箭催人老，日月如梭赶少年"。一个"少"字，几多变化，体现着中国文化在不同状态下的变量，蕴含着中国人的生活经验和处世哲学。

　　"少"与"多"看似对立，实能有机融合。中国画讲究笔少意多、以简驭繁、由博反约，往往"寥寥数笔，已得物之全神"（《颐园论画》）。画的意境与神韵往往出自大片留白，笔墨用得太多，反而会"越描越黑"。现代建筑学也有一个著名的设计理念——"少即是多"，提倡简约、明快的设计风格。

　　"少"与"多"又可相互转化。苏轼向友人张琥谈治学之道时曾说"博观而约取，厚积而薄发"，告诉他在博览群书之后要去粗取精，在大量积累的基础上慢慢释放。寥寥十字，便简明扼要地概括出积少成多、删繁就简的治学过程。郑板桥曾在给弟弟的信中说，写文章要"沉着痛快""以少少许胜多多许"，言简意赅不拖沓，把道理讲透即可。

　　大多数时候，中国人对于生活中的美好事物，是希望多多益善的，譬如希望福多、利多、子孙多，但有时候，"少"的哲学亦在人们的实际生活中发挥着重要作用。《周易略例·明象》中说："夫少者，多之所贵也。" 即喻示适当的减损反而能使人获益更多。中国人自古便注重养生，追求身心安泰，而"少"便在这方面展现出了独特意义，如少食，则少疾；少虑，则少愁；少事，则少苦；少欲，则少忧等，皆体现了中国古人的摄生智慧。如今，"少"的哲学更是渗透到现代人所崇尚的"极简生活"中，并转化为一种通达的心态，它帮助人们从杂乱烦琐中解放出来，摒除乏味的任务、无聊的娱乐与不必要的社交，将有限的时间与精力放在有趣味、有价值的事物上，为生活"减负"，反而让人享受到更多的欢乐。

"少"又代表着年少。年少之人，如朝阳，似乳虎，虽然稚嫩，却生机勃勃，未来有无限可能。我们关怀少年，歌颂少年，寄希望于少年，因为少年代表着祖国的明天、民族的未来。孔子对青少年极为关爱，说出了"少者怀之"的贴心之语；孟子讲"幼吾幼，以及人之幼"，这里"人之幼"的"幼"，指代所有未成年人。中国古人不仅关怀少年，还鼓励少年，希望他们珍惜光阴，做有理想、有本领、有担当的人。李白激励他们"少年负壮气，奋烈自有时"，岳飞规劝他们"莫等闲，白了少年头，空悲切"，陆游勉励他们"古人学问无遗力，少壮工夫老始成"。"少年"不仅指生理上的年轻，亦可指心理上的年轻。狂放不羁的苏轼，年老时依旧"老夫聊发少年狂"，说明人人都可以有一颗"少年心"。

　　"自古英雄出少年"，古往今来，大凡在历史上留下姓名、有所成就之人，往往在少年时代就立下了远大的志向，显示出超越同龄人的智慧、勇气与担当。孔子自幼研习礼乐，"十有五而志于学"，心怀远大的政治理想；霍去病少时骁勇，自请征战沙场，铁马纵横，气吞万里，大显"骠骑将军"之威名；宗悫少时便立下"乘长风破万里浪"的宏图大志，敢于只身抗击盗贼，成年后，更是有勇有谋，奋勇当先，终成一代英豪……

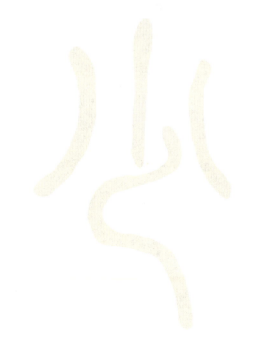

　　在当今时代，以"天才少年"杨伟为代表的各界英才更是用他们的传奇人生，诠释了何为中国少年的智慧和担当。中国科学院院士、飞行器设计与飞行控制领域专家杨伟，从小便勤奋刻苦、聪慧过人、志向远大。在中国恢复高考的第二年，年仅十五岁、刚刚初中毕业的杨伟便跳级考入西北工业大学。求学期间，杨伟立志要在中国战机研发领域闯出一片新天地。后来，杨伟带领他的团队一路风雨兼程，把钟爱的专业、热爱的事业当成一种信仰。2011年，标志着中国新一代隐形战机技术达到世界领先水平的"歼-20"成功试飞，此时，曾经的"天才少年"杨伟，也已两鬓白霜。

　　"少年智则国智，少年富则国富，少年强则国强，少年独立则国独立，少年自由则国自由，少年进步则国进步，少年胜于欧洲则国胜于欧洲，少年雄于地球则国雄于地球。"梁启超的《少年中国说》可谓称颂少年、激励少年的千古奇文。"少"是一种希望，是风华正茂、朝气蓬勃的青春；"少"是一种力量，少年有力量，国家才有前途，民族才有未来。"美哉我少年中国，与天不老；壮哉我中国少年，与国无疆！"

敬　金文

敬　小篆

敬　楷书

《说文解字》："敬，肃也。从攴、苟。"

　　泱泱中华，礼仪之邦，中国人素来以恭敬有礼著称于世。在我们的生活和工作中，时时有"敬"，处处讲"敬"。对人由衷地钦佩时，我们会"肃然起敬"；想与人礼貌地保持距离时，我们会"敬而远之"；表示委婉推辞时，我们会说一句"敬谢不敏"；不好推辞时，我们就索性"恭敬不如从命"。"敬"，是中国人润于心、化于行的品格。

　　"敬"是会意字，始见于西周金文，形似一个人手持棍棒张口吆喝。"敬"的古字由"茍"和"攴"组成，"茍"有自诚、自省之义，"攴"有用棍子击打之义。《说文解字》中说："敬，肃也。"可见"敬"的本义为审慎、恭敬、端肃，如《尚书·伊训》："立爱惟亲，立敬惟长，始于家邦，终于四海。""敬"字后来引申出警戒、警惕之义，如《诗经·大雅·常武》云："既敬既戒，惠此南国。"另外，"敬"字有尊重、尊敬之意，如敬仰、肃然起敬；还指礼貌地进献、虔诚地供奉，如敬茶、敬奉。

　　"敬"在中国人的观念中，有崇敬、庄重、严肃、认真、不苟且之意。夏商时期，"敬"的观念就已出现，但"敬"的对象是鬼神而非人。《礼记·表记》载："夏道尊命，事鬼敬神而远之"，"殷人尊神，率民以事神，先鬼而后礼"。西周时期，周公总结夏、商两朝灭亡的历史教训，提出了"敬德保民"的重要思想，使"敬"的对象由鬼神变为人，亦使"敬"变为人内在的"德性"。

　　春秋时期，中国的人文主义精神真正觉醒。孔子明确提出"敬鬼神而远之"（《论语·雍也》），认为这是"务民之义"。当樊迟问他什么是"仁"时，他回答："居处恭，执事敬，与人忠。虽之夷狄，不可弃也。"（《论语·子路》）"执事敬"就是庄重、严肃地对待自己的工作，也就是我们今天所说的爱岗敬业。孔子还教导子张说："言忠信，行笃敬，虽蛮貊之邦，行矣。"（《论语·卫灵公》）就是说，一个人若说老实话、办老实事，则无往不通。

　　孔子认为，"敬"是我们处理一切事务应有的态度。做事情要心怀敬意，专心致志、尽职尽责，修养自身也要心怀敬意，去私从善、励志勉学。《礼记·学记》明确提出"三年视敬业乐群"，认为评价三年教育的成果要看学生能否做到"敬业乐群"。荀子也说："凡百事之成也，必在敬之；其败也，必在慢之。"（《荀子·议兵》）

　　在中国文化体系中，"敬"总是与"礼"密切关联，"敬"是"礼"的内在精神，"礼"是"敬"的外在表现。《孝经》云："礼者，敬而已矣。"中国人的"礼"，强调发自内心的敬意，一切"礼"都是为了表达恭敬之心，正所谓"仁者爱人，有礼者敬人"（《孟子·离娄下》）。孔子的学生曾子，有一次在孔子身边侍坐，孔子向他提问，曾子连忙从坐席上站起来，走到席子边上，恭恭敬敬地向老师作揖，然后才回答问题并虚心聆听老师的教导。曾子以"避席"之礼回应老师的提问，正是他尊敬师长的表现。后来，曾子被誉为知书达礼的典范，避席之礼也在东亚文化圈广为流传。直到今天，学生在回答老师的问题时也要起立站好。

"敬"与"孝"也密不可分。孔子认为,"敬"是"孝"的根本,是"孝"的内核,失去了"敬","孝"就无从谈起。他说:"今之孝者,是谓能养。至于犬马,皆能有养;不敬,何以别乎?"(《论语·为政》)就是说,仅仅在物质上满足父母并不是真"孝",如果没有恭敬的态度,那么养父母与养犬马并没有什么区别。所以说,心中有"敬"才是"孝"。

到了宋代理学家那里,"敬"又成了一种修养工夫。程颐提出:"涵养须用敬,进学则在致知。"(《河南程氏遗书》)朱熹特别强调"持敬"的作用,把"敬"作为修养工夫的基点:"敬之一字,真圣学之纲领,存养之要法"(《答何叔京书》),"敬字工夫,乃圣门第一义,彻头彻尾,不可顷刻间断"(《朱子语类》)。

南宋哲学家陆九渊曾按照家规管理了三年家族库房。其间，他用"执事敬"的态度去了解家乡的地貌和作物的收成，学到了养尊处优的儒生不易学到的知识；他深入田间地头与百姓聊天，体会到高居庙堂的人不曾体会的底层人民的艰辛与疾苦。后来，在他教学和做官生涯中，在他构筑"心学"体系时，这一段"管家"的经历，就成了发酵他哲思的重要酵素。由此可见，陆家子弟必须轮流管理库房的家规，事实上含有让家中男丁通过"执事敬"来提升自身内在修养的良苦用意。

《诗经·大雅·抑》云："温温恭人，维德之基。"经过数千年的历史积淀，"敬"早已成为中国人的精神信仰和人文情怀，成为中国人刻入骨子里、融入血脉中的文化基因。诚如美国人明恩溥在其《中国人的气质》中说的那样："中国人成功地使礼节像他们的教育一样，成为一种与生俱来的本能。""敬"的观念深深地影响着每一个中国人的道德修养、交往方式和价值追求，造就了中国人稳重谦和、仁爱包容的民族性格。

 金文

 小篆"炁"

 小篆"愛"

 繁体楷书

爱 简体楷书

《说文解字》："炁，惠也。从心，旡聲。"

在中国人心中，"爱"是"慈母手中线，游子身上衣"的亲情，是"问世间情为何物，直教生死相许"的爱情，是"山河不足重，重在遇知己"的友情，是魂牵梦萦的桑梓情，是心系天下的家国情……正因为心中有爱，我们才有道不完的牵肠挂肚、诉不尽的悲欢离合。

"爱"的金文字形上半部分像一个人张着嘴巴喃喃倾诉，下半部分是心，所以其最初含义是用心疼惜呵护，并喃喃倾诉柔情。"爱"的繁体字为"愛"，也是取"心"为象，代表"爱"是一种发自内心、深厚真挚的感情。简化后的"爱"字去掉了"心"，下半部分变成"友"，似乎喻示着爱的内涵更为宽泛——只要人们心怀友善、团结友好，爱便无处不在。

在中国传统文化中，"爱"与"仁"紧密相连。樊迟向孔子请教什么是"仁"，孔子回答说："爱人。"（《论语·颜渊》）孟子云："仁者爱人，有礼者敬人。爱人者，人恒爱之；敬人者，人恒敬之。"（《孟子·离娄下》）总而言之，仁就是爱，爱就是仁。孔子所说的"泛爱众"，是一种博爱，毫无疑问，博爱亦谓仁；《孝经》则明确提出："先王见教之可以化民也，是故先之以博爱。"董仲舒在《春秋繁露》中亦讲："博爱而容众。"这些论述，连同柳宗元提倡的"柔仁博爱之道"、欧阳修阐扬的"大仁博爱"、苏轼推崇的"博爱临民"、苏辙赞许的"温良博爱"等，共同构筑了中华民族"仁爱"的思想体系。今天我们一谈及"博爱"，很容易想到贴着西方文化标签的"自由、民主、博爱"，殊不知在世界上获得广泛认同的"博爱"理念，其实发源于中国的传统文化。

在儒家看来，仁爱之心是一切美德的根源：一个人爱父母，即孝；爱兄弟，即悌；爱国家，即忠；爱朋友，即信。儒家认为，**爱人首先要从自尊、自爱开始，"仁者自爱"是关爱他人的前提**。同时，儒家提倡的爱，是有层次的、递进的爱，"爱有差等""亲亲，仁也"，即由近及远、由亲至疏，在爱自己、爱亲人的基础上爱他人，"己欲立而立人，己欲达而达人""己所不欲，勿施于人"，将心比心，推己及人。最后，"仁者，以天地万物为一体"，爱自然万物，达到爱的最高境界。这种仁爱精神，也即孟子所言："老吾老，以及人之老；幼吾幼，以及人之幼""亲亲而仁民，仁民而爱物"。

相较于儒家有分别、有层次的"爱"，墨家则提倡无差等的"爱"。如果说儒家的爱是"有商量"的，那墨家的爱就是"爱你没商量"。墨子主张"兼爱"："天下之人皆相爱，强不执弱，众不劫寡，富不侮贫，贵不敖贱，诈不欺愚。凡天下祸篡怨恨，可使毋起者，以相爱生也，是以仁者誉之。"（《墨子·兼爱》）在他看来，爱是无私的，不分彼此，不分你我，也不分亲疏贵贱、民族种族，无论别人怎样，你都应该爱人若己。

　　孔子一生都在践行仁爱之道，"问人不问马"的典故就生动诠释了孔子的"爱人"之心。有一天，孔子一大早到国君那里商议国事。家里看管马棚的人不小心点燃了喂马的草料，熊熊大火将整间马棚化为灰烬。孔子退朝，刚到家门口，家人就赶忙把情况告诉了他。孔子急切地问："有人受伤吗？"家人回答："人倒是没事，可是……"还没等家人说完，孔子便转忧为喜，长舒一口气说："人没事就好，这样我就放心了！"马棚失火，孔子只是关心人的安危，对马匹和其他财产的损失毫不在意，这正是他仁爱之心的体现。

　　有个成语叫"甘棠遗爱"，讲的是西周召公勤政爱民，亦受百姓爱戴的故事。周武王的弟弟召公经常不辞劳苦，到乡邑巡视，了解百姓疾苦。他办事公正、有理有据，对于民间诉讼都能明察秋毫、秉公办理。在召公的治理下，当地政通人和，百姓各得其所。乡间有棵甘棠树，召公常在树下处理事务、审理案件。召公去世后，百姓感念召公之德，爱屋及乌，便对那棵曾经为召公遮阳挡雨的甘棠树爱护有加，不许任何人砍伐或破坏。后人以诗颂扬召公的德政："蔽芾甘棠，勿翦勿伐，召伯所茇；蔽芾甘棠，勿翦勿败，召伯所憩。"（《诗经·召南·甘棠》）字里行间渗透着人们对召公的赞美、怀念和敬仰之情。

"爱"，是世界上最美的语言。在中国，几千年来，它不仅诉说着人与人之间温暖的恋人之情、朋友之谊、家人之牵，还表达着海纳百川、为善乐施、精忠报国、兼济天下的人间大爱。中国从不缺乏爱民爱国的"大爱"之人，从"路曼曼其修远兮，吾将上下而求索"的屈原，到"先天下之忧而忧，后天下之乐而乐"的范仲淹，从"天下兴亡，匹夫有责"的顾炎武，到"苟利国家生死以，岂因祸福避趋之"的林则徐，无一不向世人展示了中国人的大爱之美。

"我和你，心连心，同住地球村……"2008年北京奥运会开幕式主题曲唱出了世界人民的美好心声；2022年的北京冬奥会，人们又齐声高歌《一起向未来》。人类共同生活在一个地球上，和平友好、相亲相爱是所有人共同的心愿。爱是一道璀璨的光芒，带给世间无限温暖与安康。愿每个人都能赤诚爱人，也能为人所爱。

 甲骨文

 金文

 小篆

 繁体楷书

 简体楷书

《说文解字》："養，供養也。从食，羊聲。"

世间有一种情，它是三春晖光，呵护生命茁壮成长；它是甘甜雨露，滋润万物蓬勃向上。它如浩瀚的苍穹，无边无际；又似奔腾的河流，永不停息。它像一轮明月，驱散人世间的孤独；又像点点繁星，闪耀着动人的光芒。它抚育幼小、体恤孤老，是支撑生命的力量，亦是善良坚韧的品格。它的名字，叫作"养"。

"养"本是会意字，其甲骨文字形左边表示羊，右边表示拿着枝条的手，二者组合起来，意指手拿鞭子来牧羊，而"养"字的本义，即放牧羊群。金文的"养"字与甲骨文一脉相承，也是一个表示手持牧鞭来牧羊的会意字，只是由于铭文刻铸的特点，其笔画粗硬中带着圆转。小篆的"养"字省去了右半部分，在"羊"字下面加了"食"字，成了形声字，表示牧羊的目的在于提供食物。

随着字义的演变，"养"字的"牧羊"本义逐渐消失，引申出供养、奉养等含义，进而生成保养、养护、生育、调养、修养、教育、培养、积蓄等义项。《礼记·月令》中有"群鸟养羞"之句，其中的"养"即表积蓄，意思是天冷了，鸟也开始储藏食物准备过冬了。除此之外，"养"还可表示抚养的、非亲生的，如养子。

翻开中国古籍，先贤对于"养"的论述随处可见。在中国人的传统观念中，"养"的内涵极为丰富，从孝养父母到教养子女，从修养身心到爱民养民，再到涵养天地万物……"养"几乎无处不在、无物不需，"万物各得其和以生，各得其养以成"（《荀子·天论》）。从这个意义上说，"养"是一个哲学范畴，具有广泛的内涵。

孝养父母，是为人之本。《诗经·小雅·蓼莪》中说："哀哀父母，生我劬劳。……父兮生我，母兮鞠我。拊我畜我，长我育我，顾我复我，出入腹我。欲报之德，昊天罔极。""生""鞠""拊""畜""长""育""顾""复""腹"，九个字中虽无一字是"养"，却又字字是"养"，道出了天下父母养育儿女的种种辛劳。父母给了我们生命，含辛茹苦地养育我们，一个"养"字，贯穿了生命从幼小到成熟的全过程。从孩子蹒跚学步到成家立业，父母事无巨细，劳心劳力，正所谓"可怜天下父母心"。孝养父母，是每个中国人的责任和义务，中国传统文化强调的"善事父母"之"孝"，包含着养亲、爱亲和敬亲三个层面。《潜夫论·务本》云："孝悌者，以致养为本，以华观为末。"养亲不是装模作样地只做表面文章，而是在用物质奉养父母的同时，还要在精神上敬养父母、关爱父母，让父母开心。

孝养父母当及时，"树欲静而风不止，子欲养而亲不待"是人生最大的遗憾。孔子的学生子路，年少时家中十分贫苦，一家人常年靠吃野菜充饥。出仕后有了俸禄，他常常不顾百里之遥，背着粟米回家奉养父母，虽然辛苦，但他心里高兴。后来子路做了大官，地位尊贵，生活富裕，但他心中满是遗憾，因为他的父母已经过世，不能再享受他的奉养了。每每想到双亲，子路就一再叹息："即便我现在想和家人一起吃野菜，想为父母负米于百里之外，又哪里能够实现呢？"

对于子女，中国人历来讲究"教养"之道，即所谓"爱子，教之以义方，弗纳于邪"（《左传·隐公三年》）。中国传统家庭教育的核心，在于教子女学"做人"，强调在养育子女时，要注重培养子女的良好品德，主张"养子必教，教则必严"（柳永《劝学文》），认为从小有"教养"的子女，长大之后才有可能成为有"修养"的君子。孔门庭训、曾子杀彘、孟母三迁、陶母封坛退鲊、欧母画荻教子、岳母刺字等，都是中国历史上著名的教子故事。

中国传统文化非常推崇"养生""养性"。儒家讲求涵养心性，比如孟子提倡减少欲望以养心养气，称"养心莫善于寡欲"（《孟子·尽心下》），"我善养吾浩然之气"（《孟子·公孙丑上》）。道家则主张"以气养生"，认为清静无为的"静养"更有利于身心健康。传统中医也有"寡言养气，寡视养神，寡欲养精"的说法。

儒家在强调"养己"的同时，又非常重视"养人"。在儒家看来，人格的提升、社会的发展，需要人们具备良好的道德情操，自觉地从善如流。孟子云："以善服人者，未有能服人者也；以善养人，然后能服天下。"（《孟子·离娄下》）相比利用权威强人为善，孟子更强调"养"的方法，即通过对人的教育、感化、滋养，使人潜移默化地自觉为善。这是"以善养人"的意义所在。

　　"德惟善政，政在养民"（《尚书·大禹谟》），对执政者来说，以善养人重在"养民"，而养民则需"爱民"。他们不仅要将关爱渗透到社会的各个阶层、各个方面，做到"矜寡孤独废疾者，皆有所养"（《礼记·礼运》），而且要为制定各种养民措施殚精竭虑，所谓"明王之养民也，忧之劳之，教之诲之"（《潜夫论·浮侈》），便鲜明地体现了这一执政理念。

　　上下五千多年的中华文化，无时无刻不在滋养着每一个中国人的心灵。养，是温暖的人类情怀，也是深沉的世间恩义；养，是一种养精蓄锐的智慧，蕴含着绵延不绝的勃勃生机；养，是一种默默守护的力量，彰显着中国人朴实良善的人文精神。

亲

金文

小篆

繁体楷书

简体楷书

《说文解字》："親，至也。从見，亲聲。"

　　"亲"是中国人一直挂在嘴边、放在心上的一个字。最亲近的是骨肉至亲，最疏远的是葭莩之亲，最热闹的是五亲六眷，最可怜的是举目无亲，最可悲的是众叛亲离。有时候，"不是亲人，胜似亲人"；有时候，却是"远亲不如近邻"。今天，"亲"还是网络流行语中的万能称呼，一声"亲"，亲切又俏皮，拉近了彼此的距离。

　　"亲"在金文中是会意字，在小篆中变成了从"见"、"亲"声的形声字。"亲"的本义是感情至深、关系至密。段玉裁解释道："父母者，情之最至者也，故谓之亲。"所以"亲"引申指"父母"，并泛指有血缘或婚姻关系的人，如亲戚、姻亲；进而引申指本人的、自己的，如亲自、亲手、亲眼，如《诗经·小雅·节南山》云"弗躬弗亲，庶民弗信"。除此之外，"亲"又读作 qìng，特指两家儿女相婚配的亲戚关系，比如儿女亲家。

亲者，情之至也。血缘亲情是人类最早形成的社会情感，在人世间最切实、最深厚，而注重亲情也历来是中华民族的传统美德。"亲亲"之道是中国传统文化的一个基本精神，第一个"亲"是动词，指亲近、亲爱，第二个"亲"是名词，指父母、亲人，"亲亲"，就是爱自己的亲人。儒家认为，"亲亲"之道是做人的基础，也是道德的基点。孟子将"亲亲"视为"仁"，说："亲亲，仁也。"《孝经》云："不爱其亲而爱他人者，谓之悖德；不敬其亲而敬他人者，谓之悖礼。"父母对我们有生养之恩，兄弟与我们有血缘亲情，都是我们最亲的人，一个人如果连自己的父母兄弟都不爱，是不可能爱其他人的，所以说，"仁者，人也，亲亲为大"（《中庸》）。

"亲亲"之道蕴含着中国人的治国之道。《尚书·尧典》云："克明俊德，以亲九族。"孔子也说："立爱自亲始，教民睦也"（《礼记·祭义》），"君子笃于亲，则民兴于仁"（《论语·泰伯》），"友于兄弟，施于有政"（《论语·为政》）。就是说，孝道是"亲亲"的核心，如果人人都能爱父母、笃兄弟，并从这个基础做起，渐次外推，由近及远，把家庭中的仁爱亲情施于社会国家，那么家庭就会亲善融洽，社会就会敦睦和谐，天下大治也自然能够实现，这正如孟子所云："人人亲其亲、长其长，而天下平。"（《孟子·离娄上》）《大学》中说："君子不出家而成教于国。孝者，所以事君也；弟（悌）者，所以事长也；慈者，所以使众也。"这说明对父母亲人的孝悌之道、慈爱之心，与治国理政之道是相通的、一致的。蔡元培在其《中国人的修养》中指出："家族者，社会、国家之基本也……道德之门径也。"如果把家族内的美德推扩开来，那么"施之于社会，则为仁义"，"施之于国家，则为忠爱"。可见，家庭关系亲善与否，关系着社会的治乱与国家的兴衰。

中国人历来重视亲情，强调孝敬父母、友爱兄弟，但也反对狭隘的、糊涂的"亲亲"之爱。当亲情与道义不可兼顾、"忠孝难两全"之时，很多仁人志士义无反顾地舍弃亲情，选择道义，甚至还会"大义灭亲"。春秋时期，卫桓公的弟弟州吁，与卫国大夫石碏之子石厚，密谋杀害了卫桓公。石碏恨儿子大逆不道，就用计谋除掉了他俩，《左传》作者称赞他的行为是"大义灭亲"。石碏并不是不爱自己的儿子，但在骨肉亲情与君臣道义相冲突时，他选择了"灭亲"行义。

亲情是"烽火连三月，家书抵万金"的思念，亲情是"稚子牵衣问，归来何太迟"的期盼，亲情是"见面怜清瘦，呼儿问苦辛"的怜惜，亲情是"谁言寸草心，报得三春晖"的感恩……无论何时，无论何地，亲情永远是中国人萦绕于心、割舍不掉的牵挂。如果说，人生需尝遍酸甜苦辣百味，那么亲情无疑是其中最甘甜的一味；如果说，人生是一幅赤橙黄绿的水彩画，那么，亲情无疑是其中最深沉、绚烂的一笔。

唐代安史之乱时，颜真卿的从兄颜杲卿被安禄山杀害，颜杲卿之子颜季明亦遇难，全家三十余人一同殉国。后来，颜真卿四处寻访，只找到了侄子的头骨，悲愤交加的他提笔写下了一篇饱含丧亲之痛与忧国之情的祭文。"父陷子死，巢倾卵覆""携尔首榇，及兹同还"，他在纸上写了改改了写，内心仿佛掀起一阵又一阵的情感风暴，其愤难抑，其情难诉。最后，他告慰亡侄，以后一定选一处好的墓地安葬他，叫他"无嗟久客"，并在末行用草书连写"呜呼哀哉"，可谓椎心泣血、声泪俱下，读之令人触目惊心、撼魂震魄。

《祭侄文稿》中有多处删改涂抹、渴笔枯墨，却依旧被誉为"天下第二行书"，原因恐怕正在于颜真卿用情至深。作为中国书法史上的一代宗师，颜真卿一生忠烈坚贞、正气凛然，真正将人品与书品融为一体。其《祭侄文稿》是艺术与情感合二为一的典范之作，字字泣血，每一笔都是中国人的铮铮铁骨，时隔千年观之读之，犹令人深感其国破家亡、天人永隔之痛。

敦

甲骨文

金文

小篆

敦 楷书

《说文解字》："敦，怒也，詆也，一曰誰何也。从攴，䇂聲。"

看到"敦"字，人们就会联想到敦厚、敦实等词语，也很容易联想到敦厚实在、圆融平和的中国人。但质朴厚重并非"敦"字的本义，而是在其字形字义的发展演变中逐渐产生的。

甲骨文与金文的"敦"字形相似，上半部分形似一个器具（后隶变为"亯"，同"享"），下半部分是个"羊"字，组合起来，便表"以羊祭享"之义。所以，"敦"最初是指古代一种盛放黍稷稻粱的器具，读作 duì。

　　"敦"作为一种食器与礼器，在古代宴飨、祭祀、战事盟约仪式上多有使用。由于敦呈圆形且朴实厚重，故衍生出心地敦厚、物阜民丰、情谊亲厚等诸多与此相关的内涵。

　　"敦"字发展到战国时期，先后出现了两个分化字——"敦"（小篆写作 𢼸）与"惇"（小篆写作 𢝮）。𠬝作手持器械击打状，𡴂为心之象形。东汉许慎在《说文解字》中将"敦"解释为"怒、诋"，将"惇"解释为"厚"，把两字字义区分开来。"敦"与"惇"在字义分化的过程中相互通假，段玉裁在《说文解字注》中说，"敦"表"敦厚"之义时，是"假敦为惇"。清代以后，"惇"字渐不为人们所用，以至于现代汉语中，表"敦厚"之义时多用"敦"字，假借义变成了常用义，而其由"怒、诋"引申出来的击打、指责、劝勉等义反而少见了。

　　"敦临，吉，无咎"（《周易·临卦》），敦厚是儒家推崇的理想人格之一，也是君子用以教化百姓的"大德"。作为中国文化史上震古烁今的"圣人"，制礼作乐的周公与开创儒家学派的孔子，都在人们心目中树立了温厚敦朴的形象，对后人产生了深远影响。《论语》就以"温而厉，威而不猛，恭而安"形容孔子。子思曾言"大德敦化"（《中庸》），认为君子宽厚博大、敦实诚朴的形象可以化育百姓，就像天地化育万物一样，无须强制，自然而然。此可谓中国人对敦厚博大的人格及其化育功效的最高礼赞。

用来修身养性及教化百姓的敦厚之德进入诗学领域，就形成了中国特有的诗教传统。《礼记》以"温柔敦厚"形容《诗经》教化，首创诗学领域中这一重要的创作准则。无论是《诗经·周南·关雎》里君子淑女"乐而不淫，哀而不伤"的两情相悦，还是《古诗十九首》中游子思妇"怨而不怒"的温情告白，都体现出中国古代"温柔敦厚"的诗教传统。现代作家老舍曾说："我要笑骂，而又不赶尽杀绝。我失了讽刺，而得到幽默。据说，幽默中是有同情的。我恨坏人，可是坏人也有好处；我爱好人，而好人也有缺点。"老舍此言，正是现代文学对"温柔敦厚"诗教传统亦有认同的最好注脚。

"温柔敦厚"不仅是中国的诗教传统，更是中国人对君子品德的重要判断标准。身列"唐宋八大家"的曾巩，便是体现"温柔敦厚"品性的典范。相较于雄杰的韩愈、孤直的柳宗元、旷达的苏轼、执拗的王安石，温柔敦厚的曾巩往往被人忽视。实际上，曾巩为人端厚、为文古雅，最能体现儒家"文以载道""化民成俗"的追求。曾巩的修养，与其坎坷的生活经历密切相关。曾巩兄弟姐妹十几人，父亲早逝后，维持家庭生计的重担就落在了曾巩身上。虽然家事占用了曾巩很多精力，使年少成名的他直到三十九岁才考中进士，但曾巩毫无怨言。

在他的悉心照料与栽培下，弟弟妹妹皆顺利成家，而且弟弟和妹夫中有六人考中了进士。正所谓"小德川流，大德敦化"，曾巩用温柔敦厚的品性与坚忍不拔的意志，化育了一个人才济济又温馨和睦的大家庭。

中国人品性中的温柔敦厚，并未削弱中国人坚忍不拔的意志，敦品励学、进德修业始终是中国人孜孜以求的人生目标。清末学者辜鸿铭在《中国人的精神》一书中，将这种品性称为"温良"。"温良"不是"温顺"，更不是"懦弱"，而是一种既拥有"孩童的心灵"又拥有"成年人的理性"的美好人格，也是一种由中国文化培育出的、温柔敦厚与锐意进取兼具的君子人格。对当代的中国人来说，"温柔敦厚"的教化传统培养出来的是一种内修、自省的人格，也是一种诚挚、谦和的"非攻击型"人格。这种人格有利于消除现代人的"怨羡情结"，建构和谐有序的人际关系。中国人这种独特的文化品格与精神气质，拓宽了世界各国人民的文化视野和精神格局，为世界文化做出了独特贡献。

慕　金文

慕　小篆

慕　楷书

《说文解字》："慕，习也。从心，莫聲。"

　　"慕"在传统文化中与"爱"意义相近，它在中国人的心目中是一种满怀向往与思念的情愫。"慕"中有"恋"，它是牵挂思念；"慕"中有"敬"，它是钦佩景仰；"慕"中有"怨"，它是哀惋慨叹；"慕"中有"欲"，有人因它误入歧途……一个"慕"字，回肠百转，缱绻着几许情思，萦绕了几多魂梦。

　　"慕"是形声字，始见于西周金文，上方是"莫"，为声旁，下方是"心"的形状，为形旁，表字义，说明此字与人的心理活动有关。小篆字形进一步整齐化，隶变后，字形正式确定下来。

"慕"的本义是思念、依恋、向往，后引申为仰慕、敬慕，进而引申出效仿、模仿之义。

在中国古代典籍中，"慕"字频频出现，内涵极为丰富，如"俾克畏慕"（《尚书·毕命》），又如仰慕、慕贤、慕古、孺慕等。中国人自古就有慕贤、尊贤、求贤的传统，慕贤之道尤为往圣先贤所推崇。颜之推在《颜氏家训·慕贤》中，对慕贤之道做了很多经典论述。他指出，世人慕贤大多会犯两种毛病：一是"贵耳贱目"，只重耳闻，不重目见；二是"重遥轻近"，用现在的俗语说，就是"外来的和尚好念经"。人们往往对远方的名人"延颈企踵，甚于饥渴"，却对身边的贤哲视而不见，甚至"每相狎侮，不加礼敬"。孔子在世时就非常不得志，鲁国人视孔子为"东家丘"，认为他没什么了不起的。圣哲如孔子，在周围人眼中尚且如此，更何况普通人呢？因此，颜之推告诫世人，慕贤不要好高骛远，人"但优于我，便足贵之"，所以既要慕远、慕古，也要首先惜慕身边的人。

　　历史上，越有突出成就的人往往越爱贤、慕贤。周公渴慕贤人，以至于"握发吐哺"，"犹恐失天下之贤人"。齐威王也尊慕贤人，当魏惠王向他炫耀夜明珠时，他把国中的四位贤人誉为珍宝。南北朝时期的陶弘景深慕西汉留侯张良功成身退、不恋荣华的高洁之风，盛赞他"古贤莫比"。北宋名臣范仲淹仰慕东汉严光之高节，写下《严先生祠堂记》，赞之曰："云山苍苍，江水泱泱。先生之风，山高水长。"明朝"开国第一文臣"宋濂曾说自己"既加冠，益慕圣贤之道"，常跑到百里之外，"色愈恭，礼愈至"地虚心向贤人求教。

　　有一位先贤，甚至因慕贤而把自己的名字改成了"偶像"的名字，他就是西汉时期的"赋圣"司马相如。从小口讷的司马相如大概是想拥有蔺相如那样的雄辩之才，长大之后，益"慕蔺相如之为人"，便把自己的名字改成了司马相如。最终，司马相如也活成了"偶像级"人物，其《子虚赋》《上林赋》等文章流传千古，为后人所仰慕。

　　"慕"所包含的诸多情感中，"慕父母"可谓中国人至深至厚的情感。对此，孟子有段经典的论述："人少，则慕父母；知好色，则慕少艾；有妻子，则慕妻子；仕则慕君，不得于君则热中。大孝终身慕父母。"（《孟子·万章上》）意思是说，人在年少的时候，多是恋慕父母的；长大后转而恋慕年轻漂亮的人；成家后专注于照护妻子儿女；出仕做官后，则把心思都放在君主身上，不得君主眷顾便心焦不已。总之，父母的位置是一点点地往后排，越来越不重要了。

　　有句谚语说："父母疼囝长流水，囝疼父母树尾风。"仔细想来，真是令人心酸。父母对子女的疼爱，犹如流水一般永无断绝；而子女对父母的思慕，却像吹动树梢的风，时大时小且不时停歇。成年之后，人们有了各种追求，往往就不像小时候那样渴慕父母之爱了，只有遇到挫折、受了委屈，才会想起永远无私地关爱自己、接纳自己、拥抱自己的父母。唯有至孝之人，才会终其一生不改初衷，对父母永怀赤子之心、孺慕之情。

　　孟子将人们对父母的"孝"分为三个层次：一是"养口体"，即在物质上赡养父母，保证父母的基本生活，这是最低层次的孝；二是"养志"，即体贴、顺从父母的心愿，这是中间层次的孝；而最高级别的"大孝"，则是"终身慕父母"，对父母始终敬慕。孟子认为舜就是至孝之人，因为他虽然拥有天下人的爱戴，拥有尊贵的地位，拥有美妻与财富，但仍"不足以解忧"，仍然郁郁寡欢，仍然思慕父母，觉得"惟顺于父母可以解忧"。

　　"慕"之为情，庄重又柔软，高拔亦谦恭，天真稚童、蔼然长者、慷慨志士、多情少女，莫不有之。它既可以是孺慕之意，又可以是蒹葭之思；既可以是金兰之契，又可以是桑梓之情。它深沉又热烈，含蓄又丰盈，蕴积着中华民族的性格，渲染了中国文化的底色。

尊

甲骨文

金文

小篆

尊　楷书

《说文解字》："尊，酒器也。从酋，廾以奉之。"

　　生活中，我们与他人初次见面，往往会互问一句："请问尊姓大名？"在中国文化语境中，"尊"特别受重视，出现了很多含"尊"的词语——做人要"自尊"，活得要有"尊严"，好友"相逢且尽尊酒"……那么"尊"究竟是什么意思呢？

　　"尊"是个会意字。甲骨文的"尊"字，上半部分是"酉"，代表一种酒器，下半部分象征一双手，整个字便犹如一双手捧举着酒器，表进奉、献酒之意。表示盛酒器皿的"尊"，后来被"樽"字替代，如果器皿为陶制，还可写作"罇"。作为盛酒器皿，"尊（樽、罇）"经常出现在古人的诗词章句中，如李白的"人生得意须尽欢，莫使金樽空对月"，陶渊明的"罇湛新醪，园列初荣"，王维的"当轩对尊酒，四面芙蓉开"，白居易的"守岁尊无酒，思乡泪满巾"，苏轼的"人生如梦，一尊还酹江月"，等等。

在中国古代，"尊"还是祭祀时使用的一种礼器，如著名的四羊方尊等。"国之大事，在祀与戎"，祭祀活动是国家大事，据《周礼》记载，周朝的"小宗伯"一职就专门负责祭祀，其职责是"辨六尊之名物，以待祭祀、宾客"。这里的"六尊"，就是指用来祭祀和接待宾客的六种礼器。

作为祭祀礼器的"尊"，自然神圣而高贵，所以这个字后来又引申出尊敬、尊贵、尊重等义项。如商代晚期四祀邲其卣铭文"尊文武帝乙宜"。《广韵》曰："尊，尊卑。又重也，高也，贵也，敬也，君父之称也。"在古代中国，皇帝的地位最高，故被称为"至尊"或"九五之尊"。人们在礼貌地称呼别人的长辈时，往往加上"尊"字以表敬意。《颜氏家训·风操》有言："凡与人言，称彼祖父母、世父母、父母及长姑，皆加'尊'字。"比如，敬称对方的父亲为"尊上""令尊""尊大人"，敬称对方的母亲为"尊堂"，同辈人之间表示尊重，也常常称年长者为"尊兄"。

西周时期，周公确立了一条政治伦理原则，叫"尊尊亲亲"。前一个"尊"是动词，表尊崇、尊重之意，后一个"尊"是名词，指尊者、尊贵的人，"尊尊亲亲"即尊崇尊者、亲近亲属。据《淮南子·齐俗训》记载，姜太公与周公在受封之后相见，姜太公问周公怎样治理鲁国，周公答道："尊尊亲亲。"姜太公听后，断言："鲁从此弱矣！"周公又问姜太公怎样治理齐国，姜太公回答："举贤而上功。"周公听后，说："后世必有劫杀之君！"历史证明，齐国重用、奖励有功之人，所以日益强大，齐桓公更是成为春秋首霸，可惜传至二十四世，姜齐则为田氏代之，可谓强而不久；鲁国固守君尊臣卑的观念和近亲远疏的血缘宗法制度，虽然没能成为特别强大的国家，但是传了三十二世才灭亡，可谓久而不强。

周公"尊尊亲亲"的政治伦理为儒家所继承、发扬，对中国传统文化产生了深远影响。《礼记·大传》云："亲亲也，尊尊也，长长也，男女有别，此其不可得与民变革者也。""尊尊亲亲"被后世奉为不可改易的政治伦理原则，并由此衍生出尊卑有序的差等文化。"天尊地卑，乾坤定矣"（《周易·系辞上》），天在上，地在下，上下有差，天尊地卑，这是儒家认定的宇宙间不可改易的原则。延展出去，则阳尊阴卑、君尊臣卑、父尊子卑、夫尊妻卑便成为千年不变的纲常伦理，对中国社会的发展产生了正、负两方面的影响。

"尊"作为儒家思想的核心价值范畴，对中国人的品格、行为与生活产生了很多积极影响，有着超越时空的普遍价值与永恒意义。执政者要重视自身修养、尊崇美德，即所谓"尊五美，屏四恶"（《论语·尧曰》）；有修养的君子要"尊贤而容众，嘉善而矜不能"（《论语·子张》），"尊德性而道问学"（《中庸》）。**从哲学意义上讲，中国人认为"万物莫不尊道而贵德"（《道德经》），"尊"不仅是统治者、士大夫、哲人的修养，也是每个普通人应当具备的品德、心态与情操。**

"尊亲"是中国传统孝道中一个极为重要的内容。"孝子之至，莫大乎尊亲"（《孟子·万章上》），"大孝尊亲，其次弗辱，其下能养"（《礼记·祭义》），就是说，子女尽孝不能止步于在生活上奉养父母，也不能满足于不让父母因自己的过失而蒙羞，还要追求事业的成功和社会的美誉，让父母也因此获得更多的尊重。显身扬名以尊亲，是一个人在孝道上的至高表现。

对中国人而言，尊师敬长是其文化本性。明朝开国之君朱元璋曾向全国百姓发布过"圣谕六条"，将其作为人人都应坚守的伦理原则，其中一条就是"尊敬长上"。尊师重道历来是中国的传统美德，孔子生前受到学生的尊崇，死后也受到学生的礼敬，弟子们在其墓旁守丧三年，并在墓地附近栽植松柏等珍木以寄哀思。三年毕，弟子们皆治任别归，唯有子贡不忍离开，在孔子墓旁又守丧三年，以示尊仰。现在山东曲阜孔子墓旁名为"子贡庐墓处"的几间低矮房舍，就是后人因感念子贡尊师重道的深情厚谊而特意修建的。

小到人与人之间，大到国与国之间，都离不开一个"尊"字。人与人只有互相尊重、彼此友善，关系才能稳固持久；国与国只有互相尊重、平等相待，普天之下才会美满和谐。

 金文

 小篆

諫 繁体楷书

谏 简体楷书

《说文解字》："谏，証也。从言，柬聲。"

　　邹忌现身说法讽谏齐威王，触龙谏说赵太后"爱子，则为之计深远"，魏征写下《谏太宗十思疏》……这些意蕴深厚的历史故事，体现了中国源远流长的谏诤文化。

　　"谏"是形声字，"言（讠）"表意，表示用言语规劝对方使之改正错误；"柬"有打开一捆竹简从中挑选的含义，表示规劝对方做出正确的选择。"言"与"柬"结合起来，表示陈述各种可能的选择并提出建议。《说文解字》曰："谏，证也。"《广韵》曰："谏，直言以悟人也。"综合古今考释，可知"谏"字的本义就是以正直之言规劝和启悟别人，如劝谏、谏诤、进谏、直言相谏等。最初，"谏"的对象没有明确的设定，后来其对象多为地位更高的人，如臣谏君、子谏父，《尚书·说命上》中有"惟木从绳则正，后从谏则圣"之语。

谏净文化是中国古代传统文化中的重要内容。相传尧设"敢谏鼓"，舜立"诽谤木"，还有后世在朝堂外悬挂"登闻鼓"，皆是为了广纳谏言。在这种传统的影响下，谏官制度逐渐成为重要的辅政工具，被历朝历代沿用。周文王时期设置的"掌谏王恶"的"保氏"一职，是中国历史上最早的"谏官"，春秋战国时期齐国的"大谏"、秦代的"谏大夫"，还有汉代和唐代的"谏议大夫"等，虽然名称不同，但本质上都是谏官，职能都是匡正君主过失。

"夫人君而无谏臣则失正"（《孔子家语·子路初见》），谏臣的职责就是规劝君主。劝谏的方式有很多种，比较委婉的有谲谏、降谏、讽谏等，较为直接的有直谏、戆谏等，更为激烈的有兵谏、死谏等，甚至死了以后也要"谏"，如春秋时期卫国大夫史鱼"尸谏"卫灵公。孔子主张比较委婉的讽谏："吾从讽之谏。事君进思尽忠，退思补过，去而不讪，谏而不露。"（《白虎通义·谏净》）这些劝谏方式都体现了谏臣们的忠勇之心，同时也生动地反映了谏净之难。

无论是哪种劝谏方式，都难免忠言逆耳，遇上善于纳谏的明君圣主还好，如果遇上不听谏言的昏君庸主，那进谏之人就比较危险了。历史上，关龙逄直谏夏桀，比干极谏商纣，伍子胥苦谏吴王夫差，最终都惨遭杀害。可见，谏诤之臣既要有敢谏的胆识，又要有善谏的智慧。

"君有过，不谏诤，将危国殒社稷也。"（《说苑·臣术》）中国历史上有这样一个现象或者说是规律：无论哪个朝代，若君主从谏如流，谏官诤言劝谏，则国家往往稳定昌盛；若君主拒谏饰非，大臣谗言阿谀，则国家往往衰败没落。

唐太宗和魏征可以说是历史上明君纳谏与贤臣进谏的典范。唐太宗从谏如流，把进谏之人比作矫正己过的"镜子"，魏征则刚正不阿，敢于犯颜直谏，一生向唐太宗进谏二百多次，可谓史上最负盛名的谏臣。魏征死后，唐太宗痛惜地说自己失去了一面镜子。正因为君明臣直，"贞观之治"才得以成就。中国历史上还有很多像魏征这样的谏臣，如晏婴、汲黯、狄仁杰、司马光、杨继盛、袁可立等，皆忠勇正直，敢于直言进谏。

"谏"在中国传统孝道中，亦是一个不可或缺的字眼。我们都知道，孝亲要顺亲、敬亲，那么，一味听从父母之命的，就是孝子吗？曾子有一次向孔子请教这一问题，孔子回答说，父亲有敢于直言谏诤的儿子，才不至于陷于不义。一旦父亲有了不义之举，"则子不可以不争于父"（《孝经·谏诤》）。

"争"同"诤"，即劝谏。就是说，当父母犯错时，子女一定要劝谏、谏诤。"顺亲"并不意味着子女要对父母盲信盲从，而应以父母言行是否合"义"为判断标准，"从义不从父，人之大行也"（《荀子·子道》）。明知父母有错，却一味逢迎，不及时规谏，以致"陷父母于不义"，使父母蒙受不仁不义的恶名，则不仅违背了做人的原则和道义，而且是大不孝的行为。

劝谏父母是为人子女的本分与责任，那么，应当如何劝谏父母呢？孔子告诉我们："事父母几谏，见志不从，又敬不违，劳而不怨。"（《论语·里仁》）"几谏"即委婉劝阻。就是说，劝谏双亲时，要把握时机、注意方法，不可疾言厉色，不要违背敬亲原则。假如父母不听劝阻、依然故我，子女也不要心生怨恨，而是要依旧尊敬父母，做好子女应做之事。正如《礼记·内则》所言："父母有过，下气怡色柔声以谏。谏若不入，起敬起孝，说则复谏。"如果态度粗暴，直言父母之过，不但未必会使父母改过，还有伤亲情。

古代有个少年叫孙元觉，他机智谏父的故事在后世广为流传。孙元觉的父亲不孝，把元觉的祖父装在筐里扔进深山。元觉"悲泣谏父"，父亲不听。元觉进而大哭着"苦谏其父"，父亲还是不听。元觉灵机一动，把装祖父的筐背了起来。父亲询问原因，元觉说："后若送父，更不别造。"意思是，有这个现成的筐，以后等您老了还能用上。父亲听了大惊道："汝是吾子，何得弃我？"孙元觉回答说："父之化子，如水之下流，既承父训，岂敢违之。"父亲顿时悔悟，忙把元觉的祖父带回家，从此"精勤孝养，倍于常日"。孙元觉用巧妙的言行劝服父亲，既阻止了父亲犯错，又维护了父子亲情，可谓情义兼顾。

"君有诤臣，不亡其国；父有诤子，不亡其家。"国家有了谏诤之臣，才能长盛不衰；家庭有了谏诤之子，才能兴旺昌盛。一个简简单单的"谏"字，生动地诠释了中国人的正义与仁爱、责任与担当。

戒

甲骨文

金文

小篆

楷书

《说文解字》："戒，警也。从廾持戈，以戒不虞。"

　　我们每个人的心中，其实都有一把戒尺。它界定着我们内心的道德底线，内蕴着我们的德性修养，促进了我们的个性养成。

　　"戒"是会意字，甲骨文的"戒"，形似双手执戈，寓意对意外事故的警戒。《说文解字》释曰："警也""以戒不虞"，可见其本义为防备、警惕，引申为警告、告诫，后又引申为防止、小心、严禁。

　　中国人自上古时期就有了浓厚的戒惧意识，认为一个人须始终保持清醒，有所敬畏，守住道德底线。如《尚书·大禹谟》云："戒哉！儆戒无虞，罔失法度，罔游于逸，罔淫于乐。"《诗经·小雅·小旻》云："战战兢兢，如临深渊，如履薄冰。"这种警惕心与恐惧感一方面来自当时人们对大自然认知的不足，一方面则出于对人性易受欲望牵引的洞悉。

　　《中庸》曰："君子戒慎乎其所不睹，恐惧乎其所不闻。"意思是说，君子在不被人看见时也要警惕小心，在不被人听闻时也要谨慎敬畏。后人将这句话提炼为"戒慎恐惧"，作为君子的一种修养工夫。明代王阳明更是把"戒惧"与"慎独"统一起来，当作"致良知"的工夫，认为人在任何时候都应观照内心，戒惧谨慎，一旦丢失了戒惧之心，人就容易心生恶念，流于昏聩，进而丧失本性。一个人只有心存戒慎，才能行所当行、止所当止。

东汉的杨震在做荆州刺史时，因赏识王密的才学，便举荐他为昌邑县令。有一次，杨震路过昌邑（今属山东菏泽），王密前去拜见。深夜，王密从怀中取出一些黄金，要赠予杨震，以报知遇之恩。杨震严肃地说："我之所以举荐你，是看重你的才华和能力，希望你能够为百姓谋福祉，而不是图你的回报。"王密劝道："这都三更半夜了，我送您这点薄礼，旁人不会知道的。您就放心收了吧！"杨震听了，有些生气地说："你怎么能这样想呢？举头三尺有神明，难道没有他人知道，我们就要昧着自己的良心做事吗？"王密听罢，非常羞愧，连忙收起黄金，向杨震道歉。

杨震作为一个有德性的君子，在没有成文戒规制约与他人监督的情况下，也能够守住自己心中的底线，面对钱财诱惑岿然不动，无愧于心。这是比他律更高一级的自律自戒。

我们知道，自由与规则往往是相辅而行的，要想有所得，就要有所戒。这是一个困苦艰辛的自我约束过程，也是一个任重道远的意志强化过程，更是一个坎坷曲折的人格塑造过程。

春秋五霸中的楚庄王，在戒与得之间有着自己的思考与践履。有一次，楚国令尹子佩想邀请楚庄王参加一个宴会，楚庄王欣然应允。但宴会开始后，楚庄王却迟迟没有露面，使得场面十分尴尬。第二天，子佩问楚庄王为何没有出席宴会。楚庄王说："我虽然当时答应了，但后来听说，你设宴的地方是强台，那个地方风景如画，有如仙境，不管是谁去了，都会流连忘返。像我这样德性浅陋的人，如若赴宴，怕会迷失在那儿，纵情声色而耽误国事，所以我就克制住了自己，没去赴宴。"楚庄王就是凭着这种自律精神与戒惕意识，最终"一鸣惊人，一飞冲天"，成就了霸业。

儒、释、道三家都有各自的"戒"。佛家讲"戒、定、慧"。道家说"知足者富""知止不殆",一个人如果能够知足,就可以节制欲望、戒断贪婪;一个人如果能够知止,就可以明确底线、警惕未然。究其实质,佛道两家强调的都是对自身欲望的控制。而儒家的戒律是依靠具有弹性的"礼"来生效的,正所谓"非礼勿视,非礼勿听,非礼勿言,非礼勿动"(《论语·颜渊》)。孔子所说的"三戒"——少年戒色、壮年戒斗、老年戒得,在当今社会依然具有普遍适用性。"戒色"要求年轻人克服物质色欲的诱惑,树立正确的价值观念;"戒斗"要求中年人矫正焦躁鲁莽的心态,加强协作精神;"戒得"要求老年人摆脱骄傲自满的情绪,更好地回馈社会。这里的"戒",不同于佛教的"四大皆空",它提醒我们用一种觉知力去把控自己的欲望,不让邪欲牵引己心。这是君子修身中的必修课,即要懂得"正己""克己",善于控制、收束。

只有心有所戒、心有所畏,才能言有分寸、行有所止。我们只有具备了强大的意志力量、坚定的道德立场以及恒久的敬畏精神,方能更好地践行"守规矩、重戒行"的道德观念与价值取向。

让

 小篆

讓　繁体楷书

让　简体楷书

《说文解字》：“讓，相責讓。从言，襄聲。”

中国人素有礼让之风。王泰让枣、孔融让梨，让出了"让枣推梨"；蔺相如回车巷中避让廉颇，让出了"将相和"；张英修书"让他三尺又何妨"，让出了"六尺巷"。"退一步海阔天空，让三分心平气和""忍人让人，礼多不伤人"……这些谦逊的品格、包容的气度，尽在一个"让"字中。

"让"应该是会意兼形声字。《广雅》云："让，责也。"可知"让"的本义是责备，如《史记·项羽本纪》："二世使人让章邯。"意思就是秦二世派人责备章邯。严厉的责备使人萌生退意，故而"让"又引申出退避、退让、谦让之义，成语"当仁不让"中的"让"就是指谦让。

　　"让"是中国传统道德观念中一个极为重要的概念，谦让、辞让、敬让、礼让……中国人历来以"让"为处世美德，如《尚书·尧典》便称赞尧"允恭克让"。《左传》云"卑让，德之基也""让，德之主也"，说明"让"在诸德之中占基础和主导地位。儒家尤为倡导让德，"让"在儒家思想中被赋予了十分丰富的内涵。《礼记·聘义》云："敬让也者，君子之所以相接也。"意谓"让"是君子修身立世的必备之德。《论语》中有这样一段对话，孔子的学生子禽问子贡：夫子每到一个国家，都能知道那个国家的政治情况，他是怎么做到的呢？子贡回答说："夫子温、良、恭、俭、让以得之。"（《论语·学而》）就是说，孔子是靠自己谦恭、内敛的品德修养而有所收获的。二人的对话生动展现了孔子为人处世的谦让品格，也强调了让德对于一个人的重要性。孟子认为，"辞让之心，礼之端也"，让德是施行礼义的开端；"无辞让之心，非人也"，一个人如果没有谦虚礼让之心，就不是真正的人。荀子也强调，君子应致力于内心的道德修养而对人谦虚辞让，即所谓"君子务修其内而让之于外""君子隐而显，微而明，辞让而胜"（《荀子·儒效》）。

历史上，有一个人因为"让"而被孔子称赞为"至德"，被司马迁在《史记》中列为"世家"第一，他就是"三以天下让"的泰伯。泰伯是上古周氏族领袖古公亶父的长子，他察觉父亲想要传位给三弟季历，就离开周原，以成全父亲的心愿。父亲病逝后，泰伯回去奔丧，季历与众臣请求他即位，他不受，丧毕携二弟仲雍再次离开周原。后来，季历被商王文丁暗害而死，泰伯回去奔丧，群臣再次请求他即位，他仍不受，于是王位便由季历的儿子姬昌（即后来的周文王）继承。对此，孔子称赞道："泰伯，其可谓至德也已矣。三以天下让，民无得而称焉。"（《论语·泰伯》）在孔子看来，泰伯"三以天下让"的品德可谓"至德"，以至于老百姓都不知道该用什么话来称颂他了。"天下"尚且可让，那世间大大小小的事情，还有什么是不可让的呢？

让德还是治国理政的重要基础。孔子云："能以礼让为国乎？何有？不能以礼让为国，如礼何？"（《论语·里仁》）说明治国必须推行礼让之道，"先之以敬让，而民不争"（《孝经》），教民以礼敬，百姓就会让而不争。"民咸孝弟而安让，此以怨省而乱不作也，此国之所以长也"（《大戴礼记》），若老百姓都能做到孝悌礼让，社会风气就会文明和谐，国家就可长治久安。所谓"一家让，一国兴让；一人贪戾，一国作乱"（《大学》），若能将礼让之道落实在每个人、每个家庭上，那么整个国家就会逐渐兴起礼让之风。

"让"与"争"看似对立，实际上却是辩证统一的。"让"是美德，但并不意味着要一味谦让，有些时候，我们也要拿出"当仁不让"的精神，奋勇争先，力争上游。这种争，不是不择手段的小人之争，而是彬彬有礼的君子之争。孔子认为，射礼就是体现着谦让精神的君子之争："君子无所争。必也射乎！揖让而升，下而饮。其争也君子。"（《论语·八佾》）意谓君子没有什么可争的事，如果有所争，那一定是比射箭。赛前登场时，双方先互相作揖，比赛结束后，又相互作揖，下场饮酒祝贺。整个过程处处以谦让为本，彰显着君子之风，这就是君子之争。

今天，"让"早已内化为中国人的品格修养并融入其生活与工作中。对父母家人，要孝悌谦让；对师长，要尊敬礼让；出门开车时，要遵守"礼让三先"的交通法规；访亲会友时，宜多几分客气恭让；日常交往中，当多一些宽容忍让……古人云："为善之端无尽，只讲一让字，便人人可行。"（《围炉夜话》）"让"，可助人走上人生的坦途，不"让"之人，人生之路必定坎坷难行。

"让"是一种修养、一种品质、一种智慧、一种胸怀。"让"不是懦弱无能，也不是畏缩胆小，而是蕴藏善意的恭敬之心，是宽容豁达的君子气度。如果人人都能谦恭一点、逊让一点，世界一定可以更美好。

 甲骨文

 金文

 小篆

 楷书

《说文解字》：“家，居也。从宀，豭省聲。”

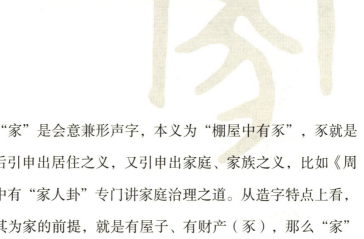

　　"家"是会意兼形声字，本义为"棚屋中有豕"，豕就是猪，后引申出居住之义，又引申出家庭、家族之义，比如《周易》中有"家人卦"专门讲家庭治理之道。从造字特点上看，家成其为家的前提，就是有屋子、有财产（豕），那么"家"就明显象征着私有制的产生，代表着人类从原始公有制社会迈向更高级的集体分工阶段。

　　尊重每个人的私有财产之所以是一种进步，是因为它在制度上划定了每个人的行为边界，承认个人所得的正当性。这种承认，本质上是承认人作为社会一员所应获得的基本权利，是人类群体对人类个体做出的正义承诺。

为什么这么说呢？众所周知，自然界弱肉强食，一些群居动物，譬如狮子、猴子等，都是等强壮者吃饱喝足后，其他的才进食。人类社会也有着弱肉强食的一面，在这种情况下，弱者的生存权益因取决于强者的意志而无法得到保障。所以，如果我们期望生存在一个正义的社会中，那么首先就需要得到类似于财产权之类的法律保障。一个农民辛辛苦苦劳作一年，收获的粮食是属于他自己的，任何人都没有资格夺走。集体需要做出此类承诺，个体才能获得基本的生存空间。而在中国古代，由于生产劳作是以家庭为基本单位的，所以相较于个人，家庭的存在及其基本权益更早一步得到了社会的肯定和重视。

如果说家庭开启了人文社会的生存空间，标志着一种群体正义的话，那么它同时也为个人道德的培育、提升提供了现实环境。中国人最重视的伦理道德就是"仁"与"孝"，而"仁"与"孝"的现实原型都来自家庭环境，"仁"强调的是"亲亲"，"孝"强调的是子女对父母的爱。家庭是个人理解什么是道德、什么是爱的范例式环境，这是因为在与陌生人的相处过程中，人们虽然会生出恻隐之心，但很难抱有强烈的关爱之情。在家庭环境中则不一样，一个孩子从出生起，就浸润在父母无微不至的关爱之中，他对人的最初感受就是"爱"，如果没有这种爱护，他根本无法生存下去。所以，一个美好的童年不仅可以将小孩子从生存的顾虑中解放出来，还可以于无形中强化其理解他人的情感能力，从而使其对整个社会抱有向善的道德期望，不会将社会视为像自然界一样弱肉强食的战场。成年之后，他自然会更善意地理解自己的恻隐之心，并进一步自我塑造关爱社会的能力。**所以，尊重并保护家庭成员之间的自然情感，其实也是在塑造整个社会的道德品格。**

除此之外，家庭的社会意义还表现在以下几个方面：

首先，家庭具有历史意义的传承性。我们每个人都是父母生育的，身上流淌着祖先的血，因而我们往往会从历史的角度追溯自己存在的意义。所以，"我"不是一个纯粹独立的意义体，"我"身上凝聚着父母、祖先的意义，这对于"我"而言是一种传承，而祖先也承载了"我"的归属感。同时，这种价值立场还塑造了我们对历史与祖先的敬畏感。中国人逢年过节会祭祀祖先，这表面上是一种文化现象，但其意义绝不限于单纯的"祖先崇拜"，而是承载了一种饮水思源、不忘根本的谦卑意识，倘若没有这种意识，数典忘祖而不自知，人们就会放纵自己的狂妄与傲慢，进而导致价值虚无主义的流行。

其次，家庭是教育的起点，家风家教在教育过程中提供了重要的范例式说明。孩子的学习方式主要是模仿，所以，言传身教就非常重要。譬如，想要让孩子知道什么是"树"，最简单的办法就是找一棵树指给他看。同样，想要让孩子知道什么是"孝"，那么只是简单描述应该如何做是没有多少意义的。只要孩子生活在一个重孝道的家庭中，他自然也就理解什么是"孝"了。

再次，家庭幸福感是每个人生活幸福感的根基。譬如，在许多中国人的心中，最重要的节日是春节，而过春节最重要的事情就是回家与家人团聚。国外过圣诞节，人们一般是出去度假，中国过春节，人们为什么一定要回家呢？这是因为，在中国人深入骨髓的理念里，自己的努力都是为了孩子、为了父母、为了家庭，父母最大的幸福就是看到子女有出息，而子女最大的幸福就是看到父母平安快乐。只有将取得的成就转化为与家人分享的快乐时，人们才能获得真正的满足感，所谓"独乐乐不如众乐乐"的意义正在于此。这在本质上反映了人类追求打开自我封闭的心灵世界，满足精神互通与共鸣的需要。所以，幸福并不是一个隶属于个人的词，而是一个人在与他人的感通中才能有的体会。

"独在异乡为异客，每逢佳节倍思亲"，象征着家人团聚一堂、和睦无间的"天伦之乐"，代表了中国人对"家"的最高向往，而"骨肉分离"，也是中国人最难承受的悲剧。孟子说"父母俱存，兄弟无故"是人生最大的快乐之一，即便是"王天下"也无法比拟。现代社会过于看重个人名利上的成功，其实，一个人的成功离不开家庭这个后盾，而家庭的幸福安康才是个人成功、社会安宁、国富民强的基石。

顺

 甲骨文

 金文

小篆

顺 繁体楷书

顺 简体楷书

《说文解字》：“顺，理也。从頁，从巛。”

　　"顺"字寓意丰富且深刻。生活中，我们常常用"顺"表达祝福与心愿——当我们说"顺心"时，意谓心态平和，心情舒畅；当我们说"顺理"时，意谓遵循规律，有条不紊；当我们说"顺遂"时，意谓天地人和，水到渠成；当我们说"顺便"时，意谓助人自助，达人达己……

"顺"是一个会意字，字形从甲骨文、金文到小篆变化不大，左边的"川"象河流之形，右边的"页"是"头"的本字。人自头顶至于脚跟，有一个自然之序，循之则为"顺"，悖之则为"逆"，而水之流，也是"顺之至"。既然两个偏旁都含有"顺"的意思，那么"顺"字的本义应是"因合乎自然之序而顺畅"，《说文解字》所释的"理也"当是其引申义。

"顺"不仅在现代生活中常用，在古籍中也频繁出现，其不同含义皆由本义引申而来：或表"同向"之义，如"顺风而呼，声非加疾也，而闻者彰"（《荀子·劝学》）；或表"和顺"之义，如"知子之顺之，杂佩以问之"（《诗经·郑风·女曰鸡鸣》）；或表"顺从"之义，如"多助之至，天下顺之"（《孟子·公孙丑下》）；或表"合理"之义，如"名不正，则言不顺"（《论语·子路》）。最早对"顺"字进行哲学提升的当数《周易》，"君子以遏恶扬善，顺天休命"（《周易·大有卦·象传》），"天地革而四时成，汤武革命，顺乎天而应乎人"（《周易·革卦·象传》），都是站在"法天道立人道"的高度阐释顺应天命践行人道的智慧。

　　中国文化重视"究天人之际"，而"顺"字就是连接天、人的纽带。在中国古人看来，天是人的生命之源，也是人的价值之源，天与人，如同父母与子女，情义相连、价值互通，所以人应当在情感上连接天地，在道德上效法天地。在取法天道、顺应自然的理念下，从个体养生，到国家治理，再到处理人与自然的关系，中国人都发挥着"顺"的智慧。

　　"顺"字包含着中国人的养生之道。老、庄所讲的养生，既包括肉体的养护，又涉及心灵的养护，这是因为肉体与心灵相辅相成、不可分割。庄子的养生思想，体现为一种"无己""无情"而"顺物自然"的智慧，他曾以"庖丁解牛"的寓言予以阐释。庖丁为文惠君解牛，手触、肩倚、脚踩、膝顶，配上挥刀的声音，整个过程就像是一组和着音乐的舞蹈，给人一种艺术的美感。文惠君惊叹："你的技艺怎么这么高超呢？"庖丁回答道："我做事比较喜欢探究事物的规律，因为这比一般的技术技巧要更高一等。我刚开始学宰牛时，因为不了解牛的身体构造，眼前所见无非就是一头牛，等我有了几年的宰牛经历后，我对牛的构造就完全了解了。现在我宰牛，不必用眼睛去看它，只需用心灵去感触它，根据牛的骨骼结构，顺着骨节间的缝隙下刀。技术好的厨工每年更换一把刀，因为他们用刀去割筋肉；技术一般的厨工每月更换一把刀，因为他们用刀去砍骨头；我的刀已用了十九年，肢解的牛也已有数千头，但刀刃依旧锋利得像刚在磨刀石上磨好的一样，就是因为我顺着牛的骨节下刀。牛的骨节'有间'而刀刃'无厚'，我以'无厚'之刀刃入于'有间'之牛体，自然是游刃有余啦。"

庄子以庖丁喻养生之人，以刀喻人的生命，以牛喻人所面对的自然与社会，非常形象地阐发了人在错综复杂的人世间应该如何养生处事。"无厚"之刀，便是心境恬淡的"无己""无情"之人。由此可见，在庄子看来，只有放下自我、恬淡超脱、顺应自然，人才能养生养性、自在逍遥、身心和谐、健康长寿。

"顺"字还包含着中国人的治国之道——顺应民心。中国古代有两种政治观念，一是"天命观"，二是"民本观"，二者紧密关联。古人认为，一个王朝之所以能够建立，是因为天命所归，所以要想长治久安，统治者就必须顺应天命。古人又认为，"天视自我民视，天听自我民听"（《尚书·泰誓中》），所以民意就是天意，民心就是天心。于是"顺应民心"被提升到"顺应天意"的高度，"天命观"由此转化为"民本观"。在此意义上，孟子一方面说"顺天者存，逆天者亡"（《孟子·离娄上》），一方面讲"民为贵，社稷次之，君为轻"（《孟子·尽心下》）；到了汉代，这一表述演变成了"顺德者昌，逆德者亡"，而"德"首先表现为顺应民心。由此，"顺应民心"逐渐成为中国人根深蒂固的执政理念，对后世影响深远。

"顺"还包含了处理人与自然关系的重要智慧。中国人崇尚"天人合一"，对于自然，从来都是以"顺应"为主流态度。人们耳熟能详的"大禹治水"的古老传说，讲的就是大禹顺应水势消除水患的故事，而在古代治水经验中总结出的"宜疏不宜堵"的经验，也上升到社会治理层面，成为中国古代民主思想的萌芽。

"顺"字蕴含着中国古人对人与自身、人与社会、人与自然辩证关系的朴素认知与独到见解，这对当代人保养身心、治理国家、保护生态依然有着重要的参考价值。

 甲骨文

 金文

 小篆

 楷书

《说文解字》： "昌，美言也。从日，从曰。

一曰日光也，《詩》曰：'東方昌矣。'"

　　"昌"是会意字，最早出现于甲骨文中。从字形看，上面一个"日"，下面一个"口"，其本义应是太阳升起的时候，叫人起来劳作的喊声，与"唱"同义。《说文解字》引用《诗经·齐风·鸡鸣》中的"东方明矣，朝既昌矣"，将其释为"日光"。后人受此影响，遂将"昌"字引申指明亮、光明。

　　"光明"是积极向上的代名词，象征着兴旺，意味着昌盛，因而《史记·商君列传》中说："千人之诺诺，不如一士之谔谔。武王谔谔以昌，殷纣墨墨以亡。"认为百官只有敢于直言进谏，国家才会长治久安。此外，"昌"还有"美好"的含义，如《尚书·皋陶谟》云"禹拜昌言"，杨炯《老人星赋》云"献仙寿兮祝尧，奏昌言兮拜禹"，其中的"昌言"都指美好的语言。

　　可能有人认为，"昌"是一个用于宏大叙事的词，只有在国家、民族层面上才会被提及。但事实上，中国人自古讲究家国一体，正如俗语所说，家是最小国，国是千万家。在古人看来，国家昌盛的必要前提，是每个家族都人丁兴旺、子嗣绵延。因为究其根本，血缘关系才是所有社会关系中最为牢固的环链。无论经历怎样的风雨，以血缘为基础建立的家庭关系，都能够为生命个体的存续托起一艘庇佑的方舟；无论历经怎样的世变，以血缘为基础而外扩的社会关系，也总能够为生命个体的发展开拓出一座充满温情的乐园。而反过来看，在古代宗法社会中，一个家族子孙的多寡，不仅体现着其综合实力的强弱，也直接影响着家族的兴衰。"多子多福""儿孙绕膝""四世同堂"，这些素朴又真实的希冀，是中国传统家庭普遍拥有的。

中国人经常用"百年好合""五世其昌"等祝福语，来表达对新婚之人美好的祝愿，这其实是有文化渊源的。《左传·庄公二十二年》中有言："凤皇于飞，和鸣锵锵。有妫之后，将育于姜。五世其昌，并于正卿。八世之后，莫之与京。"这段卜辞的背后是这样一件事：春秋时期，陈国内乱，太子被杀，公子敬仲逃亡至齐国。经占卜预测，敬仲的后人将会在第五代昌盛发达，位列正卿，于是齐大夫懿仲果断地将女儿嫁给敬仲。果然，敬仲的第五代孙在齐国做了大官，第八代孙取得了齐国政权。于是，后人就用"五世其昌"来寄语新人，祝福他们的家庭人丁兴旺、前程似锦。

对于一个家族来说，一时的兴旺容易达到，但持久的昌盛又该如何实现呢？我们知道，中国人讲求"文教昌明"，认为家族的兴旺、政治的清明、国家的昌盛，都离不开文化的教化与传承。不论是德性层面的孝悌忠信，还是知性层面的礼乐诗书，都是中华文化的精髓，都是中国人内在的文化基因，都需要历代中国人自觉地继承与发扬。兰陵萧氏仅在南北朝时期，就出了21位皇帝、30多位宰相，以及数不胜数的文官武将。而这个名门望族长盛不衰的原因，正是其"木欣欣以向荣，泉涓涓而始流"的家族生命力，亦是其仰仗于家族教化、玉汝于成的家风传承力。古语云："道德传家，十代以上，耕读传家次之，诗书传家又次之，富贵传家，不过三代。"意思是一个家族要想持续地繁荣兴盛，需要有内蕴着德性精神的家风、家训，需要有历尽风霜却坚定不移的初心，否则其兴旺只能是昙花一现。

家庭的兴旺发达是国家繁荣昌盛的基础，而国家的长治久安则是每个家庭发展存续的保障。很难想象，在一个动荡不安的社会中，能有独善其身的家庭存在；也很难相信，在一个深陷内忧外患的国家中，能有自得其乐的家庭存在。一个家庭的壮大，离不开奋发向上的个体；一个家庭的发展，离不开崇德明理的家风；一个家庭的稳固，离不开政通人和的国家。个体有担当，国家才能有力量，每个人才能感受到春光似海、盛世如花，共同奔赴更加昌盛、富足、美好的未来。

3

服务利他

宽惠恕　德义忠

勤敏劝　服信诚

济怜周　慎利行

 金文

 小篆

 繁体楷书

 简体楷书

《说文解字》：“宽，屋宽大也。从宀，莧聲。”

"宽"是形声字，本义为房屋宽敞、面积大。后引申为富裕、有余，之后又进一步引申为一种宽厚、大度、随和的美德。

在儒家典籍中，"宽"逐渐有了两个层面的含义。

在个人的德性修养层面，儒家提倡宽德，要求个体在与他人相处的过程中，宽以待人、宽厚爱人、宽宏大量。儒家甚至将"宽"与"不宽"作为区分君子与小人的一个标准，使"宽"逐渐发展成个体爱人、行恕的基本工夫。在待人态度上，君子应"宽兮绰兮"（《诗经·卫风·淇奥》），"宽而不僈"（《荀子·不苟》），做到宽容、温和，不怠慢、不轻视别人；在行为方式上，"君子能则宽容易直以开道人"（《荀子·不苟》），有才能的君子，可以宽宏大量、平易正直地启发引导别人；在理想旨归上，君子"克宽克仁，彰信兆民"（《尚书·仲虺之诰》），做到以自己的宽仁之心来取信于民。

　　"宽"的工夫在内证，不在外得。它既体现为心态的豁达、认知的超越，又体现为一种对他人最基本的尊重。宽容是尽可能站在他人的立场上看问题，心胸豁达、宽以待人。宽容是海纳百川，能化解坚冰。每个人只有从自身的德性修养着手，常思己过，严于律己，才能做到宽以待人。

　　东汉时期的名臣刘宽任南阳太守时，有一次乘坐牛车到乡下视察，路遇一个老汉。老汉认定给刘宽驾车的牛是他前两天丢的，执意要把牛牵回家。刘宽没有阻拦指责，而是让随行人员把牛交给了老汉，自己步行返回。老汉牵牛回家之后，发现自己丢失的牛正在旁边地里吃草，顿感羞愧，赶忙把牛送还给刘宽，还叩头道歉："我愧对您啊，甘愿接受处罚！"刘宽非但没有怪罪老汉，反而扶起他，安慰道："人非圣贤，哪有不犯错的？我还得感谢你亲自把牛送回来呢，你又何必道歉呢？"这件事流传开来，当地百姓都为刘宽的宽容厚德所折服。

　　在治国理政层面，儒家提倡宽政，要求当政者居上以宽、为政以德、宽猛相济、待民宽厚。中国人很早就意识到，如果将个人内在德性修养中的宽德应用到政治实践中，将会事半功倍。孔子则将"宽"与"恭""信""敏""惠"，一并作为"成仁"的五要素，认为"宽则得众"（《论语·阳货》），当政者宽厚行事，就会得民心、受拥护；而"居上不宽，为礼不敬"（《论语·八佾》），则会失民心、惹民怨。

　　"宽猛相济"的治国之道，就是利用儒家的中道思想来平衡与调节政治。当政者居尊位，要爱人如己，始终把宽厚作为治国的重要理念和原则，但也不能过度宽容，比如在面对不仁不义、大奸大恶时，就不能只讲宽容不讲法度、只谈仁义不谈惩戒。"过宽杀人，过美杀身"（《呻吟语》），凡事过犹不及，无原则的宽容会导致不堪设想的后果。

如果能做到宽严相济、张弛有度，那就是执政的高手。唐朝时，万泉县丞唐临就深谙此道。有年春天，雨水充沛，正是耕地插秧的好时节。唐临想到监狱里有很多因未交赋税而被关押的囚犯，就打算将这些犯人暂时放出，让他们各自回家耕种，农忙过后再继续服刑。有人提出反对意见，说如果犯人们到时候回不来，唐临可是要丢乌纱帽的。唐临则镇定自若，说如果到时候犯人不回来，责任全由他来承担。

放犯人走之前，唐临来到监狱，叮嘱他们说："我可是给你们争取了一次既能减刑又能帮助家里耕种的好机会，你们要好好把握，不要辜负我的期望。"农耕过后，犯人们果然全部如约回到了监狱。有人问唐临当时为什么那么自信，唐临说："犯人们的刑期都不短，而且他们也已悔不当初。如果我们能适时给他们点儿宽慰，并实施一些减刑政策，他们就会感念朝廷的恩典，更加反思己过。"

　　"宽"是中国人崇尚的一种美德。天地宽广，可使自然万物共生共荣；人心宽宏，可使人与人和睦相处；国家宽容，可使国与国互信互惠。"宽"还是中国人崇尚的一种生存智慧，通过对遗憾之事的接纳、对他人错误的原宥以及心理层面上的共情，我们可以提升自身的精神境界，焕发内在的仁爱光辉，更好地尊重他人、理解他人。这份"心底无私天地宽"的从容、自信和超然，让人类更为诗意、坦荡地共同栖居。

 金文

 小篆

 楷书

《说文解字》："惠，仁也。从心，从叀。"

　　"惠"是会意字，最早见于西周金文，其上半部分是"专"的本字，形似纺线的工具；下面是"心"字，表示"惠"与人的心理活动有关。《说文解字》释云："惠，仁也。从心，从叀。"可见，"惠"的本义为仁爱，因为"仁"与"惠"都与人内心的真实情感有关，而这种情感体现在行动上，就是给人财物或好处，即恩惠。

　　在中国文化早期，人们习惯把"惠"与政德联系起来，将其视为为政者应当具备的德行。《尚书·皋陶谟》中有"安民则惠，黎民怀之"的说法，意谓想要使民众安心，得到民众的拥护与支持，就要给予民众恩惠。《诗经·大雅·民劳》中的"惠此中国，以绥四方"，《左传·成公二年》中的"无德以及远方，莫如惠恤其民而善用之"，都是说为政者要惠民利民，"惠"是一种自上而下施予的道德行为。

　　开创儒家学派的孔子探讨了"仁"与"惠"的关系，将"惠"作为君子修身与治国所必需的一种德目来界定。当弟子子张问孔子什么是"仁"的时候，孔子回答说："能行五者于天下为仁矣"（《论语·阳货》），一个人如果能够践行恭、宽、信、敏、惠这五种具体的道德规范，那么他离"仁"的标准也就不远了。其实，终其一生，孔子都很少称一个人为"仁人"，但他还是在弟子们评价管仲的时候，表达了自己独特的见解。他称赞管仲辅佐齐桓公治国，不动用武力而一霸天下，救万民于水火而大惠生民。孔子认为，仁者何？爱人者也。如果天下的民众都受到一个人的恩惠，那这个人还不能算作"仁人"吗？

　　孟子从"性善论"的角度来阐扬人性的光辉，进一步将孔子的惠民思想发展为"以民为本"的"仁政说"。孟子认为，君王只有以仁爱之心从民之所欲，利民之所利，推恩于民，施惠于民，才能实现治国平天下的理想。儒家惠民思想的出发点有两个：其一是以"惠"使民，以"惠"作为赢得民心、巩固地位的手段；其二是以"惠"养民，以民为本，为民谋利。孟子的"惠"，显然属于后者。对此，孟子有自己三方面的设计：经济上富民、惠民，政治上宽民、爱民，思想上教民、化民。孟子这些治国韬略与伦理思想在当时虽未得到君主们的重视，却给我们留下了对仁政惠民的乐观追求与理性反思。

　　在荀子看来，仁爱是具有普遍性的，能够爱自己的同类，是人作为"血气之属"的天然能力。而对于圣人和君主来说，爱自己的同类就意味着要施惠民众，将一己之惠德推扩至公共领域，实现对民众的兼爱与泽惠。于是，荀子从实践层面入手，对惠民利民做了规划与设计：总体上，执政者要像呵护赤子一般，来关怀、惠养民众；具体来说，则要从"裕民以政""节用裕民""节其流，开其源""利而后利之""爱而后用之"（《荀子·富国》）等方面来落实惠政。

在中国历史上，有很多人是以善施惠政著称的，有的甚至因此而得到"惠"的谥号。如春秋时期的卫国大夫公叔文子，在国家遇到凶年灾荒时，施粥以惠济灾民，因此他去世后，卫君赐给他的谥号中有一"惠"字。又如坐怀不乱的柳下惠，曾任鲁国士师，虽遭遇三次罢免，却始终不愿离开自己的国家。他的妻子问其缘由，柳下惠说，现在有这么多的老百姓身处困厄，我怎么能抛下他们不管呢？柳下惠去世后，其门人想写一篇诔文以寄哀思，但柳下惠的妻子认为自己最了解丈夫的德行，便亲自执笔为丈夫写下诔文，其中有云："蒙耻救民，德弥大兮。虽遇三黜，终不蔽兮。……夫子之谥，宜为惠兮。"（《列女传·贤明传·柳下惠妻》）妻子细数了柳下惠的德行，认为他柔质慈民、爱民好与，应该以"惠"为谥号。门人读罢这篇诔文，惊叹每一个字都妥帖精当，无须做任何修改。

在中华传统文化的浸润下，中国人特别善于将自己内在的仁爱之心外化为对他人的惠行。所谓"赠人玫瑰，手有余香"，人们在惠赠他人的同时，也会滋养自身；在善待他人的同时，也会助益自身。当然，施惠于人也要有一定的原则，即这种施惠应体现"正能量"，应符合"义"的要求，应不求回报且对他人真正有益，还应使他人在受到恩惠之后处于积极的情绪状态之中。

　　"惠"的最高境界，应该是互惠互利。施惠与回报是密不可分的，正所谓"投我以桃，报之以李""滴水之恩，涌泉相报"。当别人无条件地施予恩惠时，我们会心怀感激，并希望能在适当的时机予以报答，否则就会产生愧疚心理。

　　可以说，仁爱默契、互惠互利、守望相助，是中国人维护人际关系的"核心密码"，是中国人生命的价值与意义所在，更是中国人传承数千年的基本道德素养。

恕

 金文

小篆

楷书

《说文解字》：“恕，仁也。从心，如聲。”

　　"恕"是儒家仁学思想的核心范畴，是中国传统文化中处理人己关系的基本原则，也是在国际上具有普遍适用性的"道德金律"。

　　"恕"是一个形声兼会意字，《说文解字》曰："恕，仁也。从心，如声。"从字形上看，如心之谓恕，意谓用自己的心推想别人的心，以仁爱之心待人，进而宽宥他人的过失。

《左传》中最早出现了"恕而行之，德之则也，礼之经也"的说法，认为用"恕"处理问题，是道德的准则，更是礼法的常规。在这里，"恕"的道德伦理意蕴初步明晰。

孔子一方面强调自己的思想是一以贯之的"忠恕"之道，一方面强调"恕"是可以终身奉行、坚守的原则，即"己所不欲，勿施于人"（《论语·卫灵公》）。在孔子看来，我们每个人都可以审视自己的内心，了解自己的好恶，进而推己及人，设身处地地为他人着想，不把自己的要求和欲望强加给别人，以此来维护人与人之间的和谐关系。

孟子继承了孔子的恕论，认为"仁"是完善的德性，而"恕"是行"仁"的方法，即所谓"强恕而行，求仁莫近焉"（《孟子·尽心上》）。孟子认为，人们应奉行恕道，躬身践履——在求仁的征程中，没有比这更便捷的途径了。"恕"在孟子这里，是"恻隐之心"，也是"不忍人之心"，他创造性地提出了"推"的概念，为人们践行恕道寻到了人性论上的依据；他深刻地总结了推己及人的前提是先反观自我、建立道德人格，继而将其推扩到他人身上，以获得自我与他人之间的深度共鸣。

　　到了宋代，朱熹将忠恕之道阐释为"尽己之谓忠，推己之谓恕"（《论语集注》），这里的"推己"，增加了一些主动施予的意味，被视为成仁的动力与方式。程颢、程颐进一步将"恕"提升至"天道"的高度，在推己及人的基础上强调推己及物，但最终又回落到人世间，即"推己及物，以养人也"（《周易程氏传·颐卦》）。

　　可以说，儒家的"恕"准确地拿捏住了我们道德生活中的一个重要问题，那就是如何突破自己内心的局限性，最大限度地去培养仁爱的德性。践行恕道，是一种由自我向他人的延伸，需要以仁爱为基础，也需要一系列的道德实践路径。具体而言，应做到以下几点：

　　第一，能设身处地地把自己代入对方的立场与情境，尽可能地换位思考，以类度类；第二，能感同身受地去体验和理解对方正在经历的情感或生活，尽可能地与之共情，以心度心；第三，能孜孜不懈地累积情感体验并进行自我反思，推己及人，推己及物，并将之升华为爱他、爱物之心。

　　《孔子家语》记载了这样一件事：孔子的学生季羔是卫国的狱官，曾负责审理一起案件并对当事者处以刖刑（砍掉其双脚）。几年后，卫国发生动乱，季羔在逃离时，恰巧遇到这个受刑之人正在把守城门。季羔见状，非常慌乱，料想此人肯定会借机报复，阻止他出城。但结果出人意料，这个人先后想出三种办法来帮助季羔离开卫国。季羔深感困惑，就问他："当年我判了你刖刑，今日你为何要冒险救我呢？"这个人回答说："被砍掉脚是我罪有应得，这是无可奈何的事情。以前您依据法律审理我的案子时，下令先审理别人的再审理我的，这是想延长时间了解案情，希望我能免于罪罚，并非蓄意害我；案子审理完毕，刑罚确定了，行刑的时候，您显得非常忧戚。看到您的脸色，我便认定您是位仁德君子，所以今天我无论如何也要帮助您。"孔子后来听说了此事，称赞季羔在秉公执法时不失仁恕之心，是十分难得的。

　　季羔之"恕"的内在精神，是对人性的深刻理解和充分尊重，是能设身处地地考虑他人的处境，与他人共情；反观受刑者的"恕"，亦复如此。由此可见，"恕"具有化敌为友的力量，季羔以之化解了受刑者的怨恨，为后人树立了行恕释怨的典范。

宽恕之德的养成，是一个化繁为简的过程，即不断地消除狭隘的偏见、无谓的争抢及内心的怨恨；宽恕之德的养成，更是一个在兼收并蓄中不断生成旷达胸怀、正直操守、泰然心境、谦和品格及仁厚性情的过程。正如明代思想家吕坤所言："恕心养到极处，只看得世间人都无罪过。"（《呻吟语》）

做到恕己，可以平和内心，与自我和解；做到恕人，可以宽容待人，不强人从己；做到恕物，可以共生共荣，观"大化流行"。中华民族的仁爱精神绵延不息，其要义就在"忠恕"之道的实践上，如果人人都能以恕己之心恕人，那么恕道不仅会成为我们个人安身立命的支柱，也将会成为推动社会和谐发展的窍奥。

德

甲骨文

金文

小篆

楷书

《说文解字》：“德，升也。从彳，悳声。”

　　"德"在中国人的精神特质与理想人格中占有尤其重要的地位。一个人是否有德行，决定了他在生活中能否受人尊敬，决定了他在工作中是否值得信靠。散发道德光辉、成为道德典范，是每个中国人立德修业的最高目标。

　　"德"的甲骨文字形由 介（行）与 申（直）构成，意谓在四通八达的十字路口心无旁骛地向正前方行走。"德"的金文字形有 徝、得、德，将"行"减省为"彳"，后又在"直"字下面加一个 心（心），可见"直行为德"的含义演变为"直心为德"，并最终发展出德行、德性等伦理哲学概念。

　　殷墟甲骨卜辞中经常将"得"写作"德"，"得道为德""得天为德"的德性观已为人所知。后来受《尚书·吕刑》"惟克天德"、《论语》"天生德于予"、《道德经》"道生之，德畜之"、《周易》"与天地合其德"等观念的影响，中国古人普遍认为人类的德性得自上天，优良品德是至善天道在人身上的体现。人与万物都以天地为父母且浑然一体、同德同性。山有德，水有德，一草一木皆有德，而人为万物之灵，最能将天地之德通过自己的修习充分彰显出来。孔子说"知者乐水，仁者乐山"，《周易》中也强调人类应该效法天地万物之德来修身治国。

　　既然人的德性得自上天，我们又经常能仰观俯察周遭万物来亲切体认这种德性的具体内涵，那么每个人就应该珍惜、保有上天赋予自身的美好德性，不辜负天地造化、父母生养的一番厚德美意。所以，《论语》中记载孔子晚年见到儿时的伙伴原壤，发现他没有德性且对人傲慢无礼，便恨铁不成钢地说："你小时候不懂礼节，长大后也毫无贡献，虽然长寿，但实际上是在浪费粮食。"对于那些口头上崇尚道德学问但并没有真正以德修身的人，孔子也认为他们是道听途说、舍本逐末、自暴自弃之人。

　　关于"德"与"才"之间的关系，孔子认为，人们应该以"德"为立身之本与当务之急，而不能仅仅以"才"为评价标准。清代曾国藩亦说："德与才不可偏重。譬之于水，德在润下，才即其载物溉田之用；譬之于木，德在曲直，才即其舟楫栋梁之用。德若水之源，才即其波澜；德若木之根，才即其枝叶。"

关于"德"与"言"之间的关系，孔子说"有德者必有言，有言者不必有德"（《论语·宪问》），认为"美言"是人内在的"美德"自然洋溢出来的。荀子也说，小人做学问，从耳朵中听进去，又从口中说出来，他的努力不过是口耳之间的区区四寸，又怎么能完善他的七尺之躯呢？因此，有志于成为君子的人应讷于言，敏于行，以"道"为理想目标，以"德"为修身根据，以"仁"为价值标准，以"礼"为行为准则，不断地提升自己的人生境界。

一个人在修德成贤的过程中，由于外在环境的复杂性与自身的局限性，必然会遇到很多困难，对此，《周易》强调应时刻见微知著、防微杜渐地迁善改过、进德修业，通过效法自强不息、厚德载物的天地精神，培育"与天地合其德"的理想人格。孔子也特别告诫世人，要借助外界有利的修身条件来扬长补短，对于不符合道德准则、礼义规范的人事，则勿视、勿听、勿言、勿动。

对个人来说，提升了自己的德行，自然会受到他人的肯定与赞赏，进而潜移默化地影响他人。对国家来说，如果人人都以反身修己、明德至善为志向，不断改过迁善，那么大同社会终有一天会实现。

 甲骨文

金文

 小篆

繁体楷书

 简体楷书

《説文解字》：“義，己之威儀也。从我、羊。”

谈到"义"，中国人总有说不完的故事、聊不完的话题。鲁仲连深明大义，义不帝秦；信陵君仗义救赵，义无反顾；关云长忠肝义胆，义薄云天；文天祥舍生取义，大义凛然……他们或行侠仗义，或匡扶道义；所表现出的，或是国家大义，或是兄弟情义。"义"在儒家思想中占据着重要的位置——无论是在"四维""五常"中，还是在"八德"中，人们都能看到它的身影。

"义"是会意字，《说文解字》释曰："己之威仪也。从我、羊。"甲骨文中的"义"，从字形上看，由"我"和"羊"构成，代表我方军队的威仪，乃"仪"之本字。"义"早期含有善、美之义，如《诗经·大雅·文王》云："宣昭义问，有虞殷自天。"意谓传布显扬好名声，以亡殷为鉴。据出土的楚地战国文献可知，直到战国时期，"义"才有了仁义、正义这些具有道德价值判断色彩的义项，成为后世"义"思想的开端。

自战国时期至汉代，人们多以"正"释"义"，认为"义"的本质是正当性，如"仁以爱之，义以正之"（《礼记·乐记》），"行义以正"（《荀子·赋》），"义者，正也"（《墨子·天志》）。如果一个人的行为符合道德规范，具有正当性，就可称为"义"。在孔子看来，"义"是君子安身立命的根本，是个人道德修养的主要内容，即"义以为质""义以为上"。孟子注重"仁"与"义"的关系，进一步将"义"阐释为人的"羞恶之心"，认为这是人所固有的。荀子则更看重礼义，将"义"从个体的道德准则推扩至外在的政治制度，将一己道德推扩为社会道德。"义者，宜也，尊贤为大"（《中庸》），适宜性是"义"之内涵的另一个维度。

　　"义"不仅是涉及个人道德修养的价值取向，是维护人己关系的重要基础，更是具有实践性的伦理道德范畴。落实到个人具体的生活情境与行为实践层面，"义"是按照道德规范与制度要求来判断主体行为是否正当、是否适宜的标准，正当、适宜则为"义"，不正当、不适宜就是"不义"。"义"既可以是路见不平的见义勇为，也可以是豪爽慈善的仗义疏财，只要人们能结合自己具体的社会角色，做自己该做的事，肩负起自己的责任，尽自己的本分，就能体现出"义"的精神。比如，孝敬父母是子女的"义"，关爱孩子是父母的"义"，清正廉洁是官员的"义"，忠诚爱国是民众的"义"。

　　东汉末年，宦官把持朝政，迫害贤良，正直之士张俭受到通缉，从家乡逃亡出来，四处躲避。他曾投奔老友孔褒，碰巧孔褒外出，其弟孔融便做主将张俭藏匿在家中。事情暴露之后，张俭逃走，孔褒兄弟二人则被抓进监狱。审判时，兄弟二人争着认罪，县令无法判决，便找来他们的母亲指认。孔母说，他们的父亲在外做官，我是一家之主，罪责在我。县令难以定夺，最后上报朝廷，由灵帝下诏，处死了孔褒。后来，张俭逃到东莱（今山东烟台、威海一带），躲在李笃家中。县令毛钦赶来捉拿，李笃对毛钦说："张俭是朝廷重犯，我怎会窝藏？即使他真在我这里，如此贤士，你真的忍心捉拿他吗？"毛钦拍着李笃的肩膀说："春秋时期的卫国大夫蘧伯玉以独做君子为耻，你怎么能一个人将'义'独占？"李笃心照不宣地说："今天，你已经把我的'义'分走了一半。"毛钦走后，李笃协助张俭逃往塞外。直到党禁解除，张俭才返回家乡。自张俭逃亡以来，因收容他而被官府诛杀的人就有十余位，这是因为人们都仰慕张俭的声望与德行，宁肯家破人亡也要帮助他。在这个故事中，每个人都做到了由自己角色所赋予的"义"，尽管处境各不相同，但他们都有一个共同特征，那就是甘为正义牺牲自己。

"仁"与"义"的关系十分密切。孔子提倡"杀身以成仁"（《论语·卫灵公》），孟子主张"舍生而取义"（《孟子·告子上》），将"仁"与"义"看得比生命更重要。在儒家看来，"仁"是修身的目标，是人的本心，是人格的根基；"义"是"成仁"的必由之路，是主体正当、合宜的实践，是"仁"的显发，正所谓"居仁由义"（《孟子·尽心上》）。

　　"义"与"利"的关系也是非常紧密的。无论是孔子、孟子的重义轻利、去利怀义，还是宋明理学家的尚义贬利、存义灭利，都体现了中国人在权衡义利时，往往将"义"放在首先考量的位置上，使"义"在"利"面前具有一种崇高感。

　　古往今来，中国人在关键时刻、紧要关头，都知道自己应当做什么、不应当做什么。义行天下、公正合宜，是中国人的基本共识，也是中华民族精神的集中体现。"义"有"正义"与"不义"之分，正义者得人心，不义者失人心；"义"有"小义"与"大义"之分，手足、朋友间的小义能撑起一片天空，渗透了家国情怀的民族大义则可光耀后世。**在中国人的思想里，唯有做到胸怀道义、正义凛然，才能称得上是一个顶天立地、浩气长存的大写的"人"。**

忠

金文

小篆

楷书

《说文解字》：“忠，敬也。从心，中聲。”

"忠"是形声字，最早出现于战国时期。从字形上看，该字上"中"下"心"，说明其本义是尽心竭力。《说文解字》释曰："忠，敬也。"在中国传统文化中，"忠"是植根于每个人内心的道德自觉，它要求我们对人对事都要心存敬意，做到中正无私、尽心竭力。"孝悌忠信""精忠报国""忠孝两全""忠贞不二"等，都体现了中国人对完美人格的赞许和追求。

《左传》云："忠，德之正也。"马融《忠经》曰："忠者，中也，至公无私""邪则不忠，忠则必正"。因为"中"有正直不偏之义，所以"忠"被视为中正之德。从先秦开始，"忠"的内涵不断发展扩充，逐渐成为儒家推崇的重要伦理道德标准。仁、义、礼、智、信是中国传统价值观的核心要素，而"忠"作为一种基本的德性贯穿其中，是诸德的基础，诸德有"忠"则成，无"忠"则败。

"忠孝"是中国传统道德文化中的独特观念。"在家尽孝，为国尽忠""居家则为孝子，许国则为忠臣"，数千年来，"忠孝两全"一直是中国人对完美人生的期许。《尚书·蔡仲之命》中说："尔尚盖前人之愆，惟忠惟孝。"成王规劝蔡叔的儿子蔡仲，思忠思孝是赎父辈叛乱之罪的方式。孔子也认为，在家尽孝是为国尽忠的一种方式，而且血缘上的孝也可以移作政治上的忠，《孝经》就曾引用孔子之语："君子之事亲孝，故忠可移于君。"忠是立国之本，孝是存家之本，家国一体，所以中国人认为忠就是孝，孝也是忠，二者是一致的。然而，当忠孝不能两全时，中国人提倡要毅然舍家为国。

曾子将孔子之道概括为"忠""恕"二字，忠恕之道是儒家思想的重要内容，是处理人际关系的基本原则。依朱熹的解释，"忠"是尽己之心，"恕"是推己及人，没有尽己之心的"忠"，就不可能有推己及人的"恕"。忠恕之道，强调从自己出发，设身处地地为他人着想，以己度人，推己及人，"己所不欲，勿施于人"。

"忠"与"信"常常连用，"忠信"一词在先秦典籍中已被普遍使用。孔子要求学生"言忠信，行笃敬"（《论语·卫灵公》），说老实话，办老实事，甚至"主忠信"，以忠信作为行为主导。《礼记·礼器》云："忠信，礼之本也。"也就是说，忠信是礼的根本。郭店楚简《忠信之道》对儒家的忠信之道进行了集中论述："忠，仁之实也。信，义之期也。"意谓仁的本质在于忠，义的目标在于信。孟子则认为，"仁义忠信，乐善不倦"（《孟子·告子上》）是人与生俱来的高贵品质。

"为国之本，何莫由忠？"（《忠经》）"忠"是治国之本，对国家忠诚、对人民忠诚，是"忠"的重要内涵。《左传》中有不少关于忠国忠民的论述，如"临患不忘国，忠也""上思利民，忠也""公家之利，知无不为，忠也"等。这些忠德的表现，都是心中时刻想着国家和人民的利益，凡是有利于国家和人民的事，无不尽心尽力去做。这种忠，就是对国家和人民利益的忠诚，是一种公而忘私、尽忠职守的品德。

　　中国历史上从来不缺忠义之士。三国时期的忠臣诸葛亮，殚精竭虑，至死方休，其《出师表》更是言辞恳切，将"忠义"二字诠释得淋漓尽致，以至后世有"读《出师表》不哭者不忠"之说。"仰天长啸，壮怀激烈"，矢志尽忠报国的南宋名将岳飞，以其豪迈气魄与忠勇风骨，成为后世忠国忠民的楷模。"人生自古谁无死，留取丹心照汗青"的文天祥，"粉身碎骨浑不怕，要留清白在人间"的于谦，"生平未报国，留作忠魂补"的杨继盛，"死后不愁无勇将，忠魂依旧守辽东"的袁崇焕，无一不是忠肝义胆的英雄人物。当代，邓稼先、王进喜、焦裕禄、孔繁森等，也都是不谋私利、忠于职守的代表人物。

　　不可否认，在中国古代，随着内涵的不断发展，"忠"的范畴渐由伦理层面转移至政治层面，在某些阶段更是转变为下级对上级的道德义务，产生了"君要臣死，臣不得不死"的"愚忠"思想。对此，我们应当有辨别地予以扬弃。

　　《尚书·伊训》中说："居上克明，为下克忠。"孔子也提倡"君使臣以礼，臣事君以忠"（《论语·八佾》），把君主的贤明与礼敬作为臣工忠君的前提，并没有将"忠"视为下级对上级的盲目服从。鲁穆公问子思："何如而可谓忠臣？"

子思明确告诉他："恒称其君之恶者，可谓忠臣矣。"（郭店楚简《鲁穆公问子思》）意谓经常指出国君过失的人，才能被称为忠臣。荀子指出："逆命而利君谓之忠"（《荀子·臣道》），"从道不从君，从义不从父，人之大行也"（《荀子·子道》）。"忠"不是为君死节，而是忠于国家与人民。

"人之忠也，犹鱼之有渊"，"忠"是每个人安身立命的根本。人人都是国家的一员，是社会的一分子，对国家尽忠，绝不仅仅是岳飞、文天祥这类英雄人物的分内之事，而应是所有中国人共同的分内之事。对于普通人来说，"忠"就是做好自己的本职工作，尽心尽力，恪尽职守。为政者要服务百姓、贡献国家，农民要耕耘树艺，商人要诚信经营，教师要教书育人，医生要救死扶伤，军人要保家卫国……只有人人都在各自的岗位上尽心竭力地工作，为国家助力而不添乱，对社会有利而不生害，为人民谋福而不酿祸，才能使小家幸福、国家和谐，从而做到为国尽忠。

"忠"之一字，是诚心居中、正直不偏，是心怀恭敬、尽心尽力。"忠"蕴含的中国人忠于国家、忠于人民、尽忠职守、忠诚无私的精神，是中华民族的文化之基，是沉淀在中国人血脉里的价值追求，既源远流长，又历久弥新。

 金文

小篆

勤 楷书

《说文解字》："勤，劳也。从力，堇聲。"

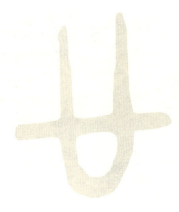

　　"一年之计在于春，一生之计在于勤""百尺竿头立不难，一勤天下无难事""业精于勤""天道酬勤"……"勤"是中国人刻在骨子里、融入血脉中的品德，是中国人"修齐治平"的必由途径。中国人靠勤劳与智慧打造了美好生活，创造了灿烂辉煌的中华文明。

　　"勤"是形声字，从"力"，"堇"声。"力"的字形貌似农具，表示用农具耕作须用力；声旁"堇"兼表字义，因其本有黏土之义，故可表示在土地上辛苦劳作。因此，《说文解字》释"勤"为"劳也"。现在，"勤"泛指做事努力，如勤快、勤奋；引申指上班、事务，如出勤、勤务；也表示次数多、经常，如来往很勤。

　　"治生之道，莫尚乎勤"（李文炤《勤训》），"勤"是中国人的治生之道，其核心精神是不怕苦、不怕累，努力做事。中国人自古尚"勤"，在史前传说中，教民巢居的有巢氏、钻木取火的燧人氏、养蚕缫丝的嫘祖、勤于农事的后稷等，无一不是勤劳能干的。《左传》有言："民生在勤，勤则不匮。"意谓百姓的生计在于勤劳，只要勤劳肯干，生活物资就不会匮乏。一个国家、一个社会，如果农民勤耕、工商勤业、士人勤读、官员勤政，那这个国家、这个社会一定会日益繁荣昌盛、和谐安康。

　　"业精于勤荒于嬉"，纵观古今，无论是富贵还是贫苦，无论从事什么行业，一个人唯有做到"勤"，才能有所成就。《尚书·周官》中说："功崇惟志，业广惟勤。"强调唯有树立远大志向、勤勉苦干，才能干出一番大事业。东汉张衡也感叹："人生在勤，不索何获？"（《应间》）意思是不勤奋努力地去探索、去追求，人生又怎么会有收获呢？"书圣"王羲之追慕前贤张芝，临池学书，因勤于练习、常常在池中洗笔，故而使池水尽黑。明代李时珍，跋山涉水数十年，不辞辛劳，躬身实践，倾尽毕生心血，最终完成药学巨著《本草纲目》。"时代楷模"南仁东，辛勤奔波于西南大山，从选址、设计到建设，事必躬亲，终于打造出国之重器 ——"中国天眼"。

为学以勤，是中国人的治学之道。孔子"发愤忘食，乐以忘忧"，一生好学善思，诲人不倦，晚年仍勤学《易》，以至于韦编三绝，终被后人尊为"至圣""万世师表"。白居易勤学，白天学赋，晚上练字，还要不时作诗，焚膏继晷，以致口舌生疮、手肘成胝，终成一代"诗魔"。宋濂嗜学，刻苦抄书，以致"手指不可屈伸"，他后来能够成为明初一代文宗，离不开从小"勤且艰"的努力。仅有初中文凭的华罗庚，以民谚"勤能补拙是良训，一分辛苦一分才"自励，终成世界一流数学家。历史上，还有诸多如悬梁刺股、囊萤映雪、负薪挂角、凿壁偷光的勤学故事，其中所蕴含的勤奋精神，无不令人震撼与赞叹。

为政以勤，是中国人的政德要求。勤政之要在于为政者勤勉努力不懈怠，廉洁奉公，恪尽职守。《诗经·周颂·赉》云："文王既勤止，我应受之。"以周武王自勉的口气，宣布继承并发扬文王辛勤创下的勋业。南宋吕本中在其《官箴》中指出，"当官之法，唯有三事"，即"清、慎、勤"。《资治通鉴》《贞观政要》等典籍中关于为官为政之"勤"道，亦有不少警世之言，如"不勤于始，将悔于终"。

　　"历览前贤国与家，成由勤俭破由奢"（李商隐《咏史》），勤俭是中华民族的传统美德。在中国人的观念中，勤与俭不分家。说"勤"的同时，人们常会提到"俭"，如"克勤于邦，克俭于家""成家之道，曰俭与勤""勤俭两件，犹夫阴阳表里，缺一不可"。勤和俭密不可分、互为前提，既勤且俭才是美德，勤而不俭或俭而不勤都不是。勤俭节约是中国人的持家之本、治国之要，生活越是富足，越需要与之匹配的文明理念，勤劳奋斗、勤俭节约的理念永不过时。

　　"勤"是中国人引以为荣的品格，正是凭借着这一品格，世世代代的中国人以勤勤恳恳、吃苦耐劳的生活态度和勤勉敬业、奋发有为的从业精神，将汗水挥洒在脚下的这方沃土上，耕耘而收获，收获再耕耘，勤奋进取，永不止息。

敏

甲骨文

金文

小篆

敏 楷书

《说文解字》："敏，疾也。从攴，每聲。"

　　"敏"是会意兼形声字。从字形看，甲骨文的"敏"字由"每"和"又"（或"攴"）构成，形似一只手在整理头发。从字义看，"敏"字本指动作快捷，如《诗经·小雅·甫田》中的"曾孙不怒，农夫克敏"，西周早期大盂鼎铭文中也有"敏谏罚讼"之语，后引申出勤勉努力、头脑灵活等含义。

　　我们常说，放言易，敏行难。言与行是个体生命活动的两个重要维度，中国先哲一贯强调要维持好二者之间的平衡，做到知行合一。《论语》曰："讷于言而敏于行""敏于事而慎于言"，"讷言"是将言语向内收摄，使其成为行动的内驱力，以免无法践诺，难以收场；"敏行"是主体向外付诸实践，使思想外显出来，但这实践并非迅速却莽撞的行动，而是思虑之后的稳妥之行。不过，无论是"讷言"还是"敏行"，其共同旨归都是少说话多做事、少空谈多实干。

　　孔子在回答学生子张的问题时，将恭、宽、信、敏、惠并举，认为此五者共同构成了"成仁"的美德。在孔子看来，行动是最好的语言，一旦有了成熟的想法，就要尽快用行动来使自己的理念与思想落地，而不是空口白话、光说不练。

　　孔子曾发出感叹："天何言哉？四时行焉，百物生焉，天何言哉？"（《论语·阳货》）上天从不表达什么，可四时在有条不紊地交替，万物也在自然地生发。可见，天是在用具体的"行"来启发人们领悟宇宙的奥妙，用无言的"行"来引导人们培养讷言敏行、自强不息的文化品格，实在堪称"敏则有功"的典范。

因此，就君子自身的德性修养而言，敏行需要个体迅速行动起来，撸起袖子加油干，以求更快地实现知行合一；就治国理政来说，敏行则需要执政者勤于政事、率先垂范，以期更好地修身、齐家、治国、平天下。

明代清官海瑞，受命巡抚应天（治今江苏南京）。应天府虽为鱼米之乡，但乡官私占土地，推行苛政，百姓生活艰难。海瑞上任后，无数百姓到官府状告乡官的诸多恶行。海瑞当机立断，朝过夕改。他先是兴修水利，以工代赈，让百姓能够自食其力，从而稳定了民众情绪；然后回应百姓的呼声，收回曾对他有救命之恩的徐阶所侵占的大量田产，解散徐阶的数千名家仆，并依法惩办了徐阶三个作恶多端的儿子。由于海瑞不徇私情、迅敏执法，当地风气焕然一新，百姓安居乐业，人们用古语"勤则不匮""敏则有功"来称赞海瑞。

我们形容一个人聪明的时候，一般会说他"聪敏"。聪敏容易，但想要"聪敏过人"，仅仅依靠天赋就不够了，还需付诸勤勉的行动。子贡曾问孔子，为什么卫国大夫孔圉会被谥为"文"，孔子回答说，因为这个人"敏而好学，不耻下问"（《论语·公冶长》）。这就是说，一个人若想成为饱学之士，单靠天资聪敏是不够的，还需要有勤而不辍、学而不厌的劲头，需要有反求诸己的觉悟，甚至需要有向地位、学识、能力不及自己的人请教的胸襟。

晋朝的孙康自幼聪敏、勤奋好学，但家境贫寒，没钱买灯油。他只好白天多挤出点时间看书，晚上则躺在床上反复默诵。一个冬夜，孙康蜷缩在床角背书，沉浸其中忘记了时间。蓦地，他发现窗外一片光亮，遂披衣出门。原来是一场大雪让大地银装素裹，月光照在积雪上，反射出幽幽的光。孙康欣喜若狂，赶紧拿起书借着雪光读起来……自此之后，每逢下雪的夜晚，他都会就着雪光读书。功夫不负有心人，孙康砥砺求进，最终学有大成，成为一位很有名望的学者。

中国人重实干，提倡"先行其言，而后从之"，认为"干一寸胜过说一尺"；中国人重敏行，故而"不待扬鞭自奋蹄""一分部署，九分落实"；中国人重敏达，由此"知远之近，知风之自，知微之显""敏于应对"。面对复杂多变的境况，中国人在做出敏捷反应的同时，也不失内敛敦厚的文化品格、宽和通达的民族心性。

劝

小篆

勸　繁体楷书

劝　简体楷书

《说文解字》："勸，勉也。从力，雚聲。"

　　"劝"是形声字，最早见于篆书，《说文解字》释为："劝，勉也。从力，雚声。""劝"的本义是勉励他人，后引申为劝说，《尚书·顾命》"柔远能迩，安劝小大庶邦"中的"劝"，即劝说之义。

　　学习伴随生命的始终，关涉生命的本质，是一个自我完善、超越与实现的过程，更是学以成人、达于圣贤的途径。因此，"劝学"是中国文化中贯穿古今的重要主题，人们大致从惜时、立志、勤勉三个层面对其加以阐释。"劝君莫惜金缕衣，劝君惜取少年时"，是古人勘破光阴的秘密之后发出的慨叹：时光匆匆，不舍昼夜，唯有珍惜时间，学以知理，方能不负韶华。"黑发不知勤学早，白首方悔读书迟"，是颜真卿看透人生的短暂之后对我们的规劝：学海无涯，书囊无底，唯有勤学善思，学以体仁，方能有所建树。"积善成德，而神明自得，圣心备焉"，是荀子领悟积累的力量之后对我们的勉励：只有通过不断的学习，才能洞明仁义的要旨，才能把握道德的精髓。

　　春秋时期，晋国有位著名的乐师叫师旷，他双目失明却十分好学，在音乐方面有极高的造诣。有一次，晋平公对师旷说："我有强烈的学习意愿，但年事已高，错过了学习的最佳时机。"师旷说道："您为什么不把火烛点燃呢？"晋平公没有听出师旷的言外之意，觉得师旷是在戏弄他。师旷解释说："我一个失明的臣子怎么敢戏弄自己的君主呢？我只是听说，年少的时候好学，就如同初升的太阳；壮年的时候好学，就如同正午的太阳；年老的时候好学，就如同烛火的光亮。您觉得，点燃火烛与在黑暗中摸索，哪个更好呢？"晋平公听后深受启发，领悟了"学不可以已"的终身学习之道。

　　善心需要发扬，善举需要鼓励，善意需要持存。传统的儒、释、道三家在这一点上达成了共识。儒家提倡见善思齐，见恶内省；道家认为善恶之报，如影随形；佛家主张诸恶莫作，众善奉行。这些思想彰显出中国文化中道德劝导的教化意义，对民众"规过劝善"价值理念的形成起了积极的引导作用，进而建构起中国人"驱恶扬善"的集体认同感，筑就了中国人善恶分明、正义凛然的道德底线。

　　劝善的对象如果是君主或父母，可视为"劝谏"。劝谏君主，要讲究方式方法。虽然"犯颜直谏"在大肚能容的明君面前能收到立竿见影的成效，但如果能掌握劝谏的智慧，则更能事半功倍。劝谏父母，要寻找谏亲与顺亲之间的平衡点。如果父母犯了错，子女可以委婉劝说，哪怕不能改变他们的想法，也要做到"劳而不怨"（《论语·里仁》）。

　　唐太宗李世民年少时常跟随父亲李渊南征北战。在一次战役中，李渊一时失利，便决定放弃强攻，拔营回太原驻地。李世民不赞成父亲的这个决定，便对父亲说："如果往后撤退，士兵就会四处溃散，敌军恰好有机可乘。如果我们不能一鼓作气歼灭敌军，定会后患无穷！"李世民再三劝谏，但李渊始终不为所动。

　　第二天一早，李世民便在帐篷外号啕大哭，吵醒了帐篷内的李渊。李渊问李世民为何哭泣，李世民说："我再三阻止父亲撤军，却难以扭转父亲的心意。一想到最终的悲惨结局，我就忍不住哭出声来。"随后，他再次将这一仗的形势以及撤军的弊端恳切地向李渊做了分析，希望父亲收回撤军令。李渊最终听从了李世民的劝说，父子二人并肩作战，打了一场胜仗，之后又相继平定了各地的反王，奠定了唐朝基业。

劝善的对象如果是自己的朋友或亲人，可视为"劝告"。在提建议的时候，我们要把握一个原则，那就是"成事不说，遂事不谏，既往不咎"（《论语·八佾》）。对于已成定局的事情，就不必再提意见了；对于快要完成的事情，就不必再去匡正劝说了；对于已经发生的事情，就没必要再去追究责任了。此外，在劝告时，我们还要懂得把握分寸，"不可则止，毋自辱焉"（《论语·颜渊》）。一味地劝说，会破坏亲朋好友之间的平等关系，使劝说变成训诫或教导。我们只需本着赤诚之心，中肯地提出自己的建议即可，剩下的就交给他们自己去定夺和处理吧。

常言道：听人劝，吃饱饭。劝学，是提升理性精神、改善气质、修身立德的重要途径；劝善，是中国人发显道德观念、培养良知、建构和谐的关键渠道。坦然地去思考并接受他人的劝告，可以让我们看问题多一种视角、多一种思维、多一种方法，真正践行"毋意，毋必，毋固，毋我"（《论语·子罕》）的处世箴言。

服

甲骨文

金文

小篆

楷书

《说文解字》"服，用也。

一曰車右騑，所以舟旋。从舟，反聲。"

"服"，牵涉中国人衣食住行与内在心理的多个层面。漂亮华美的衣服被称为"锦衣华服"；对某种事物十分渴望却又求之不得时，会"寤寐思服"；对一个人既崇拜又信任时，会"心悦诚服"；对一个地方感到新鲜又难以适应时，会出现"水土不服"；政治清明、文化昌明的国度，会希望"远迩来服"。这其中，既有"衣冠古国"的文化表征意味，也有"远人来服"的价值认同内涵，它们共同构成了中国人几千年来物质与德性交织互映的文化图景。

"服"是会意字。甲骨文的"服"，左边是一个面左而跪的人，右边是一只手，表示一个人用手按住另一个人，使其跪下，让其服从。因而，"服"的本义是降服、使顺从，后又引申出从事、担任，信服、佩服以及衣服、服饰之义。如《尚书·皋陶谟》中的"天命有德，五服五章哉"，与《诗经·曹风·候人》中的"彼其之子，不称其服"中的"服"，即指服饰。

一个人想让别人信服，需要具备哪些素养，这是中国古人经常思考的重要命题。《周易·谦卦》中就有"劳谦君子，万民服也"的说法，意思是有功劳而又谦虚的君子，必然会得到万民的景仰和归顺。当鲁哀公询问孔子，怎样做才能让百姓对自己服气的时候，孔子回答说，提拔正直的人，把不正直的人打压下去，百姓才会信服。针对远人归服的问题，孔子认为，要想让远人心甘情愿地归服，不应该动用武力，而应该"修文德以来之"（《论语·季氏》），然后用教化来提升远人的文明程度，从而使他们既来之，则安之、顺之、服之。

让人心悦诚服，靠的从来不是强迫，而是吸引。孟子进一步明确了"以力服人"与"以德服人"的区别，"以力假仁者霸，霸必有大国；以德行仁者王，王不待大"（《孟子·公孙丑上》）。孟子认为"以力服人"只能使力有不逮者在表面上暂时顺服，唯有"以德服人"，才能够让别人心悦诚服。他认为，孔子正是因为身上有德性的光辉，才有吸引力、感召力、凝聚力和向心力，让弟子们由衷地仰慕与敬畏。面对列国争霸的局面，孟子肯定王道，反对霸道，强调以德服人、以德行仁。

　　《三国演义》中诸葛亮七擒孟获的故事，就是对儒家"以德服人"思想的现实运用。诸葛亮带兵南征，与南中一带的首领孟获兵戎相见，斗智斗勇，先后七次擒拿了孟获，但前六次都故意将其放走。蜀汉将士对此百思不得其解，诸葛亮解释说："我要捉他，就像探囊取物一样简单，但若要使南方部落真正归顺我们，就必须以德服人，让孟获输得心服口服。"第七次擒住孟获之后，诸葛亮还要将其放走，但此时的孟获已是心悦诚服，发誓不再反叛。自此以后，蜀汉南方终于实现了稳定。

　　由此可见，无论是以理服人还是以力服人，都仅仅是手段，以德服人才是旨归所在。仅凭武力，是仗势欺人；仅凭说理，只能逞口舌之利；唯有凭借德性修养来感化人，才能使人心服口服。正因如此，荀子才发出这样的感慨："故近者亲其善，远方慕其德，兵不血刃，远迩来服，德盛于此，施及四极。"（《荀子·议兵》）意思是，对于仁义之师，近处的人都感念他们的善举，远方的人都钦慕他们的德行。德行一旦达到一定的高度，不需要动用武力，就能使四面八方的人前来归服。

　　古代中国历朝历代都推崇以德抚远，以达到远宾来服的效果，当代中国也正是凭借"德"文化的感召力与吸引力，彰显着我们仁道而非霸道的大国气度，获得了世界人民的广泛认同。

　　中国人一贯推崇修身以做君子，养德以服天下。这是一个漫长而艰苦的过程，也是一个需要择善内省、身体力行的过程，其目的是达到以德服人、以正服人、以信服人、以诚服人、以善服人、以理服人的理想效果。中国一直奉行大而不霸、协和万邦的理念，希望通过自身发展道路和制度模式的吸引力、文化价值的感召力、处理国际关系的亲和力，以更加自信、有底气的姿态，来迎接世界风云的变幻，并针对未来的国际秩序，给出具有鲜明特色的中国方案。

信

金文

小篆

信 楷书

《说文解字》：“信，诚也。从人，从言。會意。”

"信"的核心含义是"诚"，主要表达了"人言不欺""专一不移""言之有实"的价值态度：对内，不欺瞒自己的内心；对外，不矫饰自己的言行。

"信"是中国文化价值观的核心要素，在中国的历史长河中蕴蓄积淀又与时俱进。

"信"乃社会运转之枢。倘若人们都心口不一、出尔反尔，那么人与人之间便无法建立任何可靠的合作关系，人类社会自然也无法健康地发展到今天。《荀子》中说，人"力不若牛，走不若马，而牛马为用，何也？曰：人能群，彼不能群也"。人在某些能力上不如牛马却能役使牛马，是因为人能团结，而团结的基础就是诚信与信任。正是因为能在"信"的基础上，通过分工合作来克服自身的劣势，人类才能够在自然界中生存下来并创造出独特的文明景观。

"信"是为政之法。《尚书·汤誓》中记载了商汤在征伐夏桀时的诚众之令，他对士卒许以优渥的恩赏，并说"尔无不信，朕不食言"，以此激励士气，树立首领的威信，推动殷商政权的建立。《左传》中说："信，国之宝也。"把"信"提升为治理国家的根本法宝。子贡曾向孔子请教为政原则，孔子说："足食，足兵，民信之矣。"子贡问："必不得已而去，于斯三者何先？"孔子说："去兵。"子贡又问："必不得已而去，于斯二者何先？"孔子说："去食。自古皆有死，民无信不立。"（《论语·颜渊》）

孔子的回答可以这样理解，在君主执政的过程中，有三样东西不可或缺，分别是粮食、军队以及老百姓的信任。没有粮食，人们就活不下去；没有军队，人们的安全就得不到保障；没有信任，一个国家就根本无法存在。这里的信任，指的是民心所向。如果君主总是失信于民，那么民心必将涣散，整个国家也必将崩溃。孔子认为，信任是人类社会整体存在的必要基础，食物和安全仅在这个国家能够取信于民的基础上才有谈及的必要。

　　"信"乃立业之基。业无信不兴，这一理念在商业领域表现得极为突出。现代社会经常谈及的商业伦理，本质上是借助商业行为进一步放大了信任对于人类社会的枢纽作用，因为商业得以运转的核心在于买卖双方对合约的履行，倘若双方在交易过程中肆意违约或以次充好，那么商业行为本身也就不复存在了。可以说，"信"是商业之魂，商业的本质绝不是单纯地赚取财富，而是对人际信任关系的一种具象表达。

　　"信"乃立身之本。孔子说"人而无信，不知其可也"（《论语·为政》），"信"已成为刻入中国人骨子里的东西。孔子认为，"言必信，行必果"是成为一名合格的士的最低标准，即便是地位不高、影响力不大的普通人也能达到。子贡曾请教孔子，如何才能成为一名合格的士。孔子说："行己有耻，使于四方，不辱君命，可谓士矣。"子贡问："再差一些呢？"孔子说："宗族称孝焉，乡党称弟（悌）焉。"子贡问："再差一些呢？"孔子说："言必信，行必果，硁硁然小人哉！抑亦可以为次矣。"（《论语·子路》）

在这段话中，孔子从外在事功方面区别了三个层次的士。最高级的士可以做到国家层面的"不辱君命"，差一些的可以做到家族层面的"宗族称孝"，最差的也可以在为人处事上做到"言必信，行必果"。三者在性质上没有区别，只是在施展才能的范围上有大小之别。譬如有的人有外交才能，能够做到"不辱君命"；有的人有组织才能，能够做到"宗族称孝"；如果没有这两种才能，那么能做到言行一致、守信重诺，也可以算得上"士"。

孟子则说："大人者，言不必信，行不必果，惟义所在。"（《孟子·离娄下》）为什么孔子口中普通人都应该做到的事却成了孟子眼中"大人"不屑为之的事？原因很简单，"信"作为人际交往中的基本品德，追求的其实是一种可靠的人伦秩序，目的是避免人与人互相欺骗、残害，所以孟子才将"信"进一步深化为"义"，认为小信要服从大义。春秋时期，鲁国有个名叫尾生的人，他与一个女子相约于桥下会面，但女子未到而山洪突发。他若离开，就是违背了承诺；若信守约定，就会被水冲走。最后，他竟然选择抱桥柱而死。尾生是守信了，但这并不合乎"义"，因为离开最多是失小信，而不珍惜生命是悖大义。从这个意义上说，在某些情况下，我们也完全可以"言不必信，行不必果"。

　　总体说来，追求"信"的美德既容易又困难。说其容易，是因为诚实地对待自己的言行并不困难，与"为长者折枝"颇为类似。说其困难，是因为"信"不仅需要我们诚实地对待自己，还要求我们使自己的行为合乎"义"——在家庭层面符合孝悌伦常，在国家层面合乎家国大义，所以这就需要我们以更高的视角与标准来审视、评估自己的行为，通过后天的不懈努力来完成对"信"的追求。

诚

小篆

诚 繁体楷书

诚 简体楷书

《说文解字》："诚，信也。从言，成聲。"

"诚"是形声兼会意字，早在《尚书》《诗经》中就已出现。《说文解字》中说："诚，信也。从言，成声。""言"为意符，表示"诚"与言语有关，"成"则兼表声意，所以"诚"的本义是真实、诚信，又引申为成全、成就。

"诚"是一种品德，开诚布公、抱诚守真、坦诚相见、真心诚意等成语，都是用来称赞这种品德的。在中国传统文化中，儒家最重视"诚"，认为"诚"不仅是天道，还是人道。《中庸》中说："诚者，天之道也；诚之者，人之道也。"天道至诚，生生不息，人道秉承天道，以上达天德为目的。《大学》将"诚意"作为修身的重要环节："所谓诚其意者，毋自欺也，如恶恶臭，如好好色，此之谓自谦。"所谓使意念诚实无妄，就是不要自己欺骗自己，使自己疾恶如同厌恶难闻的气味，乐善如同喜好美色，这就是所谓的自足自乐。《大学》认为，要提升自身道德，就要使意念诚实无妄，既不自欺，也不欺人，当我们独处、独知时，也要像被很多眼睛盯着、被很多手指指着一样，不能有丝毫恶念，这就是"慎独"。

　　《中庸》提出"诚身"的修养方法："顺乎亲有道，反诸身不诚，不顺乎亲矣。诚身有道，不明乎善，不诚乎身矣。"使父母顺心有方法，反求自身，如果不诚实，就不能使父母顺心。使自身诚实也有方法，不明白什么是善，就不能使自身诚实。"诚身"就是以至诚立身行事，时时处处事事皆做到诚实无妄。

　　孟子称"诚身"的修养方法为"反身而诚"，《孟子·尽心上》中说："万物皆备于我矣。反身而诚，乐莫大焉。"万事万物之理上天已经赋予"我"，已在"我"的本性中具备了，如果"我"反躬自省，做到了诚实无妄，那便是莫大的快乐。孟子又把"反身而诚"称为"反求诸己"，《孟子·离娄上》中说："爱人不亲，反其仁；治人不治，反其智；礼人不答，反其敬。行有不得者，皆反求诸己。"爱别人，别人却不亲近自己，就要反省自己在仁爱方面做得好不好；管理别人，却没有管理好，就要反省自己的知识和能力够不够；以礼待人，别人却不理睬，就要反省自己的态度是不是恭敬。任何行为达不到预期的目的，都要回到自身去找原因。

荀子提出"以诚养心"的修养方法,《荀子·不苟》中说:"君子养心莫善于诚,致诚则无它事矣。"君子修养身心的方法没有比诚实无妄更好的了,只要将诚实无妄做到极致,就不需要做其他事情了。荀子认为,天地虽然伟大,若做不到诚,就不能化育万物;圣人虽然明智,若做不到诚,就不能教化百姓;父子虽然关系亲近,若做不到诚,就会渐渐疏远;君主虽然地位尊贵,若做不到诚,就得不到别人的尊重。在荀子看来,"诚"既是君子终身奉行的原则,又是治国理政的根本。

《易传》提出"存诚""立诚"的修养方法,要求"闲邪存其诚""修辞立其诚"。"闲邪存其诚",就是使意念纯正,邪念不生;"修辞立其诚",就是说话与立言要诚实无妄。

当"诚"作"成全、成就"讲时，主要有"成己""成人"与"成物"三个层面。"成己"就是成就自身，用《中庸》的话说，就是"尽己之性"，即充分发挥自己的本性；用孟子的话说，就是"尽心知性"，即充分扩充自己的本心，以知晓自己的本性。"成人"指"完人"，其中的"成"表示完备、完满，亦可表示"成就"，所以"成人"意谓成就他人。用《中庸》的话说，"成人"就是"尽人之性"，即充分发挥所有人的本性。"成物"则是成就万物，《中庸》中说："诚者，非自成己而已也，所以成物也。"至诚之人，并不是仅仅成就自己就可以了，还要成就万物。"成物"就是"尽物之性"，即充分发挥万物的本性。《中庸》中又说："唯天下至诚，为能尽其性；能尽其性，则能尽人之性；能尽人之性，则能尽物之性；能尽物之性，则可以赞天地之化育；可以赞天地之化育，则可以与天地参矣。"只有天下至诚之人，才能充分发挥自己的本性；能充分发挥自己的本性，就能充分发挥所有人的本性；能充分发挥所有人的本性，就能充分发挥万物的本性；能充分发挥万物的本性，就可以辅助天地化育万物；能辅助天地化育万物，就可以与天地并列。在《中庸》看来，成己、成人、成物不是割裂的，而是一个由己至人再到物的递进过程。

　　"诚意""诚身""反身而诚""以诚养心""立诚""存诚"，皆是以"诚"为核心的修养方法，其目的就是"成己"。然而，儒家从来都不满足于独善其身，而是以"兼善天下"为旨归，所以"成己"只是开始，"成人""成物"才是最终目的。由"成己"到"成人""成物"的过程，也就是《大学》中所说的修身、齐家、治国、平天下的过程。从这个意义上讲，"成人""成物"是"成己"的延伸，因为只有做到了"成人""成物"，"成己"才能算是真正完成。因此，中国人所讲的修身，指向的不仅是自身，更包括天下和万物，天下大同、万物一体才是中国人所追求的至高境界。

 金文

 小篆

繁体楷书

 简体楷书

《说文解字》："濟，水。出常山房子赞皇山，東入泜。从水，齊聲。"

在中国人的意识里，无论是儒家的民胞物与、道家的万物齐平，还是佛家的缘起法则，都强调生命并非孤立存在，而是相互依存的。在关联性思维的影响下，屈原低吟"长太息以掩涕兮，哀民生之多艰"，杜甫高唱"安得广厦千万间，大庇天下寒士俱欢颜"，范仲淹吟唱"先天下之忧而忧，后天下之乐而乐"……其背后所蕴含的，是文人士子忧心黎元的悲悯情怀，是救助弱者的仁爱精神，更是传承圣人之道的济世志向。

"济"是形声字，从"水"，"齐"声。"齐"既是声旁，又有表意功能，表示在划船渡河时，只有大家动作一致，才能顺利将船划到对岸。"济"的本义为"渡河"，如同舟共济，后又引申出对困苦的人予以帮助之义，如周穷济乏；又演生出成就之义，如《周易·既济卦》中的"既济。亨小，利贞；初吉终乱"与《尚书·君陈》中的"必有忍，其乃有济"。《说文解字》中给出的是"济"的另一个义项，即古代的济水。

早在商周时期，中国人就有了救济穷苦的思想，如《尚书·大禹谟》中的"不虐无告，不废困穷"。对于普通民众来说，圣王是扶危救困、济世助人的典型——有巢氏带领人们走出洞穴，筑巢而居；燧人氏指导人们钻燧取火，不再茹毛饮血；神农氏教导人们播种五谷，不再食不果腹；大禹组织人们疏导黄河，保障农耕。他们广施恩惠、救济民众之举，完全符合孔子所说的"博施于民而能济众"（《论语·雍也》）的圣人之道。

扶危济困需要靠"仁爱"精神提供内在驱动。这种济助他人的道德之善只能出自仁爱，绝不可能出自利己的动机。孔子所讲的"泛爱众而亲仁"（《论语·学而》），就是试图将一己之爱推扩为众生之爱，并在这个推扩的过程中实现济世助人的理想。

扶危济困需要以"恻隐之心"作为心理根源，这种同情怜悯之心可以积极调动自己的道德责任，推己及人地给予别人关怀。孟子之所以声称"恻隐之心，人皆有之"（《孟子·告子上》），就是希望在"天下溺"（《孟子·离娄上》）的时候，人们能够援之以道、济人以爱。

扶危济困还需要把"群"思想基础上的休戚与共作为行为支点。墨子的"有力者疾以助人，有财者勉以分人，有道者劝以教人"（《墨子·尚贤下》），管子的"死丧相恤，祸福相忧"（《管子·小匡》），孟子的"出入相友，守望相助，疾病相扶持"（《孟子·滕文公上》），荀子的"兼而覆之""兼而爱之"（《荀子·富国》），都是对命运互联、息息相关、牵一发而动全身的具体诠释。

扶危济困的升华，应该是"同舟共济"，这是战胜困难最强有力的武器。小到家庭，大到社群、国家甚至世界，都需要守望相助、同舟共济、共克时艰。"山川异域，风月同天"，在仁爱之心的覆盖下，芸芸众生都与我们息息相关，我们要在互相扶持下，走出风雨飘摇的人生困境，一步步走向幸福康庄。

　　"先忧后乐"的北宋政治家、文学家范仲淹，日常生活始终保持着清贫与节俭。他居所简陋，自己平时很少吃肉，只有在接待宾客时才会添一道荤菜。范仲淹认为，"夫不能利泽生民，非大丈夫平生之志"，他把自己积攒下的俸禄都用来救济百姓。后来，皇帝赏赐他黄金百两，他又用这笔钱买地兴建了苏州府学。他还捐出上千亩田地，成立了"范氏义庄"，用以救助宗亲。范仲淹这种扶危济困、兼济天下的精神，作为一种家风传承了下去。其子范纯仁人如其名，所做的仁善之事不胜枚举。有一年遭遇饥荒，范纯仁冒着风险，打破朝廷惯例，立即开仓放粮，救济百姓，被传为佳话。"范氏义庄"经过范氏历代子孙的捐赠，存续了八百余年，最盛时有五千余亩田地。

　　"穷则独善其身，达则兼善天下"，这句响彻两千多年的圣训豪言，这一纵贯华夏历史的济世情怀，已在中国人的心里打下了深深的烙印。我们以圣贤为师，读圣贤之书，论圣贤之道，更要承圣贤之志——向内修身，达致仁心，存养良知，实现"内圣"；向外推扩，安邦济民，经国济世，实现"外王"。

 小篆

 繁体楷书

怜 简体楷书

《说文解字》：“憐，哀也。从心，粦聲。”

　　"怜"是形声字，最早见于篆书，小篆的"怜"字从"心"，"粦"声，隶变后，繁体楷书写作"憐"。"怜"的本义是"哀"，即哀怜、同情，如白居易《卖炭翁》："可怜身上衣正单，心忧炭贱愿天寒。"进而引申出爱的含义，表示怜爱、爱惜，也表示可爱。后又引申出遗憾的义项，如袁枚《祭妹文》："所怜者，吾自戊寅年读汝哭侄诗后，至今无男。"

　　同情、怜悯是中国传统伦理道德的重要内容，富有怜悯心、同情心也是中国人的基本品行与操守之一。儒家提倡的"仁爱"精神反映了深厚的悲天悯人情怀，儒家思想的核心"仁"，也来自人对人的同情之心。《礼记·表记》中说"中心憯怛，爱人之仁也"，"憯怛"意谓忧伤、悲痛，憯怛之心就是怜悯之心、同情之心。这句话的意思是，对他人发自内心的悲怜，就是爱人之仁。孔子主张"仁者爱人"，他的理想就是实现天下"大同"，使"老有所终，壮有所用，幼有所长，矜寡孤独废疾者皆有所养"。在孟子那里，"怜"就是"不忍人之心""恻隐之心"，他认为"人皆有不忍人之心"与"怵惕恻隐之心"（《孟子·公孙丑上》），而这种在看到别人的不幸遭遇后产生的强烈的关爱之情，是自发的、不带任何功利考量的。孟子更进一步指出，"无恻隐之心，非人也""恻隐之心，仁之端也"，意谓若没有同情心，一个人就不成其为人，而对他人的同情，才是一个人仁德的发端。

治理天下者，尤需有怜悯体恤他人的憯怛之心、"不忍人"之心。孟子云："以不忍人之心，行不忍人之政，治天下可运之掌上。"（《孟子·公孙丑上》）历史上的治世之君，大多有一颗"不忍人之心"："古之君人者，其憯怛于民也，国有饥者食不重味，民有寒者而冬不被裘。"（《淮南子·主术训》）这是说贤明的君主会为百姓的疾苦而忧伤，国中有吃不上饭的百姓，他就不吃多种菜肴，有穿不上冬衣的百姓，他就不穿裘皮衣服。汉宣帝怜民惜民："鳏寡孤独高年贫困之民，朕所怜也"，"今百姓多上书触讳以犯罪者，朕甚怜之"。（《汉书·宣帝纪》）唐太宗与民同忧乐，"每一食，便念稼穑之艰难；每一衣，则思纺绩之辛苦"（《贞观政要》）。

有了怜悯心、同情心，才能实施仁政。实施仁政的一个重要标准即"以民为本"，除了富民、惠民，还要怜民、恤民，关心鳏寡孤独等社会底层困难群体。《晏子春秋》云："傲细民之忧，而崇左右之笑，则国亦无望已。"无视老百姓的忧患，只顾求取近臣的欢笑，这样的国君所治理的国家是没有希望的。可见，如果君贤臣良，怜恤百姓，国家就会昌盛；相反，如果君暗臣谀，残暴百姓，国家就离危亡不远了。

中国人悲天悯人的情怀，在历代诗词歌赋中尽情地抒发着。"长太息以掩涕兮，哀民生之多艰"（《离骚》），是屈原心忧家国、情牵百姓的叹息；"安得广厦千万间，大庇天下寒士俱欢颜"（《茅屋为秋风所破歌》），是杜甫对劳苦苍生的悲悯；"四海无闲田，农夫犹饿死""谁知盘中餐，粒粒皆辛苦"（《悯农二首》），饱含着李绅对农民的哀矜；"可怜身上衣正单，心忧炭贱愿天寒"（《卖炭翁》），白居易以极富同情心的笔触，刻画出一位可怜老者寒冬卖炭的形象……甚至，人们对大自然中的草木日月也饱含"怜"的情感："天意怜幽草，人间重晚晴"（李商隐《晚晴》），"辛苦最怜天上月，一昔如环，昔昔都成玦"（纳兰性德《蝶恋花》）。

"母氏鞠育，载矜载怜"（蔡邕《议郎胡公夫人哀赞》），中国人心中最深的"怜"意，体现在父母与子女之间。常言道："难偿世上儿女债，可怜天下父母心。"父母辛苦生养、抚育子女，为子女倾注了全部心血，给予子女无限怜爱。子女尽孝，除了要在物质生活上奉养父母，还应多给予父母一些理解、悲悯和怜爱。当父母生病时，子女因心疼、哀怜而"行不翔，言不惰""笑不至矧，怒不至詈"（《礼记·曲礼上》），直到父母病好，才恢复常态。当父母渐渐年迈体衰时，子女更应加倍怜惜、关爱他们。孔子云："父母之年，不可不知也。一则以喜，一则以惧。"（《论语·里仁》）意谓子女在为父母年高而欣喜的同时，又因父母的衰老而担忧、害怕。这种忧惧之情，就是"怜亲"之心。

汉代有个孝子名叫韩伯俞，母亲对他的管教非常严厉，经常用拐杖打他，他总是"跪受无怨"。有一次，母亲又拿起拐杖打他，他却忽然大哭起来。母亲感到奇怪，问他原因，韩伯俞回答："以前母亲打我，我总是感觉很疼，我知道母亲身强力壮，故而高兴。现在母亲打我，却不能使我感到疼痛，我知道母亲年老力衰了，故而悲泣。"韩伯俞挨杖伤老，为母亲的衰老而悲伤哭泣，体现了他对母亲的哀怜之心。

"怜"，是人类对自身、对他人、对天地万物的情感关怀。"因为懂得，所以慈悲"，因为心中有"怜"，所以我们把悲伤留给自己，把温暖洒向人间。

周

甲骨文

金文

小篆

楷书

《说文解字》："周，密也。从用、口。"

谈到"周"，人们往往会联想到《山海经》中大荒之隅的不周山，联想到制礼作乐、握发吐哺的周公，联想到"郁郁乎文哉"的周朝，联想到被尊为六经之首的《周易》，联想到蝴蝶入梦、物我两忘的庄周……那么，除了这些具象的、历史的记忆外，"周"对于中国人来说，还有什么特殊的含义和价值呢？

"周"字最早见于甲骨文，字形似一块种满了庄稼的田地，整齐有序。《说文解字》释为"密"，由此可知，"周"的本义为周遍、周密、周全，引申为救济、周济等。

《周易·系辞上》云："知周乎万物而道济天下，故不过。"也就是说，当一个人周知万物，智慧能达到上知天文、下知地理、中通人事的境界时，他就可以对宇宙自然的法则与人类社会的道理了然于心，进而关怀众生，道济天下，并将这种通达之智、仁义之方落实到行动上。正所谓先格物致知，探索以达真理，追求大智慧；再正心诚意，虚怀以纳万物，追求大德性；最后修身、齐家、治国、平天下，践行经世济民之道，追求大境界。

《论语·为政》中有"君子周而不比，小人比而不周"的说法，意思是君子忠厚合群而不失原则，公正无私而不失团结；小人徇私护短、结党营私。这里的"周"，是周遍，是广泛，是大义，是处事周全，是统筹兼顾，是胸怀广大。这就相当于我们画一个圆，君子立于圆心，他与周围人的距离就像从圆心到圆上任意一点的距离，是相等的。他能够站在周遍的立场上去处理问题，公正无私、不偏不倚，不会凭亲疏去区分好恶，不会以贵贱来判断价值，不会因远近而改变立场。而与之对应的"比"，则是偏私，是勾结，是立山头拉帮派，是搞圈子攀人情，是只与跟自己合拍、目标一致的人热络沟通，对跟自己目标不一致的人则予以排斥孤立。"比"是小人惯持的立场，即凡事以自我为出发点，凡事以私利为先——若利益趋同，则交情甘若甜酒，大家"抱团取暖"；若利益相悖，则背信弃义，"友谊的小船说翻就翻"。遵循这样的交往模式，人们短期内可各取所需，长此以往，必定会因为争权夺利而走向分崩离析。

"周"还有"救济"之意，表示对他人的帮助与成全，如周急济乏、周贫济老等。表示这个意思时，"周"亦可替换作"赒"。《论语·雍也》中还有"周急不继富"的说法。有一次，公西赤要出使齐国，冉求觉得公西赤一走就是数月，无法侍奉自己的母亲，便想替公西赤的母亲向孔子请求粮食补助。孔子答应补粮六斗四升。在冉求的再三恳求下，孔子才勉强答应再多给二斗四升。孔子说："公西赤到齐国去，坐着豪车，穿着皮袍，颇为阔绰豪奢。我认为，君子应该去周济急需救济的人，而不是去增益富人。"所以，孔子不是不愿意帮助公西赤的母亲，而是认为应该去救济真正需要帮助的人。

明代富商廖瑄宅心仁厚、扶危济困，朝廷诰命中对他的评价是："恤匮周穷，乡党每沾其德量。"景泰年间，东光县（今属河北沧州）疫病与饥荒同时发生，饿殍遍野，民不聊生。廖瑄举全家之力，为没有条件埋葬死者的人家购买棺木，将货物借贷给无力偿还的乡亲，之后却偷偷地将借据烧掉。他看到家人仍然以市场价卖谷子，赶忙制止，说："我们怎么能趁机渔利呢？"即使对陌生人，廖瑄也怀有一颗仁爱之心。一个男子夜间醉酒后横卧雪中，几乎被冻僵了，廖瑄看到后立即命人将其抬回自己家中。家人怕不知此人底细而招致祸患，纷纷劝阻，廖瑄却说："当务之急是先把人救活，其他的都不考虑。"后来，他的德行善举被载入《东光县志·人物义行》，成为后世美谈与标榜典范。

"周"还体现在为人处世、日常生活的方方面面。《周礼》中记载，古人在制作甲衣时要"囊之而约，则周也"，意思是，精良的甲衣可以收放自如，甲片之间不会有任何摩擦阻碍，这体现了甲衣制作工艺的细致周密。鬼谷子说，"周密之贵微，而与道相追"，若想于细微处见真章，就要全方位地考虑，不放过任何一个细节，谋定而后动。"兵家至圣"孙子则认为，"辅周则国必强，辅隙则国必弱"，将帅作为国君的左膀右臂，如果能够缜密周详地辅佐国君，那么国家必然走向强大，反之，国家则会走向衰败。我们平时考虑问题也要思虑周全，与其临渴掘井，不如未雨绸缪；与其临阵磨枪，不如有备无患。只有做好周全充足的准备，才能在面对突发状况时无畏无惧、心怀坦然。

《诗经·小雅·鹿鸣》中说："人之好我，示我周行。"这是一种至善之道的传承。在这个过程中，我们可以收获仁爱无敌的"周济"、无所不包的"周密"、策无遗算的"周全"，并携手走向大道流行的"周遍"。

慎

金文

小篆

慎 楷书

《说文解字》："慎，谨也。从心，真聲。"

　　中国文化含蓄内敛、端庄厚重、深邃精微的特质，在"慎"字上体现得很深刻。

　　"慎"字未见于甲骨文，其金文字形可能是由"尞"字减省笔画而来。《说文解字》释"尞"曰："尞，柴祭天也。从火，从眘。眘，古文慎字。祭天所以慎也。"意谓"慎"字的本义与谨慎祭天的行为有关，所以许慎在解释"慎"字时说："慎，谨也。从心，真声。"段玉裁在《说文解字注》中进一步解释道："未有不诚而能谨者，故其字从真。"可见慎重行事、真诚实在是"慎"字的早期含义。

"慎"与"良"关系密切，"良"充分表达了人们对万事万物美好品质的追求与向往，而"慎"则深刻阐释了人们在追求美好的过程中，应常存敬畏、珍惜之心，规范自己的言行，时刻警惕祸患，以求成己之美、成人之美、成物之美。

"慎"所塑造的中国文化，从修身自律的角度来看，主要表现为慎言、慎行。

先谈慎言。《周易》告诫君子要"慎言语"。《论语》中，孔子教导弟子应该"敏于事而慎于言"，认为只有"慎言"才能"寡尤"。《礼记》中也说："小人溺于水，君子溺于口……口费而烦，易出难悔……故君子不可以不慎也。"

"一言既出，驷马难追"，话未说出时，人是话的主人，话一出口，人便沦为话的仆人，正所谓"授人口实"。在政治黑暗、社会动乱的魏晋之际，嵇康因出言不慎而惨遭杀戮，阮籍则因"慎言"得以全身远害。据《晋书·阮籍传》记载，阮籍本有济世之志，无奈适逢魏晋易代，天下多故，名士少有全者，便只好不与世事，酣饮为常，口不臧否人物。

与阮籍同时代的李秉在《家诫》中告诫子弟："凡人行事，年少立身，不可不慎，勿轻论人，勿轻说事，如此则悔吝何由而生，患祸无从而至矣。"晚清名臣曾国藩也认为，傲乃败亡之道，多言贻害无穷。

再看慎行。正所谓"言者身之文"，语言与行为是密切关联的，故而"慎言"乃是"慎行"的外在表现之一。《周易》中说，"言行"是"君子之枢机""荣辱之主"，不可不慎；荀子也说，"庸言必信之，庸行必慎之"（《荀子·不苟》），"言有招祸也，行有招辱也，君子慎其所立乎"（《荀子·劝学》）。上述"慎言慎行"的基本观念，是世界各国普遍具有的，中国文化的独特之处，在于将"慎行"提升至"动合天地""通于神明"的哲学高度。

一方面，中国人为"慎行"扩展出"孝亲"的广度与厚度。《礼记》中说："身也者，父母之遗体也。行父母之遗体，敢不敬乎？"《孝经》中说："修身慎行，恐辱先也。"每个人的身体与生命都是父母给予的，必须善自珍摄，所以要慎于好恶、慎于处事、慎于交友、慎于择业，并在此基础上修身成德，避免恶行、恶德危及自身，让父母也连带蒙羞受辱。一个人如果为人处事都能慎重思量，其德行自然会越来越敦厚，所以事亲至孝、终身谨慎以至于时刻"战战兢兢，如临深渊，如履薄冰"的曾子便说："慎终追远，民德归厚矣。"（《论语·学而》）

　　另一方面，中国人将"慎行"内化为"慎独"的深度与精度。曾子说："十目所视，十手所指，其严乎！"意思是，一个人的言论与行动总是处于他人的严格监督之下，无从隐瞒。《中庸》云："莫见乎隐，莫显乎微，故君子慎其独也。"越是在幽暗细微之处，越能显露出个人的内心与品性，所以，品德高尚的君子在独处时依然是谨慎的。《大学》里也说，使自己的意念诚实，就是不欺骗自己。要像嫌恶污浊的气味一样嫌恶邪恶，像喜爱美女一样喜爱良善，一切都发自内心。唯有如此，才能心安理得、问心无愧。因此，道德修养高的人即便在独处时也谨慎小心、规行矩止。"慎独"是一种重要的道德修养方法，也是中国人努力追求的道德境界。要想成为君子，就应该反省自己的每一个念头与行为是否合乎道义、出于真诚，时刻保持惕厉自省的明觉状态，不可过度放纵。

利

利 甲骨文

利 金文

利 小篆

利 楷书

《说文解字》："利，铦也。从刀。和然後利，从和省。《易》曰：'利者，義之和也。'"

我们生而为人，物质层面的利益是不可或缺的，趋利避害的选择也是不可避免的。然而，如何从利己走向利他，如何通过助益他人来实现自我价值的提升？"利"在传统文化语境中的不断演化也许能给我们带来一定的启发。

"利"是会意字，甲骨文字形从"刀"从"禾"，有用刀收割禾谷之意，故其本义应为刀剑锋利、刀口快，如《周易·系辞上》云："二人同心，其利断金。"《说文解字》引《易》曰："利者，义之和也"，认为和顺协调是实现"利"的前提，而且其中最重要的是"义"，没有了"义"，"利"就无法长保。

"利"的文化意义之一是义与利的关系问题。孔子首次将义与利并举，引发了后世关于"义利之辨"的持续性讨论。孔子认为，在道义与利益、德性与欲求发生冲突的时候，人们应去追求道义、德性等精神层面的自足，而不应把目光局限于眼前的蝇头小利。"君子喻于义，小人喻于利"（《论语·里仁》），便是君子与小人在面对这种冲突时的不同选择，君子选择的"义"成为儒家实现内在超越的一个重要维度与原则。唯其如此，孔子提倡的"谋道不谋食""忧道不忧贫"（《论语·卫灵公》），"不义而富且贵，于我如浮云"（《论语·述而》），才有其存在的价值与合理性。

孟子进一步强化了仁义，弱化了私利。他在面见梁惠王时，第一句话就说"王何必曰利？亦有仁义而已矣"（《孟子·梁惠王上》）。在孟子看来，如果所有人都只谈利益却不以仁义匡扶，那么整个国家都将处于危险状态。

荀子肯定了欲望的正当性，认为"好利而恶害"（《荀子·荣辱》）的本性是人生而具有的，义与利也是"人之所两有"的，但"保利弃义"的做法是世人唾弃的。因此，荀子的义利观仍然没有跳出义重于利的传统认知范畴。

墨子则调整了孔、孟的义利观，以"兼爱"为基础，指出义和利其实并不矛盾，义就是利，所以人们若做到了"兼相爱"，那么"交相利"就会实现，天下就会太平。可以说，到了墨子这里，"利"就有点助益他人的意味了。

"利"的文化意义之二是利己与利他的关系问题。杨朱的"拔一毛而利天下，不为也"和墨子的"摩顶放踵利天下，为之"，就是"私利"与"公利"的两种极端体现，而儒家"立己达人"的伦理观则蕴含着利己与利他的双重维度，并在努力调节着二者之间的平衡与张力。

一方面，儒家在肯定仁义、德性的同时，承认人类本性中的自私及对欲望的渴求，但也强调应避免走向"损己利人"与"损人利己"两个极端；另一方面，在某些特殊情境下，作为群体中的个体，人们应该适当牺牲个人利益来维护群体利益，这符合儒家道德认知中的"两利为利，独利必不利"。由此可知，儒家主张人们不应过度依赖别人，寄希望于别人利我，而应先懂得自利自强，之后再将利益外推至他人、群体，实现互利共赢。

"利在一身勿谋也，利在天下者必谋之；利在一时固谋也，利在万世者更谋之"（《钱氏家训》），一代代中国人不断用自己的方式践行着利天下、利苍生、利万世的理念。上古时期，盘庚在追述先王迁都的原因时说："殷降大虐，先王不怀。厥攸作，视民利用迁。"（《尚书·盘庚》）将"民利"视为制定政策的根本出发点。到了当代，"两弹一星功勋奖章"获得者钱学森，突破重重阻挠回到祖国，全身心投入祖国的科研工作，为国家的安定、人民的福祉、世界的和平做出了卓越贡献；"杂交水稻之父"袁隆平，一生致力于杂交水稻技术的研发，并且始终坚守在科研一线，为解决世界性饥饿难题做出了重要贡献；"最美女校长"张桂梅，疾病缠身却坚守滇西贫困地区四十多年，建起全国第一所全免费女子高中，改变了1800多名大山女孩的贫穷命运……

不做随波逐流的"小我"，而做利国利民的"大我"，在自我还弱小的时候发奋图强，在自我强大的时候兼济天下，将自己的"利"推扩至跟自己没有血缘关系的人身上，直至国家、社会，将自己的人生价值与所处的时代联系在一起，这就是中国传统文化中的"利他"精神。

当今时代，有些人之所以成为"精致的利己主义者"，主要是因为他们将一己之私欲作为人生的唯一目标，缺乏舍我其谁的担当，缺乏施惠众生的慈悲，缺乏成人成己的意识。倘若人人都能将"为天地立心，为生民立命，为往圣继绝学，为万世开太平"作为自己努力追求的境界，那么我们将会获得更加熨帖的生命安顿、更加开阔的人生格局，也将能在"利"与"义"、"利己"与"利他"之间，游刃有余地做出更为恰当的选择。

甲骨文

金文

小篆

行 楷书

《说文解字》："行，人之步趋也。从彳，从亍。"

对于中国人来说，纸上谈兵不如身体力行，故而"纸上得来终觉浅，绝知此事要躬行"；巧言令色不如谨言慎行，故而"君子欲讷于言而敏于行"；拖泥带水不如雷厉风行，故而"临渊羡鱼，不如退而结网"。

"行"是象形字，甲骨文中的"行"形似一个十字路口，至金文时，还保留着道路的样子。后来的"行"逐渐改变了词性，由名词变为动词。《说文解字》释曰："行，人之步趋也。从彳，从亍。""彳"和"亍"，意思都是小步行走。"行"后又引申出行动、从事等含义，其"十字路口"的本义逐渐弃用。

　　"中行之道"是中国人自古以来一直提倡的。"行"字在《易经》的卦爻辞中出现频率很高，大都以"道路"为核心义，如"中行独复""中行无咎""有孚中行"等。尽管道路千万条，四通八达，怎么走都行，但《易经》还是强调中位之行的重要性，这是"尚中"思想的萌芽。到了《易传》中，"行"字则多以"吉行""天行""志行""上行""贵行"等词语出现，显示出对德行的考量，反映了中国古人对天人关系、阴阳辩证等问题的进一步思考，更具抽象意义。孔子也有关于"中行"的观点，认为能够"中行"的人是理想中的合乎中庸之道的人。然而现实中，这种人太少了，如果有"狂"者和"狷"者，就算不错了。狂者敢作敢为，不会自甘堕落，而会积极进取，所以若能践道笃行，也会有所成就；狷者清高自守，有所为有所不为，所以若能恢弘通达，亦会有所成就。可见，"中行"之士不易求。

　　"知易行难"是中国人自古以来就明白的道理。《尚书》云"非知之艰，行之惟艰"，意思是弄懂道理很容易，去实践它则很难，所以要提倡努力实践、竭力而行。《中庸》里有"力行近乎仁"的说法，意思是个体的修德意愿需要通过各种行动去实现，而不是停留在口头上或头脑中。**对于自己选择的道路抑或理想，要"博学之，审问之，慎思之，明辨之，笃行之"**，没有笃行，没有力行，一切都是空谈。

　　"知行合一"是中国人一直努力追求的境界。孔子提倡"知行并重"，《论语》中有四十多次提到"行"，可见孔子十分重视个体的行动力。他提出了"知—行—知"的逻辑路径，即首先学习他人的经验，然后付诸实践，最后获得自己的认知与智慧。通过实践，我们可以在知其然的基础上知其所以然，将普遍性知识内化成个体性经验。在荀子看来，知与行是统一的，行是知的目的，通过学习获取的认知是有深浅分殊的，所以需要通过实践来完成验证与收束："不登高山，不知天之高也；不临深溪，不知地之厚也"（《荀子·劝学》），"不闻不若闻之，闻之不若见之，见之不若知之，知之不若行之，学至于行之而止矣"（《荀子·儒效》）。耳闻、眼见、心知、力行，是认识事物的四种途径，其中，"力行"是最为重要的，如果仅有知识而没有实践，人迟早会陷入困顿之中。

王阳明旗帜鲜明地提出了"知行合一"，说"知之真切笃实处即是行，行之明觉精察处即是知"（《传习录》），即认为知与行没有先后之分，是相辅相成的，故不能分而治之。

若知与行断裂，则会造成巨大危害。战国时期，赵国大将赵奢之子赵括，少时即喜读兵书，经常与父亲探讨用兵策略与战术。赵奢对儿子读兵书一直持中立态度，既不反对，也不赞许。妻子问他为何如此，赵奢回答说："带兵打仗，是要在积累了足够多的实战经验后才能驾轻就熟的，不是只读读兵书、动动嘴皮子就能获得胜利的。这样一件关乎生死的事，需要切切实实的行动与实践，如果他只是在图纸上指指画画，真到了战场上，恐怕就要吃大亏了。"不得不说，赵奢的预判还是很准确的。后来秦赵两国交战，廉颇率四十万大军阻击秦军，秦军见自己粮草供应不足，恐战事失利，便心生一计，派人到赵国散布流言，说秦军最怕赵括而非廉颇。赵王没有识破奸计，力排众议，命赵括替代廉颇为将。赵括到了前线之后，改变了作战策略，替换了将领，照搬兵书上的理论与秦军交锋，结果四十余万赵国将士无一生还，赵括也战死沙场。这就是一直在知识的象牙塔里自说自话，却没有踏入实践领域去身体力行而导致的悲剧。

　　由此可见，我们要想在社会上获得立足之地，不仅要学道、知礼、懂理，更要行道、践礼、循理，不可将自己封闭在象牙塔内、故纸堆里，也不可仅仅陶醉在自己构想的美丽蓝图中，看水中月、镜中花。我们要勇于把自己的知识、经验、情感、理念，一步一个脚印地落实于实际行动中；把行道的精神与弘毅的担当，一点一滴地注入现实生活，戴仁而行，抱义而处，与时偕行。

4

节俭绿色

质朴真　节俭兴
物简时　象美清
乾良恩　坤厚恒

节

俭绿色

质

金文

小篆

繁体楷书

简体楷书

《说文解字》："質，以物相贅。从貝，从斤。"

　　"质"是一个出现频率很高的字。看到"质"字，人们就会想起本质、性质、实质、质朴、质量等词语，脑海中也会浮现出"文质彬彬"的君子形象。

　　"质"是会意字，最早出现于西周金文。从金文发展到楷书，它的字形变化不大，皆从"贝"从"斦"。"贝"在古代曾被用作货币，"斤"指斧头，合在一起，我们可以将其理解成抵押斧头来换钱。《易经》中的"旅卦""巽卦"有"得其资斧""丧其资斧"的记载，居簋上有"舍余一斧，货余一斧"的铭文，都反映了古代以石斧或铜斧等工具交易货物。所以，许慎在《说文解字》中对"质"的解释是"以物相赘"，段玉裁又在《说文解字注》中释"赘"曰："若今人之抵押也。"可见，"质"的本义为抵押，即以物或人为凭据，来换取钱财或其他利益的活动。

在中国古代，国与国之间为博取对方信任，有时会用人作抵押，因此"质"又有了人质的意思。春秋战国时期，政治形势多变，出于利益考虑，各诸侯国互相攻伐又互相结盟，结盟的凭据就是派王子或世子等贵族到别国作抵押，是为"质"。《战国策》里有篇《触龙说赵太后》，讲的就是战国时期赵、齐两国之间发生的人质事件。公元前 266 年，赵惠文王去世，赵孝成王继位。由于新君年幼，国家大事由赵威后代为处理。此时，秦国趁赵国政权交替、局势不稳，大举攻赵。赵国形势危急，遂向齐国求救，齐国提出以赵威后的爱子长安君为人质，作为出兵的条件。赵威后不愿让爱子冒险，老臣触龙劝谏说服了赵威后，"于是为长安君约车百乘，质于齐，齐兵乃出"。

不管是"以物易物"，还是以"人质"换取利益，都涉及交换活动。这种交换活动后来演变成一种既需要诚信原则作保证，又要求物有所值、等价交换的商业活动，并由此引申出了"质"字的三大义项：其一为诚信，如上文提到的长安君做人质后，齐国就信守承诺，出兵救了赵国。其二为质朴，如《韩非子·解老》中讲"夫君子取情而去貌，好质而恶饰"。其三为本质、性质，如《荀子·劝学》中讲"其质非不美也"。

　　"质"的三个义项在发展演变中融入中国文化，对中国人影响深远。

　　第一，在人的培养方面，"质"的内涵塑造了既肯定质朴无华又强调文化教养的"文质彬彬"的中国人。对于"质朴"，道家与法家最为注重。道家从崇尚自然的角度出发，反对过度的人为及后天的教化，倡导过一种小国寡民式的质朴生活。法家的韩非子则写过一个"买椟还珠"的故事：一个楚国人卖宝珠给郑国人，他将宝珠盛放在木兰制成的匣子里，又用名贵的香料将匣子熏得香气扑鼻，用珍异的玉石将匣子装饰得华丽非凡。但最终，郑国人买走了匣子，退还了宝珠。韩非子借此讽刺了那些只注重外在形式而忽视内在本质的人。

在肯定质朴本色、反对过度文饰方面，儒家与道、法两家并无二致，只是在儒家看来，不能因为崇尚质朴而忽视了道德、礼仪、教育所能产生的"人文化成"功效。所以，孔子在《论语》中讲："质胜文则野，文胜质则史，文质彬彬，然后君子。"也就是说内在的"质朴"胜过了外在的"文饰"，人就会显得粗俗野蛮；外在的"文饰"胜过了内在的"质朴"，人就会流于虚伪浮夸；一个人只有文、质相称，才能实现内在品德与外在礼仪的有机结合，成为"文质彬彬"的君子。《论语》中还记载了春秋时卫国大夫棘子成与孔子弟子子贡的一段对话，更加形象地阐述了这个道理。棘子成认为，君子有好的思想品质就可以了，不必再有外在的修养仪范。子贡则强调"文犹质也，质犹文也。虎豹之鞟犹犬羊之鞟"，内在品质与外在修养对君子来说同等重要，就像虎豹之皮与犬羊之皮，去了毛便没多大区别了。

第二，在物质文化方面，"质"培育了精益求精的工匠精神及强化责任的质量管理意识。早在商周时期，中国古人就铸造了工艺水平领先于世界的青铜器。后母戊鼎（旧称司母戊鼎）作为我国迄今出土的最大、最重的青铜器，集中体现了商代冶铸技艺的辉煌成就。据推算，该鼎共用二十余块外范铸造而成，需两三百人合作，若不采取严格的过程控制，是根本无法完成的。汉代以后，中国人更是凭借质量优良、工艺精巧的丝绸与瓷器，敲开了世界的大门，开创了举世闻名的"丝绸之路"。

早期文献记载，"物勒工名，以考其诚；工有不当，必行其罪"，意为工匠要在自己制造的器物上刻上名字，这说明中国很早就有了明确的实名追究责任制。西汉中山靖王刘胜墓出土的众多文物中，有一口铜钟刻有"中山内府铜钟容十斗重四十一斤三十九年九月己酉工丙造"的铭文，容量、重量、时间、工匠名字一应俱全。这种具体而微的质量监管制度，亦是中国古代制造工艺水平领先于世界的重要原因。

起源于抵押交易活动的"质"字，培养了中国人求真务实的民族性格以及商业经营中的诚信精神与质量意识。继承并发扬这种文化，有助于社会的安定和谐与经济的健康发展。

朴

朴　小篆"朴"

檏　小篆"樸"

樸　繁体楷书

朴　简体楷书

《说文解字》："朴，木皮也。从木，卜聲。"

《说文解字》："樸，木素也。从木，菐聲。"

　　现代常用的汉字"朴"有两个字源——"朴"与"樸"，二者都是形声字。《说文解字》对"朴"字的解释是"木皮"，读作 pò；对"樸"字的解释是"木素"，就是未经雕琢的原木，如《尚书·梓材》中所说的"既勤朴斫"。之后"樸"又被引申指一切未经雕琢、保持天然的事物及其本性。"樸"字后来简化作"朴"，就跟本义是"木皮"的"朴"字的字形一样了。由此看来，现代汉语中简朴、朴素、朴拙之"朴"的义项，其实是从古汉字"樸"而来的。

　　"朴"得以上升为哲学概念，应该发端于先秦时期的道家思想。老子、庄子从天人合一、崇尚自然的哲学理念出发，为"朴"字赋予三义：首先指大道或大道的本性。道家认为世间万物及其运行法则都来自大道，而大道本身就是"朴"。老子这样描述大道："有物混成，先天地生。"这个"物"并非一般之物，而是在天地万物生成之前就已独立存在的，是天地万物的"母亲"。作为其"子女"的人类，无法给这样一个创生世界的"母亲"命名，所以只能勉强名之曰"道"，表示万物皆由其创生，或者称之为"朴"，意指其未经雕琢的天性。

　　"朴"也指万物的本性。道家认为万物皆源于大道，所以其本性都是"朴"。除此之外，道家还强调与"朴"意义相近的"素"与"真"。"素"指未经染色的丝织物，象征事物未经外饰的本质；"真"在《庄子》中指马"蹄可以践霜雪，毛可以御风寒"的天性，也指马在被人羁勒驯化前的天然状态。

　　"朴"还指人的本性,此所谓"素朴而民性得矣"(《庄子·马蹄》)。老、庄肯定人的本性来自大道,本应朴真,但后天的奔竞之心、名利之欲,使人们偏离了原有的真朴自然;而礼乐道德、刑名法术等治理手段,又使人更加丧失本性。对此,老、庄的解决方法是:在个人修养上,强调返璞归真,"见素抱朴",回归婴儿的天真状态;在国家治理上,强调无为而治,摈弃种种机谋巧诈,使百姓"自化自正"。

　　相较于先秦道家,"朴"虽不是儒家的终极追求,但儒家也用"质""木""讷""赤子之心""本始材朴"来表达类似的概念,主张用后天的修为来完善或改造先天的本性。在孔子看来,质朴木讷较花言巧语更接近仁德,应是人的底色,但在质朴的底色上饰以文雅的修养,才能培养出"文质彬彬"的君子。孔子之后,孟子从"性善论"的观点出发,肯定人们先天禀性与后天修养的一致性,强调有高度修养的"大人"是不失其"赤子之心"的人。荀子则从"性恶论"着眼,以"本始材朴"为人的先天本性,认为只有"文理隆圣"的后天教化,才能杜绝人之天性转化为恶的可能并引导人向善,最终实现"涂之人可以为禹"的理想。

儒、道两家对"朴"这一观念的拓展与充实，塑造了中国士人的人格结构与文化理想。中国的知识阶层之所以在人与自然、入世与出世、有为与无为、自然本性与道德理想之间有一种良好的平衡感，可以说是得益于儒、道两家对"朴"这一观念的共同建构。中国传统文化认为，在人与自然的关系上，人是能与天、地并立的"三才"之一，既要顺应自然，又要用人文的力量参与宇宙的生命演化；在入世与出世的选择上，中国传统文化中有"夫圣人虽在庙堂之上，然其心无异于山林之中"的通达见解；在有为与无为的治国理念上，中国的执政者有"居敬而行简，以临其民"的自觉；在对自然本性与道德理想的平衡上，中国的士大夫有"致君尧舜上，再使风俗淳"的抱负和"小舟从此逝，江海寄余生"的超脱。

东晋陶渊明的《桃花源记》，带我们见识了一个既没有战乱、苛政，也没有沽名钓誉、钩心斗角的世界。这个安宁和乐、质朴自然的世界，既是对道家"无为"理念的鲜活诠释，也是儒家"大同"理想的具体投射。

中国传统文化建构的天人相合、返璞归真的理念，对现代人来说，依旧具有多方面的启示意义，其中最重要的一点，就是人要不断地反省，进而调整人与自然之间、人的本真存在与文明高度发展之间的关系。

《庄子》中有一则著名的寓言：南海之帝倏与北海之帝忽为中央之帝浑沌凿七窍，七窍凿通了，浑沌也死了。我们现在做的很多事难道不是与倏、忽二帝为浑沌凿七窍非常相似吗？殊不知，那朴拙未凿的"浑沌"，才是我们应当守护的心灵家园呀！

 金文

 小篆

 楷书

《说文解字》："真，僊人變形而登天也。从匕，从目，从乚。八，所乘載也。"

我们常说，人生在世，要追求"真、善、美"。真诚、真假、真知、真谛、真人、认真、天真、本真、去伪存真、返璞归真等词语，也被广泛应用于日常生活中。那么，"真"字是如何在其字形字义的发展演变中，融入中国文化并影响、塑造中国人的呢？

甲骨文中尚未发现"真"字。在金文中，"真"字上半部分为"匕"，下半部分为"贝"。小篆字形中，"贝"讹变为"目"，整个字可分为四部分：匕、目、乚、八。依照许慎《说文解字》的解释，"真"字的本义是修道之人经过长期艰苦的修炼，圆满飞升，成为"真人"或"仙人"。许慎生活于民间方术、神仙之说流行的东汉，其解释虽代表了时人的看法，却未必是"真"字的确切本义。

　　既然人们在"真"字的本义上还没有取得一致的看法，那么我们可以从古籍入手探寻其字义。

　　"真"字始见于道家典籍。老子认为大道真实自然，人们应当效法自然来培养真实之德，即所谓"修之于身，其德乃真"。庄子将"真"阐发出三层含义：其一，"真"是物性自然之真。庄子以伯乐治马为喻，认为马本拥有"蹄可以践霜雪，毛可以御风寒"（《庄子·马蹄》）的天性，但伯乐出现之后，马鬃被修剪，马蹄被凿削，前有马络羁缚，后有皮鞭威逼，马丧失了天性，也就失去了物性自然之真。其二，"真"是人之性情之真。"真"是"精诚之至"，"不精不诚，不能动人"，所以"强哭者虽悲不哀，强怒者虽严不威，强亲者虽笑不和"（《庄子·渔父》）。其三，"真"是理想人格之真。这种理想人格，可以具化为回归自然、保守天性的"真人"，超脱世俗、游于四海之外的"仙人"，以及与道合一、与万物并生的"神人"，正如《道德经》中所说的"修之于身，其德乃真"。

老庄所讲的"真"，大致包含了现代词语中"真"的大部分义涵，他们将"真人"与修道联系起来，说明许慎以"仙人变形而登天"来解释"真"并不全是无凭无据。

"真"虽源出道家著作而不见于儒家经典，但儒家观念中确有与"真"内涵相近的字，如"诚""贞""忠""信"等。不同的是，**在崇尚自然的道家看来，"真"自始至终贯穿着返璞归真、回归自然的理想，而在重视文化传承的儒家看来，"诚""贞""忠""信"等却是发于内心之真诚、忠于人性之良知的文化创造。**

道家的"真朴自然"观念直接影响了中国文学、艺术强调自然、反对雕饰的审美取向。陶渊明平淡质朴的诗风与回归自然的理想，李白"清水出芙蓉，天然去雕饰"的美学旨趣，苏轼"行云流水""文理自然"的创作追求，都是对庄子"朴素而天下莫能与之争美"的回应。

不同于道家对浑朴天性的讲求，儒家更重品德修养的真诚无伪。忠于良心，是历代中国人的做人之道，亦体现出中国人对辨别真伪忠奸的重视。唐代白居易写过一首诗："赠君一法决狐疑，不用钻龟与祝蓍。试玉要烧三日满，辨材须待七年期。周公恐惧流言日，王莽谦恭未篡时。向使当初身便死，一生真伪复谁知？""周公恐惧流言日"，说的是周武王病逝后，年幼的成王即位，根据武王遗愿，武王之弟、成王之叔周公辅政。周公为了巩固西周政权，恪尽职守，辅佐成王。但殷商旧贵族和周公之弟管叔、蔡叔为了争夺权力，散布周公即将篡位的谣言。后来，周公向成王表明心迹，平定管叔蔡叔之乱，还政于成王，使真相大白于天下。"王莽谦恭未篡时"，说的是西汉末年，权倾朝野的外戚王氏子弟多纵情声色、骄纵跋扈，唯独王莽生活俭朴、态度谦恭，成为当时的道德楷模，很快便声名远播。可谁也不曾想到，王莽谦恭的言行恰是其野心的保护色，一旦时机成熟，他便发动政变，篡汉自立。这两则故事充分说明了辨别人性真伪的困难，也体现了中国人对不计外在毁誉、忠于内心、真诚不欺的美好品性的追求。

除儒、道两家学说外，佛教在中国化的过程中也参与了对"真"之义涵的拓展。汉末至两晋隋唐，随着佛教的传播及佛经的大量翻译，"真理""真谛""真相""真常"等词语陆续出现，今人所言之"真理"即与佛教所讲的"真谛"有关。到了近代，随着西方文化的渗入，"真"更与西方"真理"的概念融会，使"真实"成为"真"字的核心内涵之一。

重视真、追求真，在现代社会依然具有重要的价值。著名教育家陶行知的墓联"千教万教教人求真，千学万学学做真人"，即是从教育与做人的角度阐发"真"的重要性。与此同时，道家返璞归真、恬淡自然的人生理想，对现代社会物质文明快速发展所导致的自然资源过度开发亦有纠偏的价值。

 金文

小篆

繁体楷书

简体楷书

《说文解字》："節，竹約也。从竹，即聲。"

看到"节"字，我们会联想到许多相关的古诗词："好雨知时节，当春乃发生""独在异乡为异客，每逢佳节倍思亲""岁丰仍节俭，时泰更销兵""时穷节乃见，一一垂丹青"……这些古诗词中的"节"，蕴含着节气、节日、节俭、节操等义。

"节"是一个形声字，上面为"竹"字头，表示这个字的本义与竹子有关，下面是"即"，为声旁。许慎在《说文解字》中释"节"为"竹约"，即竹竿上凸起的关节，这是"节"字的本义。

竹子是一段一段生长的，段与段之间形成一个个"节点"。在古人看来，这些"节点"是竹子的"节序"，也象征"自然之节序"。如竹节一样，一年三百六十五日也可被分为若干节点，因而有了四时更替。节气变迁，是天地的"节律"，也是人们安排农业生产和自身生活的依据。与节气相应，我们有了很多民俗节日，如春节、清明节、端午节、中秋节、重阳节等，正是因为有了这些节日的调节，人们才得以忙里偷闲、劳逸结合，生活节奏才有张有弛，有了音乐节律的美感。因此，"节"字又逐渐引申出了时节、季节、节气、节律、节日、节奏等含义。

我们观察竹子的生长特点，会发现竹节对竹子的缠束是适时而合宜的。适时，意谓它不干扰竹子的生长，却有节律地出现；合宜，是指它的出现使竹子的生长不会因放纵而"脱轨"。在古人看来，这关乎生命之大道——生命必须成长，而恰到好处的约束则为生命成长所必需。于是，"节"便有了约束、节制之义。

"节"反映了中国人特有的天人相感的智慧，体现了中国人的价值观与人生观。在传统文化发展的历史长河中，中国人在三个层面上实践了"节"的智慧。

在个人修养层面，作为一种道德上的自我约束，"节"塑造了讲节操、重气节的中国人。《尚书·召诰》中说："节性惟日其迈。"讲求以礼义节制性情，使人逐日进步。《左传》中有"圣达节，次守节，下失节"的说法，圣人能够洞达节操，次一等的人能够守持节操，而最下等的人则会失掉节操。在中国人看来，节操是一种可贵的精神力量，这种力量，我们在"义不食周粟"而饿死在首阳山上的伯夷、叔齐身上见过，在羁留匈奴十九年而不变汉节的苏武身上见过，在"闻鸡起舞""中流击楫"的祖逖身上见过，在安史之乱中惨遭酷刑而不屈的颜杲卿父子身上见过，在狱中谱写《正气歌》的抗元英雄文天祥身上也见过。"时穷节乃见，一一垂丹青"，古圣先贤即使身处危难境地也不失德操的精神，支撑着中华民族生生不息。

在生活层面，"节"是物质、经济上的自我节制。对儒家来说，节俭来自"节以制度，不伤财，不害民"（《周易·节卦·象传》）的自我节制，也来自"仁民爱物"的道德情怀；对道家来说，节俭来自顺应自然的智慧，也来自"少私寡欲""柔弱不争"的处世哲学；对墨家来说，节俭来自下层民众对社会正义的呼唤，也来自"节用""节葬"这种朴素实用的生活方式；对法家来说，节俭则来自注重事功、富国强兵的现实需求。先秦诸子的共同倡导，塑造了中国人反对奢靡、崇尚节俭的民族性格，影响深远。

在人与自然的关系层面，"节"是对自然资源的节制利用，这启迪了中国人"天人合一"思维下的生态智慧。在中国人的传统观念中，上天有"好生之德"，自然不是被征服的对象，而是与人类息息相关的生命体。孔子"钓而不纲，弋不射宿"（《论语·述而》），不用大网捕鱼，不射杀归巢栖息的鸟；孟子反对用过密的网捕鱼，主张按季节砍伐树木，予自然生命以生长的空间；荀子强调在鼋鼍、鱼鳖、鳅鳝"孕别之时"，不用毒药或大网捕杀它们……

　　司马迁在《史记·殷本纪》中记载的商汤"网开三面"的故事，最能体现中国人的生态理念与仁爱情怀。有一天，商汤来到郊外，见四面张满了捕鸟的罗网，一个人在那里悄悄祷告："但愿四方的鸟儿都飞到我的网里来。"商汤听了，对他说："你这样做，会把鸟儿捕尽的。"于是商汤让那人把罗网撤去三面，只留下一面，并轻声祈祷："鸟儿们，你们想往左边飞就往左边飞，想往右边飞就往右边飞吧。如果你们厌倦了生命，那就飞到我的网里来吧。"正是因为这件事情，各路诸侯判定商汤是个仁慈宽大的人，纷纷前来投奔。

　　天地有秩序，这是天地之"节"，也是天地之"真"；人间有秩序，这是人间之"节"，也是人间之"善"。在天道与人道的交流互感中，中国人的农事活动、节庆民俗、伦理规范、品德修养、生态理念得以形成。**在"节"的观念中，既有天地的"大真"、人间的"大善"，也有天道人道交流互感的"大美"**。讲节序、重农事、知礼仪、守规范、尚节操、贵节俭、爱自然……中国古人这些与"节"有关的优良传统与品质，至今仍给世界以深远的影响。

 小篆

 繁体楷书

 简体楷书

《説文解字》：“俭，約也。从人，僉聲。”

　　节俭朴素是中华民族的传统美德。我们赞颂尧舜"茅茨不翦"的俭朴，批判商纣王"酒池肉林"的奢靡，时至今日，李商隐的咏史名句"历览前贤国与家，成由勤俭破由奢"仍广为流传。生活上的节俭，从深层次上讲，源于人们在道德理性上的自我节制、自我约束，这正是"俭"字的本义。

　　"俭"是一个形声字，从古至今字形未有太大变化。许慎在《说文解字》中释"俭"为"约也"，段玉裁在《说文解字注》里进一步解释："约者，缠束也；俭者，不敢放侈之意。""俭"的本义当为自我约束、自我克制，引申指生活上的节俭、俭省，如"恭俭惟德，无载尔伪"（《尚书·周官》），"俭于财用，节于衣食"（《韩非子·难二》）。

　　儒家自先秦时期就非常重视"俭"这种品德。《周易·否卦·象传》中说："君子以俭德辟难，不可荣以禄。"意谓君子应以节俭为德，以求免遭祸患，不可追求荣华而谋取禄位。孔子也曾说："奢则不孙，俭则固。与其不孙也，宁固。"（《论语·述而》）认为与其因奢侈而傲慢，不如俭朴一些，哪怕略显寒碜。"俭"甚至被视为"众德之源"，《左传》中，鲁国大夫御孙把"俭"说成"德之共"，把"侈"说成"恶之大"，认为俭朴节制是最大的美德，奢侈放纵是最大的恶行。

　　需要特别指出的是，儒家推崇的俭省并不等同于吝啬。《颜氏家训》中就明确讲"可俭而不可吝"，在作者颜之推看来，俭省是"省约为礼"，吝啬则是"穷急不恤"，"俭而不吝"才符合儒家提倡的治家之道。

《颜氏家训·治家》中还讲了这样一个故事。南阳有个富户，深藏广蓄，但性极吝啬。冬至后，女儿女婿来看他，他只准备了一铜瓯酒与几块獐子肉。开席不久，盘子、杯子就见底了，富户只好勉强又添了一点，女婿还是很快将酒肉一扫而空。添过几次后，富户忍不住责怪女儿说："你丈夫太爱喝酒吃肉，才连累你一直受穷。"富户的几个儿子也贪吝成性，富户死后，几个儿子为争夺遗产而打成一锅粥，结果兄长杀死了弟弟。这个故事正是悭吝异化人性、酿造惨剧的深刻体现。

除儒家之外，中国古代其他各家学者也十分重视"俭"这种品德。道家学派创始人老子在《道德经》一书中，就从修身与治国两个层面强调了节制俭朴的重要性。在个人修身层面，老子主张"见素抱朴，少私寡欲"，强调减少欲望，克制私心，保持质朴的本色；在治国层面，他又明确将慈爱、节制、谦退并列作为君主治理天下的三件"法宝"："吾有三宝，持而保之。一曰慈，二曰俭，三曰不敢为天下先。"春秋战国之际的墨子从下层劳动人民的角度着眼，主张节俭，提倡"节用""节葬""非乐"，反对统治阶层的奢侈浪费。墨子认为一个国家"俭节则昌，淫佚则亡"，统治者只有"去无用之费"，才符合"圣王之道"，才能实现"天下之大利"。战国后期，韩非子也从修身与治国的角度着眼，认为"圣人不引五色，不淫于声乐"，君主如果"乐美宫室台池，好饰子女狗马以娱其心"，就会导致亡国。

在诸多思想家的共同倡导下，"俭"成为中国人的主流价值观。春秋时期，季文子在节俭方面就堪称典范。季文子出身于三世为相的家庭，是鲁国著名的外交家。他一生以节俭为立身之本，并要求家人也过俭朴的生活。有个叫仲孙它的人劝季文子："您身为鲁国上卿，德高望重，但您家里不准妻妾穿丝绸衣服，不用粮食喂马，这样不会显得太寒酸而让人笑话吗？况且这样也使国家不光彩啊！您何不改变一下生活方式呢？"季文子说："我也想过奢华的生活，但我们国家的许多百姓还吃着粗糙得难以下咽的食物，穿着破旧不堪的衣服，甚至正在挨饿受冻，我又怎么忍心为自己添置家用呢？如果百姓吃糠咽菜、衣不蔽体，而我却装扮妻妾、精养良马，我为官的良心又何在呢？况且，一个国家的富强与尊荣，是通过君臣的高洁品行体现出来的，而不是以人们拥有多少美妻艳妾与良骥骏马来评定的。"这一番话，说得仲孙它满面愧色。此后，仲孙它也效仿季文子，在生活上戒奢从俭了。

　　"俭"不仅是中华民族的传统美德，而且在现代社会中依然发挥着重要作用。从个体层面讲，"静以修身，俭以养德"，"俭"有助于培养人们不耽溺声色、不玩物丧志的高洁品行；从社会层面讲，"俭"有助于培育风清气正的良好社会风气；从国家层面讲，"俭"也是一种有效调控需求、节约资源、防范风险的手段。无论经济发展到什么程度，"一粥一饭，当思来处不易；半丝半缕，恒念物力维艰"都是至理名言，倡导勤俭之风也都是国之本、家之幸、民之福。

 甲骨文

金文

小篆

繁体楷书

简体楷书

《说文解字》：“興，起也。从舁，从同。同力也。”

　　看到"兴"字，兴致、兴奋、兴隆、兴复、逸兴遄飞、兴利除弊、兴邦定国等词语就会在人们的脑海中浮现。从这些词语可以看出，"兴"字常常关联着奋发鼓舞的情绪状态，体现着协同合作、共举大事的担当精神。

　　"兴"是一个会意字。甲骨文的"兴"字，形似四人用手共举一物，金文字形加了"口"，到了小篆，共举之物与"口"合并为"同"。"兴"字的这种构形及演变究竟何指，学界主要有两种看法：一是众手托举着一个大盘，描摹的是众人协同劳动的场面；一是众手托举着一种道具，展现的是一种宗教仪式。不过，无论是劳动场面还是宗教仪式，都强调了"兴"是在众人共同参与的活动中萌生的一种情绪状态，这正如《说文解字》中的解释："起也。从舁，从同。同力也。"

　　"兴"字在先秦典籍中已被频繁使用，古人多取兴起、振兴义，表达一种奋发、勤勉的态度与实干、担当的精神。《尚书》中用"怵惕惟厉，中夜以兴，思免厥愆"形容人臣的坚守职责、惕厉自省，《诗经》中用"夙兴夜寐"刻画女子理家的勤勉，《左传》中用"夙兴夜寐，朝夕临政"形容君主的励精图治。《周礼》中的"进贤兴功，以作邦国"，《论语》中的"一言而兴邦"，彰显了儒家的担当意识与安邦定国的情怀；墨子则有"兴天下之大利，除天下之大害"的倡导，激励并培育了后世士大夫的正义感、担当意识与改革精神。

　　"兴"字的另一个义项是与性情相关的"兴发"义。考察字源可知，"兴"可能与古代的仪式活动相关。作为教育家的孔子，首次将仪式活动之"兴"与诗教联系起来，将之抽象为一个具有哲学与文学意味的概念。在孔子看来，教育体现着人格养成的过程，即所谓"兴于诗，立于礼，成于乐"（《论语·泰伯》），人格养成的第一步，就是通过《诗》的陶冶，"兴发"出美好的性情，培养出"好善"而"恶恶"的道德情感。

　　与诗教的"兴发"相关，"兴"还是古代诗歌创作的传统手法，与"比"合称为"比兴"。"比"即比喻，是用某些有类似特点的事物来比拟想要说明的事物，使其特征更加鲜明突出；"兴"即起兴，是借助其他事物作为诗歌发端，来引出所要歌咏的内容，强调的是情感上的相通。《诗经》首篇《关雎》中，君子见雎鸠鸣唱而兴起思念淑女之情；李白名篇《静夜思》中，诗人见明月而兴起思乡之情，体现的都是情感的相通。"兴"不仅是中国古典诗歌常用的写作手法，也是一种传情达意的方式：作者起兴，静待读者"知音"，读者能否借助作者描摹的物象，萌生类似的情感，就得看读者的理解水平了。可见，**"兴"蕴含着中国人含蓄内敛的情感沟通方式。**

在诗歌创作领域，"兴"还融入了文人的情怀，有了浪漫主义精神，从而引申出兴致、豪兴、逸兴等义。南朝刘义庆《世说新语》中记载了一个"雪夜访戴"的小故事，表现了东晋文人脱俗的意趣与率真的情怀。故事的主角是著名书法家王羲之第五子、东晋名士王徽之。王徽之住在山阴县（今属浙江绍兴），大雪之夜，徽之于梦中醒来，见雪后初霁，四望皎然，突然萌生出拜访好友戴逵的念头。当时戴逵远在剡县（今浙江嵊州），徽之不顾夜深路遥，雇船前往。经宿方至，却造门不前而返。见别人不解，他说："我乘兴而来，兴尽而返，又何必非见到戴逵不可呢？"

　　这个故事折射出中国古人的一种不问结果但求过程的生活哲学：人生本来就是一个过程，只要享受了过程，结果便不重要了。如果一味追求结果，那么无论王侯将相还是平民百姓，最终都难免一死，结果又有什么差别呢？所以，人生中最重要的是生命在每一刻的绽放，以及那种绽放当下所能体验到的美好。

　　中国的士大夫有着乘兴而来、兴尽而返的洒脱，更有着兴国安邦的情怀。《诗经·小雅·天保》中的"天保定尔，以莫不兴"，表达了周臣对周王的祝颂。蜀汉丞相诸葛亮《前出师表》中"兴复汉室，还于旧都"的豪迈宣言，是现代常用词语"复兴"的渊源。北宋改革家王安石面对司马光的质疑，发出的"举先王之政，以兴利除弊，不为生事"（《答司马谏议书》）之批驳，是"兴利除弊"这一成语的最早出处。明清之际的大儒顾炎武面对明清易代的困局，在复明无望、痛定思痛之后，做出了"亡国"与"亡天下"的区分，指出明清的"易姓改号"只是亡国，"仁义充塞，而至于率兽食人，人将相食"才是"亡天下"。在顾炎武看来，"保国"只是"肉食者谋之"，而保天下则"匹夫之贱"亦有责任。近代著名思想家梁启超据此提炼出了"天下兴亡，匹夫有责"的名言，激发着后世每一个中国人的爱国热忱。

　　对今天的中国来说，"兴"字启发了国人共谋复兴大业、共圆中国梦的热切理想。"兴"者，"起也"，"同力也"，我们今日的复兴，需要每个公民、每个家庭、每个行业的凝心聚力，需要国家层面"兴国安邦"的顶层设计。"多难兴邦""实干兴邦"，在经历了近现代以来的诸多挫折与不懈探索之后，我们明白，中国人需要以实干精神来兴家、兴业、兴国，共创一个美好的未来。

　　需要强调的是，**中国的复兴是科教兴国，中国的发展是和平发展**。中国不会搞军事扩张、资源掠夺、争霸称霸，而是主要依靠自己的力量改革创新，积极参与国际经济技术合作与竞争。所以，我们的复兴，是和平与"绿色"的复兴，将为建构新的世界文明秩序提供宝贵的经验。

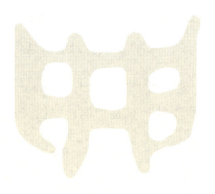

物

甲骨文 1

甲骨文 2

小篆

楷书

《说文解字》："物，萬物也。

牛爲大物；天地之數，起於牽牛，故从牛。勿聲。"

　　生活中，我们与"物"关系密切：吃的是"食物"，穿的是"衣物"，观赏的是"景物"，研究的是"事物"，常常被告诫要"爱护财物"，不要"暴殄天物"。物种繁多，其中有理，需要人们探索认知，故而产生了生物学、物理学等专业学科。

　　"物"字最早见于甲骨文，有上下结构和左右结构两种。多数学者认为，从造字结构看，"牛"是形旁，"勿"是声旁兼表杂色之意，所以，"物"的本义是杂色（毛色不纯）的牛。也有人认为"物"是会意字，左边是"牛"，右边是带有血点的"刀"，本义为屠牛。

　　《说文解字》将"物"判定为形声字："物，万物也。牛为大物；天地之数，起于牵牛，故从牛。勿声。"张舜徽对这个解释是这样理解的："天地之数"就是天地之事。民以食为天，天大的事，大不过填饱肚子；要填饱肚子，就得耕种；耕种靠的就是牛这种大家伙。牵牛耕田，正是天地间万事万物的根本，所以，以"牛"为形旁的"物"就成了所有事物的总称，如"暴殄天物，害虐烝民"（《尚书·武成》）。

"物"由万物之义，又引申出各种具体的物品、事物之义。考虑到外在事物（包括人）与主体之"心"的关系，"物"又引申指"我"之外的一切事物，于是就有了中国文化中"心物"关系的表述，如"超然物外""身外之物"。

"物"在先秦典籍中已广泛出现，除了《诗经》中有两处表示色彩（"比物四骊，闲之维则"）与杂色牛（"三十维物，尔牲则具"）的意思之外，其他基本取其生物、事物、万物等引申义，如"君子以言有物而行有恒"（《周易·家人卦·象传》），"天何言哉？四时行焉，百物生焉"（《论语·阳货》），"春三月，此谓发陈，天地俱生，万物以荣"（《黄帝内经》）。战国时期的荀子将"物"的内涵提升为世间万物的"大共名"。《荀子·礼论》说："天能生物，不能辨物也；地能载人，不能治人也。宇中万物生人之属，待圣人然后分也。"意思是天能产生万物，却不能治理它；地能养育人，却不能治理人。世界上的万物和人类，必须依靠圣人制定礼法，然后才能各得其位。

　　自文明肇始，中国人就认为人与世间万物有一种"共生共荣"的关系，并发展出了"爱物"（关爱万物）、"格物"（认识万物）、"假物"（利用和改造万物）的文化。

　　先说"爱物"。儒家文化是一种讲求"仁爱"的文化，但"仁爱"是一种有差等的爱，孟子把这种如水之波纹向外扩散的差等之爱表述为"亲亲而仁民，仁民而爱物"。

　　《孟子》中有一个著名的"以羊易牛"的故事。齐宣王看见堂下有人牵着一头牛经过，但牛颤抖着不愿前行。齐宣王感到好奇，就问原因。侍臣告诉他，这头牛是用于祭祀的牺牲。宣王不忍心看这头牛"无罪而就死地"，便吩咐将其放生，用一只羊代替它。对于此事，百姓并不理解，皆以为宣王吝啬，"以小易大"，只有孟子认为在"见牛未见羊"的情况下，宣王"以羊易牛"的举动是一种"仁术"。孟子还进一步阐述，君子对于禽兽，"见其生，不忍见其死；闻其声，不忍食其肉"，彰显了一种"恩及禽兽"的情怀。有了这种情怀，执政者就能"以不忍人之心，行不忍人之政"，使国家大治。

　　通过这则故事，我们可以认识到，儒家的"爱物"思想包含以下几层意思：第一，儒家并不一味反对杀生，对于豢养的动物，在必要的时候，是可以拿来食用和祭祀的；第二，儒家主张"君子远庖厨"，尽可能不杀生，故而国家的管理者应该从这种恩及禽兽的情怀中培养出仁爱之心，并将之用于治国理政；第三，儒家于"爱物"思想中发展出感恩天地、爱护自然万物的文化，进而衍生出"民胞物与"的思想，对现代生态伦理有重要借鉴意义。

　　"民胞物与"一词，源自北宋张载的名言："民吾同胞，物吾与也。"张载认为，人与天地万物共处，构成一个充满温情的家园，在这个家园里，人们互为同胞，万物亦是人的同类。

　　除了"爱物"思想，中国人还有独特的"格物"思想，即善于探究、认知自然万物之理的思想。《诗经·大雅·烝民》云："天生烝民，有物有则。"认为天地万物都有自己运行的规律和法则。《大学》明确提出了"格物致知"的主张，宋代大儒朱熹对此做了进一步的阐释与发挥，认为"人心之灵"莫不有"知"，"天下之物"莫不有"理"，所以要通过"今日格一物，明日格一物"的认知活动，达到"心与理一""豁然贯通"的境界。重视"格物"体现了中国古人探索天地万物本质和规律的自觉与能力，正因为这样，中华民族才有了以"四大发明"为代表的、一度领先于世界的辉煌的科技成就。

除了"爱物""格物"，中国人还有"假物"思想，即有节制地利用、改造自然万物的思想。荀子提出了"君子生非异也，善假于物也"的观点。他认为，君子并非生来就具有特殊的能力，只是因为擅长"假于物"，才与他人有了差别。比如登高挥手、顺风呼喊，能让远处的人看得见、听得见，这不是因为自己的胳膊变长了、嗓门变大了，而是因为利用了地势与风向。除此之外，人还能驯化牛、马，使其帮着耕田、拉车。荀子同时提出，人对自然万物的利用和改造不能毫无节制，而要在客观上顺天应时，在主观上节用制欲，只有这样，万物才能"各得其和以生，各得其养以成"（《荀子·天论》），人与自然才能和谐共生。

由此可见，中国人创造的"物"字，体现着"爱物"的情怀、"格物"的理性与"假物"的生态伦理思想，积淀着中华民族天人合一的传统智慧和倡导可持续发展的时代精神。

简

小篆

繁体楷书

简体楷书

《说文解字》：“简，牒也。从竹，間聲。”

看到"简"这个字，我们最先想到的是简单、简约、简朴、简便等，但这些并非"简"字的本义。从字源来分析，"简"是形声字，"间"为声符，表示"简"的读音，"竹"为义符，表示"简"是由竹子制成的。许慎在《说文解字》中释曰："简，牒也。"清代段玉裁进一步解释说，木制的书写材料称"牍"或"札"，竹制的称"简"，二者统称为"牒"。可见，"简"的本义是竹简，即古人用于书写的狭长竹片。

自有文字可考的历史开始，中华文明便以甲骨、金石、竹木、绢帛、纸张等为载体薪火相传。竹简因材料易得、制作简易，成为纸张普及之前最主要的书写材料。由此，"简"又可引申指书籍、信札，如"岂不怀归，畏此简书"（《诗经·小雅·出车》），"乃为一简答之"（《梦溪笔谈·人事》）。

每根竹简只能写一行字，拿丝线或细麻绳将记满文字的大量竹简编缀成"册"是很麻烦的一件事情，所以，古人在著书时会对文字进行拣择、提炼，尽量做到言简意赅，故而"简"又引申出拣择、挑选、省略等义项。

精审的拣择与省略是为了删繁就简，由此，"简"字又引申出了现在最常用的义项——简易。《尚书·吕刑》曰："五辞简孚，正于五刑。"以讼辞的简要翔实作为实施五刑的前提条件。《周易·系辞上》云："乾以易知，坤以简能；易则易知，简则易从。""乾""坤"作为《周易》中的两卦，象征着创生万物的天和地，天地配合共同创生、养育万物，简易自然。正所谓"易简，而天下之理得矣"，天下繁复多变的道理都可以从天地创生万物的"易简之道"中找到源头。

　　由《周易》发轫的易简思想，落实到个人修养上，表现为简淡素朴的生活作风。孔子甘愿疏食饮水而视不义之富贵如浮云，颜回箪食瓢饮而不改其乐，体现了儒家克己简朴、安贫乐道的情怀；老子见素抱朴、少私寡欲，庄子无知无欲、恬淡率真，表现了道家因任自然、知足常乐的精神。后人亦在儒、道两家的影响下推崇简淡生活：诸葛亮告诫儿子，"非淡泊无以明志，非宁静无以致远"；司马光因自家宅子破败不堪，在房下挖一大坑以避寒暑，被人戏称为"穴居者"；清代江苏巡抚汤斌，身穿粗布衣裳，餐餐都吃豆腐野菜，被百姓敬呼为"豆腐汤"……他们不以"简"为忧，反以"简"为乐，展现出了儒、道两家易简思想恢拓出的大境界。

易简思想应用在艺术上，表现为对简约自然之审美趣味的崇尚。有些人推崇西方"极简主义"的美学风尚，殊不知中国古人才是简约主义的鼻祖。《礼记》讲"大乐必易""大礼必简"，庄子讲"天地有大美而不言""朴素而天下莫能与之争美"，体现了儒、道两家对简约美学的共同推崇。回望历史，中国有粗犷朴拙的汉代雕塑，有清新淡远的魏晋山水田园诗，有简淡古雅的宋代汝窑青瓷，有虚实相生、讲究留白的元代文人画——这都体现了我们中国特有的简约之美，远远早于20世纪才开始流行于西方的"极简主义"。

易简思想落实到为政上，表现为行事简约、注重效率的作风。孔子从儒家克己爱民的立场出发，肯定"居敬而行简"，恰与道家以崇尚自然为本的"无为"之治呼应对照。之后，简政思想被历代有所作为的政治家继承，具体运用时，又表现为两种相互关联的思路：一是化繁为简，刘邦"约法三章"可做范例；一是执简驭繁，南朝官员江秉之可为代表。

　　"约法三章"的故事发生在楚汉战争时期。秦王子婴投降后，刘邦的起义军进入咸阳。为了稳定民心，刘邦与关中父老约法三章："杀人者死，伤人及盗抵罪。"与秦朝烦琐苛细的法律条文相比，刘邦的法令简明至极，得到了关中父老的认可与支持，为刘邦最终夺取天下打下了坚实的群众基础。

　　"执简驭繁"这一成语最早见于《宋书·江秉之传》。宋少帝时，江秉之在京都建康（今江苏南京）任县令。任职期间，他执法严格、明察秋毫，把京畿一带治理得井然有序、清平无事。后来，江秉之调任山阴（今属浙江绍兴）县令。这里事务冗杂，积案如山，每天来县衙告状的人络绎不绝。江秉之到任之后，秉公执法、以简驭繁，很快便将积案清理完了。最终，江秉之以其出众的治理才能，被提拔为新安郡（治今浙江淳安一带）太守。

　　对现代人来说，易简思想在生活领域可落实为遏制欲望膨胀、摒弃无用社交、拒绝盲目消费等生活方式；在政治领域可落实为大道至简、有权不可任性的执政理念；在商业领域可落实为回归常识、差异聚焦的营销法则……总之，对易简思想的认同与接纳，能使我们重新审视自己与心灵、社会、自然之间的关系，让我们无限接近真、善、美，收获弥足珍贵的幸福。

 甲骨文

 金文

 小篆

 繁体楷书

 简体楷书

《说文解字》："時，四時也。从日，寺聲。
旹，古文時，从之、日。"

中国人对"时"字有着独特的领悟，既有对自然时令的尊重依循，如《尚书·尧典》中的"乃命羲和，钦若昊天，历象日月星辰，敬授民时"，也有对年华岁月的及时勉励，如《离骚》中的"及年岁之未晏兮，时亦犹其未央"；既有对天时运化的敏锐感知，如杜甫说"好雨知时节，当春乃发生"，也有对难得良辰的殷切祈盼，如苏轼说"明月几时有，把酒问青天"；既有对世事变幻的深沉感慨，如刘禹锡说"旧时王谢堂前燕，飞入寻常百姓家"，也有对飞逝时光的珍惜把握，如颜真卿说"三更灯火五更鸡，正是男儿读书时"……

从甲骨文字形来看，"时"字上面为"之"，下面为"日"，"之"与"止""足"的甲骨文字形相近，造字本义也是行走、去往，可见"时"字为"之""日"二字组合而成的形声兼会意字，象征着太阳升降、时光变化。这一造字本义可直接引申出时间、季节、历法、岁月等义项，并进一步由时代、时世之义发展出时势、时局、时尚、时俗等内涵，由当时、有时、时常之义发展出适时、时机、时运等意蕴。

时间与空间是万事万物发展变化最为基本的两个衡量维度，由"时"字产生的文化可谓"致广大而尽精微"地影响了中国古代社会的各个方面。其中最为重要的，就是强调个人发展与国家治理必须基于对时势的精准把握。

从个人发展的层面来说，被誉为"群经之首，大道之源"的《周易》，其核心精神就是教导世人在不同的人生际遇中，在面对进退得失、吉凶利弊时，应该如何做到"时中"，正如清代学者惠栋所言："《易》道深矣，一言以蔽之，曰'时中'。"（《易汉学·易尚时中说》）所谓"时中"，一是要合乎时宜，无过无不及，二是要随时变通，应时而行。要使行动合乎时宜且恰到好处当然很困难，这首先需要人对周遭事态的发展方向与内在要求有清醒、全面而又深刻的认识，在时机成熟之前做好充分准备，一旦时机成熟，就立刻采取相应行动，所以古人非常强调"得时无怠，时不再来""时不可失，必须乘胜追之"，认为只有通达时务并且能使时势为己所用的人才是"人中之龙"。

东晋史学家习凿齿在《襄阳记》中记载了一个著名故事：刘备在荆州依附刘表时，认为欲成大事，必有智者辅佐，故而特地拜访大名鼎鼎的水镜先生司马徽，询问他对时势的看法。没想到司马徽竟然很谦虚地回答说："儒生俗士，岂识时务？识时务者在乎俊杰。此间自有伏龙、凤雏。"并将诸葛亮与庞统郑重推荐给刘备。刘备"猥自枉屈"，三顾茅庐，拜访诸葛亮。在听了诸葛亮对天下时势的分析后，刘备深感相见恨晚，力请诸葛亮出山，并委以重任。其后，天下局势果如诸葛亮所言，魏、蜀、吴"三足鼎立"。其实，从诸葛亮的角度来看，其自称"卧龙"，也正是寄寓时隐时显、时屈时伸之旨。虽然才识出众、理想高远，但时逢天下大乱，诸葛亮并没有急于入世救民，而是耐心等待时机，最终得遇明主，这恰如《周易·系辞下》所言："君子藏器于身，待时而动，何不利之有？"

　　孔子是中国古代优秀知识分子出处进退的榜样，孟子盛赞孔子说："伯夷，圣之清者也；伊尹，圣之任者也；柳下惠，圣之和者也；孔子，圣之时者也。孔子之谓集大成。"（《孟子·万章下》）孟子认为，伯夷是圣人中清正贞白的那一种，伊尹是圣人中勇于担当的那一种，柳下惠是圣人中平易随和的那一种，而孔子是圣人中最识时务的，是集大成者，他会根据外在时势，当清则清，当任则任，当和则和。孔子之所以能成为圣人之"集大成"者，是因为其言行能避免"过"与"不及"，做到"时中"，正如《周易·乾卦·文言》中所说："知进退存亡，而不失其正者，其唯圣人乎！"

从国家治理的层面来说，由于时移世易、时移俗易，所以国家的政策教令必然也要与时俱进，此即《周易·贲卦·彖传》所言："观乎天文，以察时变；观乎人文，以化成天下。"中国古代圣贤认为，当社会太平安定时，治理国家需要"本天道以立人道"，即在顺应天时的基础上处理各种人事。这一点，我们从《周礼》中可以看得很清楚。《周礼》全书分为"天官、地官、春官、夏官、秋官、冬官"六部分，认为政治、经济、文化等各领域的所有工作都必须结合天地四时的发展变化来施行。

　　如果社会动荡不安，则必须顺应天道与人心，采取相应的变革，所以《周易·革卦·象传》中说："天地革而四时成，汤武革命，顺乎天而应乎人，革之时大矣哉！"高度赞扬了替天行道、伐暴救民的汤武革命。中国历朝历代，每当社会发展进入迟滞阶段时，贤明的执政者都会通过变法维新来强国安民，同时号召知识分子大胆分析时艰、时弊，尊重时贤、时论，广纳善言，以便制定适宜的政策，来革新时政、改善时事。

　　"政令时则百姓一，贤良服"（《荀子·王制》），对于治理国家的君主而言，所要顺应的最大时势便是民心所向。正如《尚书》所言"天视自我民视，天听自我民听""民之所欲，天必从之"，又如孟子所言"天时不如地利，地利不如人和"（《孟子·公孙丑下》），君主只有在充分了解民情、民心的基础上，让政策教令之于百姓有如时雨化育草木，才能真正做到与时偕行。

 甲骨文

 金文

小篆

楷书

《说文解字》："象，長鼻牙，南越大獸，三季一乳。象耳牙四足之形。"

"象"是一个标准的象形字，《说文解字》释曰："象，长鼻牙，南越大兽，三季一乳。"也就是说，无论是甲骨文的字形，还是这个字的本义，"象"都是指大象这种动物。

在远古时代，大象本是中原地区常见的动物。河南省的简称"豫"，字形就是一个人牵着大象的样子，字义则是"产象之邑"。除了可以搬运重物，大象还能助人打仗、耕田，是先民生产和生活的好伙伴。"二十四孝图"中有舜帝赶着大象在历山耕田的画面；《吕氏春秋》中有殷商后裔驯服大象作为打仗的工具，侵扰周初政权的记载。

商代以后，黄河流域的自然环境和气候特点发生巨变，大象逐渐南迁。战国时期，中原人已很少见到大象。到了许慎所生活的东汉，象就成了"南越大兽"。

解释了"象"的本义以及它与人的互动关系之后，我们就可以梳理它的引申义了。由于大象体形庞大，形貌突出，加之曾经与人关系密切，所以"象"就被用来表示一切有形无形之象，产生了天象、物象、形象等引申义。比如，《易传》中既有"在天成象"的"天象"之义，也有"圣人设卦观象"的一般"物象"之义。

春秋战国以后，由于多数中原人没见过现实生活中的大象，只能依据从泥土里挖出来的大象骨骼，猜测一下大象的样子以及人类早期与大象和谐相处的景象，于是，"象"就有了想象、模拟、臆想等引申义。《韩非子·解老》中就有"人希见生象也，而得死象之骨，案其图以想其生也"的描述。

《道德经》与《周易》是对"象"之内涵进行哲学提升的两部先秦典籍，由此还发展出了中国传统文化中的"象思维"。

老子将"象"抽象为"无状之状，无物之象""大象无形，大音希声"，用来描摹只可意会、不可言传的"大道"。《周易》被视为总结华夏先民"观物取象"智慧并开启后世"象思维"的元典。《周易》作者伏羲画八卦，文王重为六十四卦，这本身就是一个"圣人设卦观象"的过程，《周易·系辞下》称"《易》者，象也；象也者，像也"，《尚书·舜典》中的"象以典刑，流宥五刑"就是具体语例。

由"象"字引申出的"象思维"有整体性、系统性的特点，辐射到中国传统文化的诸多领域，汉字的造字方式"六书"就明显具备这个特点。象形字是古人直接"观物取象"而创造的图画字，指事、会意、形声、转注、假借则是发源于"象思维"的更复杂的造字方式。

提到"象思维"的系统性，就不能不说传统中医学。与基于解剖学的西医不同，中医的脏象学说是立足于整体思维来研究人的生理现象和病理现象的，它不仅要研究脏腑的形态、部位、生理功能和病理变化，而且要探究脏腑之间的关系，脏腑与组织器官的关系，脏腑与精、气、血、津液的关系，以及脏腑与精神情志的关系等。脏象学说认为，精、气、血、津液是构成人体的基本物质，它们的生成、转化和输布，必须通过不同的脏腑机能活动才能完成；而脏腑组织器官的各种机能活动，又无不以精、气、血、津液作为物质基础。人的精神意识、思维活动，与五脏的生理活动有着密切关系，正常的精神意识与思维活动，有赖于五脏生理功能的平衡协调。

　　"象思维"还广泛渗透于文学艺术领域。首先是诗歌。中国的语言本身就体现着一种"诗性思维"，讲究的是"言有尽而意无穷"，而要用"有限之言"表达"无穷之义"，就需要借助二者的媒介——"象"，比如看见"流水"想到"时光流逝"，看见"明月"萌生"思乡之情"，这"流水""明月"就是所造之"象"，"时光流逝""思乡之情"就是所传之"意"，由此就达到了"立象以尽意"的目的。

　　其他领域，如音乐、绘画，亦是如此。《列子·汤问》记载了"高山流水"的故事。伯牙与子期是一对知音，伯牙善鼓琴，鼓琴时"志在高山"，子期便能从琴声里听出巍峨的山岳，鼓琴时"志在流水"，子期便能在琴声里听出汪洋的江海。"高山流水遇知音"说明弹奏者可以借助音乐这种语言，描摹出可感之"象"，传达给他的听众。有"诗佛"之称的王维诗画俱佳，他的作品有"诗中有画，画中有诗"之誉，说明王维能借用诗和画两种语言，自由地向观者传达自己心中之"象"，从而达到"尽意"的目的。

　　象力大无穷，能负重远行，却又温和忠厚、憨态可掬，被人们称为兽中之德者。再加上"象"与"祥"谐音，所以象被赋予了更多吉祥的寓意，比如"太平有象""吉祥如意"。

　　"象"字负载了三千多年以前黄河流域大象的文明史，呈现了人与大象等自然万物友好共处的美好"意象"，并由此引申出了中国文化重整体、重系统的"象思维"。所有这些，对我们今天反省人类中心主义的价值观、碎片化的知识体系，以及由此带来的功利主义、焦虑不安的人生状态，都具有启示意义。在"象思维"的指导下，我们期待能探索出一个让生活与内心回归整体、回归平静的完美解决方案。

 甲骨文

 金文

 小篆

 楷书

《说文解字》："美，甘也。从羊，从大。
羊在六畜主給膳也。美與善同意。"

　　美是绽放的桃花，是婉转的鸟鸣，是香醇的美酒，是顾盼的眼眸，是助人的爱心，是甜蜜的初恋，是李白豪迈的诗篇，是元人空灵的山水画……美体现于万事万物：美景、美声、美味、美人、美德、美的爱情、美的艺术……

"美"是一个会意字，关于其本义，主要有两种观点。一种观点源于《说文解字》中的释义："美，甘也。从羊，从大。羊在六畜主给膳也。美与善同意。"认为美的本义为味觉之美，与"羊""大"相关，与善相联。另一种观点则认为："羊"代表羊角或羊形头饰，"大"为正面站立的人形，这样，"美"的本义就成了美貌或美饰，是视觉之美，如《尚书·毕命》中的"怙侈灭义，服美于人"。

"美"字在先秦古籍中被频繁使用：有表示外貌之美的，如"巧笑倩兮，美目盼兮"（《诗经·卫风·硕人》），"有美一人，清扬婉兮"（《诗经·郑风·野有蔓草》）；有表示物品之美的，如"有美玉于斯"（《论语·子罕》），"牛山之木尝美矣"（《孟子·告子上》）；有表示乐声之美的，如孔子评价《武》乐"尽美矣，未尽善也"（《论语·八佾》）；有表示德性之美的，如"里仁为美"（《论语·里仁》）；有表示人格之美的，如"可欲之谓善，有诸己之谓信，充实之谓美"（《孟子·尽心下》）；有表示自然之美的，如"原天地之美，而达万物之理"（《庄子·知北游》）。

中国历史上，一代有一代之"美"，一人有一人之"美"，汉有赵飞燕之美，唐有杨玉环之美；宋瓷有典雅端庄之美，清瓷有五彩斑斓之美；现今的时尚之美更是让人目不暇接——简约风、复古风、民族风……那么，到底有没有确定的美？老子说："天下皆知美之为美，斯恶矣。"庄子对此做了进一步发挥，说毛嫱丽姬是当时公认的美女，可鱼儿看见她们却感到害怕沉入水底，鸟儿看见她们也感到恐惧高飞入云，麋鹿看见她们同样受到惊吓飞奔而去，这说明美丑是相对的，大家的审美标准既不统一也不唯一。

那么，什么才是判定"美之为美"的"终极标准"？对此，儒、道两家的阐述"各美其美"，并最终"美美与共"。

儒家认为美与善相联，符合善的美才是终极的美，才具备最高的价值。孔子评价大舜时的音乐《韶》"尽美矣，又尽善也"，而评价武王伐纣时的音乐《武》"尽美矣，未尽善也"（《论语·八佾》），因为《武》乐虽具有视听之美，却充满了杀伐之气，没有体现出充足的善，故而也就失去了终极的美。这足以说明，美虽然具有相对的独立性，但若缺少了"善"，就不具备自足的价值。荀子还举了更典型的例子，夏桀、商纣这样的君主都长得魁梧英俊，但他们皆因残暴而身死国灭，落了个被天下人耻笑的下场。总之，缺少善的美，是不被肯定的。所以，孔子讲"里仁为美"，孟子说内有仁义充实、外有光辉发出的"大人"才具有最美的人格。

道家认为美与真相关，只有朴真的东西，才具有真正的"大美"。庄子讲"天地有大美而不言"（《庄子·知北游》），"朴素而天下莫能与之争美"（《庄子·天道》），都强调自然之"朴真"才是美的最高标准。《庄子》中讲了一个"东施效颦"的故事：越国有一个美女名唤西施，她有心口痛的毛病。一天，西施走在村中，这个病又犯了，她不禁皱起眉头。这一幕被村中的一个丑女东施看见了，她觉得西施捧着心口皱着眉头的样子很漂亮，便整天学着西施的样子，捂着心口皱着眉头走在村中。后来，村中有些人为了躲避她，紧闭大门不敢出去，还有些人干脆携妻带子离开了这个地方。庄子感叹道，丑女东施只知道西施皱着眉头很美，却不知道西施皱眉为什么这么美。言外之意是，人与万物的朴真状态才是最美的，粗暴、刻意的模仿不仅不美，反而会令人心生厌恶。

儒、道两家对美的解读，将人类所追求的真、善、美三大终极价值统一起来，对中国文化的发展及中国人性格的塑造影响深远。我们传统的散文创作讲"文以载道"，戏剧脸谱分善恶忠奸，即是用善来规范美；而道家讲究朴真的美学修养，亦陶冶了中国文人清远恬淡的艺术心灵。对于现代中国人来讲，提倡"美"要以真、善为标准，有利于矫正在消费主义潮流影响下某些艺术审美活动的空虚内容、低俗情趣，对营造健康的文化生态具有重要意义。

清

小篆

清 楷书

《说文解字》：“清，朖也，澂水之皃。从水，青聲。”

　　在中国人的精神世界里，"清"是高雅的、恬淡的、幽静的、朴素的。它不动声色，不急不躁；它神清气闲，静观其变。道德、艺术、社会生活、自然万物，凡冠以"清"字者，或有高洁之风，如冰清玉洁、清风峻节；或得政治清明，如政清人和、官清法正；或有天然之趣，如山清水秀、风清月朗；或得惬意闲适，如清闲自在、清静无为……凡此种种，皆可体现中国人之爱"清"、尚"清"。

　　"清"是形声兼会意字，小篆的"清"字从"水"，"青"声。"清"字左边为"氵"，表示此字与水有关；右边的"青"为声旁，也表示水清澈时呈青色。《说文解字》释曰："清，朖也。""朖"现在写作"朗"，也是清澈的意思，故而"清"的本义为水澄澈、纯净、透明、无杂质，如《孟子·离娄上》中的"沧浪之水清兮，可以濯我缨"；又可引申出清楚、明白之义，如"当局者迷，旁观者清"；进而引申出高洁、清廉、清静、寒凉等义。

　　独具东方特色的"清"，体现着中国人的精神追求，展现着中国人的审美风尚，蕴含着中国人的做人、为官之道和处世哲学，而尚"清"，也历来是中华民族的文化传统。

　　"清"是一个哲学范畴，以老、庄为代表的道家，其哲学思想的核心就是"清静无为"。"静胜躁，寒胜热，清静以为天下正"（《道德经》）的观念，不仅为后世提供了修身处世之方，也为后人开辟了一条保健身心、益寿延年的养生通道。儒家之尚"清"，则主要体现在其倡导的道德观念中，"节俭""寡欲""尚廉"等道德规范，都蕴含着尚"清"的思想。

　　"清"还是中国传统审美文化中的一个重要范畴。《诗经》中即已出现以"清"为美的诗句，如"河水清且涟猗"（《诗经·魏风·伐檀》），又如"有美一人，婉如清扬"（《诗经·郑风·野有蔓草》）。魏晋南北朝时，"清"逐渐发展成一个美学概念，被纳入社会文化审美范畴并深深地影响了后世的中国人，正所谓"清泉映疏松，不知几千古"（李白《望月有怀》）。

　　中国的"琴棋书画诗酒茶"，皆追求"清"的境界，以淡雅清静、内敛含蓄为美。中国传统音乐崇尚正音雅乐，推许"春容清和"而不尚"急管繁弦"；中国书画艺术亦对"清"孜孜以求，素以清幽旷远、恬淡朴素为美；中国茶道更是讲究清静自然，寓以茶养廉之意。

"清静者，德之至也"（《文子·道原》），"清"体现着中国人的做人之道。董仲舒说："气之清者为精，人之清者为贤。"（《春秋繁露·通国身》）清白自守、清白做人，历来是中国人的追求，如颜回"一箪食，一瓢饮"，居陋巷而不改其乐，就堪称世间难得一见的清流。正所谓"清淡者，崇德之基也"（徐祯稷《耻言》），真正的仁人君子，从来都是淡泊名利，不慕虚荣，以一身清气傲立于天地间的，这恰如王冕《墨梅》所言："不要人夸好颜色，只留清气满乾坤。"

为官从政者，也离不开"清"字。清、慎、勤三字可谓中国流传最广的官箴，古代衙署公堂多书此三字做匾额，三字当中，"清"字排第一；而《尚书·舜典》亦云："夙夜惟寅，直哉惟清。"足见清德对于为官者的重要性。"千锤万凿出深山，烈火焚烧若等闲。粉骨碎身浑不怕，要留清白在人间。"明代名臣于谦的一生，正如其《石灰吟》所咏叹的石灰一般，历尽各种磨难，依旧初心不改，最终在史册上留下清廉正直的美誉。于谦为官清正刚直，每次进京奏事，都是两手空空。有人劝他买点土特产送给朝中权贵，于谦则笑着甩甩两只袖子说："我只有两袖清风！"为此，他专门作了一首《入京》诗表明心志："绢帕蘑菇与线香，本资民用反为殃。清风两袖朝天去，免得闾阎话短长。"于谦用这首诗讽刺了当时官场上拉帮结派、私相授受的不正之风，彰显了自己坚守清操、清廉为官的傲岸风骨。

从另一个角度说，做人要"清"，然而"至清"则不可取。《大戴礼记》云："水至清则无鱼，人至察则无徒。"这句话体现了中国人的处世哲学。这是告诫为政者、有德者，对人对事皆不可吹毛求疵、求全责备。世无完人，不要苛求别人做力不能及的事，如果一味要求别人清明纯净、不存瑕疵，只会招人反感、抵触，最终使自己陷于被孤立的境地，正所谓"君子不尽人之欢，不竭人之忠，以全交也"（《礼记·曲礼上》）。

与"清"相比，污浊之水绝对有害，它影响生物的繁衍，危及人类的生存，破坏大自然的生态环境。俗谚云："千里井，不反唾。"在尚"清"文化的影响和渗透下，中国古人很早就有了环境保护意识，为给子孙后代留下青山绿水，采取了很多有效措施，总结了不少宝贵经验。《史记》记载，黄帝曾教导人们"节用水火材物"。《管子·禁藏》云："当春三月……杼井易水，所以去兹毒也。"意谓每年三月，人们要淘井换水，清除水里的致病物质。《吕氏春秋·尽数》言："甘水所，多好与美人；辛水所，多疽与痤人。"这是说水质好的地方有益于人的生长发育，水质差的地方则会危害人的身体健康。

　　为了让百姓喝上"纯净水"，唐代颁布了有中国现存最早的水利法典之称的《水部式》。宋代城市中出现了"澄槽"，类似于现代水厂中的沉淀池。元代严惩污染水源者，《都水监纪事》记载："敢有浴者、浣衣者、弃土石瓴甋其中、驱牛马往饮者，皆执而笞之。"意思是那些敢在河里洗澡、洗衣、乱扔杂物、饮牛饮马的人，都要被处以笞刑。到了清代，为了惩治乱排污水的行为，还出现了地方性的水资源保护法规。可见，古人为了守住绿水青山，也是费尽心思。

　　"明月松间照，清泉石上流"，清澈的泉水令我们陶醉，美丽的大自然令我们心向往之。唯有"清"，才能为我们涤除芜秽，使我们回归原始的真淳。去亲近自然、拥抱自然吧，让我们所共有的天更蓝，气更净，山更绿，水更清！

乾

 小篆

乾 楷书

《说文解字》："乾，上出也。从乙。乙，物之達也。倝聲。"

"乾"为会意字,从"乙","乙"表示植物屈曲生长的样子,所以"乾"的本义为上出、冒出。植物向上生长的具象与上出为天的抽象恰巧相合,故"乾"字在《易经》中被假借为八卦之一,象征天。后来,这一假借义成为"乾"字的常用义项,本义逐渐被弃用。

"乾卦"是《周易》六十四卦中的第一卦。按照传统的说法,《周易》作为一部占筮之书,"人更三圣,世历三古",历经伏羲画八卦、文王演六十四卦并作卦爻辞、孔子作传的过程。"八卦"分别对应着人世间的八种事物,即乾为天、坤为地、震为雷、巽为风、坎为水、离为火、艮为山、兑为泽。八卦的地位并不相同,其中最重要的便是乾卦与坤卦,其他六卦皆由乾坤两卦衍生而来,这就是所谓的"乾坤生六子"。

由于八卦中的乾卦卦画为三个阳爻,六十四卦中的乾卦卦画为六个阳爻,所以乾卦为纯阳卦,最基本的易象是天。这也符合中国古人所认为的天地生成过程——未有天地之前乃一团混沌之气,而气分阴阳,清轻者为阳气,上升为天,重浊者为阴气,下沉为地。在阴气的配合之下,盛大的乾元之气化为雨泽,滋生万物,具有生生不息之品性。

《周易》中乾卦的卦爻辞以龙为象：初九爻的爻辞为"潜龙勿用"，此时龙处于潜藏状态，象征着事物尚处于孕育阶段；九二爻的爻辞为"见龙在田"，此时龙于田野中出现，象征着事物的萌生；九三爻的爻辞是"终日乾乾，夕惕若厉"，龙刚刚出现，对一切尚无法掌控，象征着事物处于初始阶段；九四爻的爻辞是"或跃在渊"，此时龙已经可以在深渊中跳跃翻腾，象征着事物正在发展与壮大；九五爻的爻辞是"飞龙在天"，此时龙在天空中飞翔，象征事物的发展达到了鼎盛状态；上九爻的爻辞是"亢龙有悔"，物极必反，象征着事物开始走向衰落。乾卦正是通过龙这个意象，展现了事物从孕育、萌生、发展、兴盛到衰落的完整过程。

天地间万事万物生生不息，都沿着自己的生命轨迹沉浮演化，这种化生万物的巨大能量来自何处？乾卦给了我们一个答案，那就是"天行健，君子以自强不息"（《周易·乾卦·象传》）。乾卦以天为象征，"天行"即天道的运行，"健"表示主动进取、刚强不息之义，"天行健"就是天道之运行，四时之交替，昼夜之更迭，岁岁年年，无有止息，无有差错。由此可以看出，作为纯阳卦的乾卦，象征着刚健之气，象征着蓬勃丰沛的生命力。

天的运行刚强劲健，那么君子处世也应像天一样，力求进步，刚毅坚卓，发愤图强，永不停息。1914 年冬，梁启超先生应邀到清华大学作了题为《君子》的演讲。在演讲中，他对《周易·乾卦·象传》中的这句话加以发挥，激励清华学子发愤图强："《乾·象》言君子自励，犹天之运行不息，不得有一暴十寒之弊。……且学者立志，尤须坚忍强毅，虽遇颠沛流离，不屈不挠，若或见利而进，知难而退，非大有为者之事，何足取焉？人之生世，犹舟之航于海。顺风逆风，因时而异，如必风顺而后扬帆，登岸无日矣。"

天道刚健，不假外物，乾卦让人效法天，故而"自强不息"的主体在于"自"，强调个体要充分发挥主观能动性，依靠自己的力量去解决问题、进取拼搏。同时，"自强不息"的要义在于"强"，这种"强"是刚健有为，是困而发愤，是孟子所说的"富贵不能淫，贫贱不能移，威武不能屈"的"大丈夫"精神。"自强不息"的实现方式在于"不息"，就是与时俱进、永不停息，是持之以恒、孜孜以求，是革故鼎新、日新月异。

在中国历史上，无数有志之士，效法天道之"行健"，发扬"自强不息"之精神，奋发图强，刚健不折，成就了自己的精彩人生。比如，汉代著名史学家司马迁自幼受父亲司马谈的熏陶，酷爱历史，后又继承父亲遗志，立志撰写一部史书。但一场飞来横祸使他锒铛入狱，惨遭宫刑，备受凌辱。困境中，司马迁没有自暴自弃，而是凭着一股自强不息的精神，撰成了中国第一部纪传体通史——《史记》，因而名垂青史，彪炳千秋。

如果说司马迁忍耻含垢、发愤著书之举，体现了乾道的自强精神向内作用于个体时所焕发出的惊人力量，那么王安石为变法呕心沥血，乃至赍志以殁的悲壮，则彰显了乾道在社会发展层面上的革新精神。王安石所处的年代正值北宋王朝统治的中期，面对国家内忧外患的艰难困境与"三冗"的积贫积弱局面，王安石以"天变不足畏，祖宗不足法，人言不足恤"的"三不足"精神，顶住重重压力，矢志不移，百折不回，努力施展着其安定天下、富民强国的政治抱负。虽然变法以失败告终，但他在这一过程中表现出来的忧国忧民、勇于探索、锐意创新、敢于担当的精神，显示了乾道向外恢拓的一面，留给了我们宝贵的革新经验。

乾卦所具有的生生不息、刚健有为的品性，不仅培育了中国人坚忍不拔、革新求变的品格，也恢张了中国人海涵地负般的人文情怀。中国古人认为，在"乾"天之下，天地与万物包括人类是一个不可分割的整体，其中所有的人与物命运一体、休戚与共。

北宋理学家张载在《乾称》一文中提出了著名的"民胞物与"思想，几乎成为上述理念的总括性论述："乾称父，坤称母；予兹藐焉，乃混然中处。故天地之塞，吾其体；天地之帅，吾其性。民，吾同胞；物，吾与也。"既然天地被比作父母，一切人、一切物又都为天地化生，那么一切人都是我的同胞兄弟，一切物都是我的同伴，我应该爱一切人，爱一切物。

一个时代有一个时代的主题，一代人有一代人的使命。虽然我们已走过万水千山，但仍需要不断跋山涉水。当今时代，经济、文化深刻转型，价值观日益多元，人们的思想交流交融交锋也日趋频繁，在这种大背景下，"乾"道刚健强劲、勇毅坚卓、锐意进取、宽宏博大的品格，愈发凸显出极具内蕴的生命力、向心力与凝聚力。

良

 甲骨文

 金文

 小篆

 楷书

《说文解字》：“良，善也。从畗省，亡聲。”

甲骨文的"良"字形似远古时期用来风谷的"风柜"，中间的"口"是柜身，用手摇转的风叶也在其内。上面的两条斜线是有漏斗作用的入谷道，下面的两条斜线则是出谷道。谷子倒进去，经由手摇风叶的风一吹，瘪粒草屑随风而去，饱满谷粒便从出谷道流泻而出。因此，"良"是一个象形字，其本义大概就是"饱满的谷粒"。

许慎《说文解字》释"良"为"善"，这是将物之优良、精良延伸到了人之善良、贤良。不过，中国文化最为独特之处，便是将"良"字的这些内涵全部收归于人的"良心"之上，认为良知、良能不仅是每个人先天具备的，而且与至真至善至美的天理、天道浑然一体，所以人们所要做的就是去认知它、扩充它，而不是去遮蔽它、戕害它。

在《诗经》《尚书》《论语》《左传》等先秦经典中，"良"常被用来指人的一种优良品德，如"股肱良哉"（《尚书·益稷》）、"人之无良"（《诗经·鄘风·鹑之奔奔》）等。孟子提出的"良能""良知""良心"等概念，则将"良"从一种外在的德行进一步抽象为内在的德性。孟子认为，人不待学习便能做到的，便是良能；不待思考便能知道的，便是良知。两三岁的孩子没有不爱父母的，等他们长大了，没有不知道尊敬兄长的。亲亲的仁、敬长的义，就是人的良能与良知，具备这两种品德就可以通行于天下。

一个人能否真性情地活出仁义来，在很大程度上取决于他不为外人所知的一个最初的念头。总有某些时刻，每个人都能清醒地意识到自己的仁义良心，只要抓住它、保存它、呵护它、滋养它，它就能显现、生长。反之，如果漠视它、抛弃它甚至戕害它，它就会消亡，人也会因此而与禽兽无异了。

　　要想透过世俗成败的表象，来判断一个人是好人还是坏人，是对得起父母、他人、天地，还是辜负了父母、他人、天地，就要看这个人是否经常良心发现，是否始终正道直行。

　　在孟子学说的基础上，明代大儒王阳明提出了著名的"致良知"说，将人的"良知"提升至"天理"的理论高度，认为只要依靠"心之虚灵明觉"，在事事物物上"致良知"，就能使事事物物符合天理。"良知"就像明镜，具备鉴别善恶的能力，只要我们将这种能力落实到行为上，经常真切地体认自己的良知，就能具有圣人气象了。有些人之所以没有发现这种呈现"天理"的"良知"，是因为他们的良知长期被物欲遮蔽，以至于泯灭了。

有一次，王阳明带着弟子们在禹穴一带游学，看到田间的禾苗，他说："没想到禾苗一下子就长这么高了。"弟子范兆期在一旁回应："禾苗长得快是因为有根，倘若人们做学问也能自己培植出根来，就不用担心学问不长进了。"王阳明听了，说："人哪有没有根的？良知是人的天植灵根，从来都是生生不息的，只因有了私欲，才遭到蔽塞与戕害，不得生发。"

王阳明在教学中反复强调"良知即是天植灵根""良知是造化的精灵"（《传习录》），他的《咏良知四首示诸生》流传甚广：

个个人心有仲尼，自将闻见苦遮迷。

而今指与真头面，只是良知更莫疑。

问君何事日憧憧？烦恼场中错用功。

莫道圣门无口诀，良知两字是参同。

人人自有定盘针，万化根源总在心。

却笑从前颠倒见，枝枝叶叶外头寻。

无声无臭独知时，此是乾坤万有基。

抛却自家无尽藏，沿门持钵效贫儿。

　　王阳明希望门人、时人与后人终其一生都能自主自为地去体认、扩充知善知恶的良知与为善去恶的良能，自贵自爱、自珍自重、自信自强，实实落落地明善诚身，最终成贤成圣。

恩

 小篆

 楷书

《说文解字》："恩，惠也。从心，因聲。"

　　中国人自古以来就格外看重恩情，可以说，每个中国人都怀揣着一颗"感恩的心"，认为"父恩比天高，母恩比海深"，推崇"滴水之恩，涌泉相报"，讲求"恩怨分明"，痛恨"恩将仇报"，唾弃"忘恩负义"。

　　"恩"应该是会意兼形声字，字形从古至今变化不大，皆由上部的"因"与下部的"心"组成。"因"是个会意字，表示一个人摊开手脚躺在一张草席上，本义是依靠、凭借。"因"与"心"结合在一起构成"恩"字，表示一个人因为有了依靠，心中感到舒服和满足，故而对成全他、给予他好处和情谊的人心生感激。可见，"恩"字的本义是好处、恩惠，即《说文解字》中所说的"惠也"。《广韵·痕韵》云："恩，恩泽也，惠也。"又云："恩，爱也。"说明"恩"有恩泽、情爱的意思，后来又引申出恩情、情义、感谢等含义。

中华民族是知恩图报的民族，中国文化是注重感恩的文化。早在西周时期，中国人就强调尊祖敬宗、孝老爱亲等恩情伦理。《礼记·丧服四制》云："恩者仁也，理者义也。"在中国传统观念中，恩是仁的一种体现，理是义的一种体现，恩是仁，理是义，有恩有理就是有仁有义。"恩"与"情"相伴相生，"感恩"即感怀恩情、恩德。

中国传统的感恩理念，体现在天地、父母、同胞等各个方面。

对天地，当存感恩、敬畏之心。"谢天谢地"等口头禅，就从一个侧面反映了中国人感恩天地、敬畏天地的意识。中国古人认为，天地是人类与万物的"大父母"，即所谓"惟天地，万物父母；惟人，万物之灵"（《尚书·泰誓上》），"天生之，地养之，人成之"（《春秋繁露·立元神》）。天地生我养我，覆我载我，育我长我，为人的生存与发展提供了基本资源，所以我们对天地自然应当怀有感恩与敬畏之心，法天效地，与天地自然和谐相处。

　　对父母，念恩慈，行孝敬。《诗经·小雅·蓼莪》云：
"哀哀父母，生我劬劳。"父母辛辛苦苦养育子女，子女自
当尽心尽力孝敬父母。从伦理上看，子女孝敬父母，是为了报
答父母的生养之恩；从情感上说，这是基于血缘的"亲亲"之
情，体现的正是人的感恩情怀。中国古代，父母去世后，子女
要守丧三年，其间不得婚娶、娱乐、生育、远游，此所谓"制
丧三年，所以报父母之恩也"（《说苑·修文》）。"慈母手
中线，游子身上衣。临行密密缝，意恐迟迟归。谁言寸草心，
报得三春晖。"正如孟郊这首《游子吟》所言，父母之恩深沉
而伟大，所以尽孝是做人的根本，一个人如果对养育自己的亲
人都不知感恩，又怎么可能感恩他人呢？

流传千古的《陈情表》，是西晋李密感恩祖母刘氏的动人篇章。晋武帝欲请李密出仕做官，但李密要照顾年迈的祖母，故而上表陈情。李密从自己幼年"茕茕孑立，形影相吊"的不幸遭遇写起，细细叙述了祖母几十年来含辛茹苦抚育自己的大恩。想到"日薄西山，气息奄奄，人命危浅，朝不虑夕"的祖母，李密动情地说："臣无祖母，无以至今日；祖母无臣，无以终余年。"他认为比起做官，奉养祖母以回报她的恩情更重要。此表情真意切、催人泪下，后人遂有"读李密《陈情表》不流泪者不孝"的说法。相传晋武帝读了此表，被李密的赤诚孝心打动，命郡县按时供应其祖母生活所需。

夫妻"恩爱"，相敬相惜。古诗云："结发为夫妻，恩爱两不疑。"在古人看来，夫妻之间存在相互给予、相互报答的恩情，故应当和顺爱敬、互成其美。儒家认为婚嫁乃合二姓之好，夫妻关系是人之大伦，所以夫妻理应相互礼敬、相亲相爱，如梁鸿与孟光之"举案齐眉，相敬如宾"。

唐代诗人白居易的外祖父陈润有《阙题》一诗，云："丈夫不感恩，感恩宁有泪。心头感恩血，一滴染天地。"将中国人委婉含蓄却又轰轰烈烈、惊天动地的感恩情怀表达得情真意切、荡气回肠。

鲍照"投躯报明主，身死为国殇"，陆游"一身报国有万死"，于谦"一片丹心图报国"……历史上，多少仁人志士为国家尽忠竭智、杀身成仁，表达了对民族、国家的无限感恩之情。在中国人的精神世界里，还有着太多的恩情要去报答，如老师尊长孜孜不倦的教诲之恩、"同生死共患难"的兄弟朋友之恩，以及人间罕得的"知遇之恩"等。

感恩，是嵌入生命纹理的至深情感，是维系一个民族的精神纽带。感恩，是任何一个时代的任何一个人都应具有的观念和情性。无论身处何地，无论尊卑贵贱，人们都应让感恩之情永驻心间。

坤

 小篆

坤 楷书

《说文解字》："坤，地也，《易》之卦也。从土，从申。"

看到"坤"字，我们会联想到"扭转乾坤""朗朗乾坤"这样的成语，也知道京剧里的坤角指女性角色，现代人所说的坤包、坤表是女士小包、手表。那么，"坤"为何既能代表大地，又能代表女性呢？这必须从"坤"字字源及《周易》的"坤卦"说起。

"坤"是会意字，最早字形从"立"从"申"。甲骨文里有"申"，属象形字，表示雷电从中间向外面伸展，后引申出"伸展"之义。从"土"从"申"的"坤"字可被理解为人站立在大地上向上伸展，由此引申出"大地"的含义。许慎《说文解字》释"坤"曰："地也，《易》之卦也。从土，从申。"段玉裁《说文解字注》进一步解释说，伏羲取天地之德为卦，名之曰"乾""坤"。可见，许慎与段玉裁都直接联系坤卦解释"坤"字，将其本义定为"大地"。

坤卦为八卦之一，与乾卦相对应。《周易·说卦传》中说，"乾为天"而"坤为地"，"扭转乾坤""朗朗乾坤"等词即由此而来。

除此之外，"乾"与"坤"还分别代表男性与女性，男女结合为夫妇，组建家庭生儿育女，成为父亲与母亲，于是，"坤"就引申出了母亲、母性的义项。进一步讲，家中有夫妻恰如国中有君臣，所以与"乾"相对的"坤"又象征臣与臣道。此外，《周易·说卦传》还用动物比喻乾、坤两卦，说"乾为马"而"坤为牛"，这是因为在古人看来，天体运行不息，象征天的乾卦具有刚健进取的品性，可用日行千里、健动不息的马来譬喻，而地体安静厚重，可用任劳任怨、负重载物的牛来象征。

　　观察"乾""坤"二字所象征的事物，体悟二字的内涵，我们会发现，凡是与"乾"相关的，如天、男、父、君、马、健，都代表阳性的、主动的事物或性质；凡是与"坤"相关的，如地、女、母、臣、牛、顺，都表示阴性的、从动的事物或性质。这就关涉了中国传统文化中的阴阳思维。

　　"坤"为纯阴之卦，象征大地及一切从动、柔顺的事物及其品性，与纯阳之卦"乾"一起成为创生宇宙的两种原始力量，故而《周易》称它们为"乾元"与"坤元"，认为人类如果能够效法乾坤之道，就能与自然构成一个和谐有序的生命有机体。《周易·序卦传》称："有天地然后有万物，有万物然后有男女，有男女然后有夫妇，有夫妇然后有父子，有父子然后有君臣。"这给我们描绘出从天地、自然万物到人类家庭伦理、国家政治的生成过程。在这个过程中，"坤元"顺承"乾元"以创生，让天地万物生生不息。宋代大儒张载据此构建了一个"乾称父，坤称母"而人与万物共处其中的宇宙大家园。在这个宇宙大家园里，民胞物与，人与人、人与自然万物都处于一种和谐共生的关系中。

　　坤道可用于人类自身的修身立德。《周易》乾、坤两卦的《大象传》中有两句名言："天行健，君子以自强不息""地势坤，君子以厚德载物"，意谓天道的运行刚强劲健，地道的运行宽厚和顺，君子应效法天地的品性，既要刚健进取、自强不息，又要厚植其德、承载万物。坤道虽以柔顺为特征，却有一种含弘光大的格局。在古人看来，地体方正，所以效法此道的君子，内心真诚，行事方正，并非一味顺从、不辨是非。

　　效法坤道，还有助于家风建设和子女教育。坤道象征柔顺之德，也喻示着忍苦负重，欧阳修的母亲"画荻教子"的故事就是一个典型的例子。

　　欧阳修四岁时，一生为官清廉的父亲欧阳观去世，未给孤儿寡母留下家产，母亲郑氏靠给人家缝补衣物养活子女。她有智慧、有远见，早早教欧阳修读书识字。没钱买笔墨纸砚，她就用荻草秆当笔，铺沙当纸。欧阳修考中进士、步入仕途后，母亲又经常以父亲的为官事迹教导儿子要廉洁奉公、乐于助人。后来，欧阳修因支持范仲淹改革而被贬，母亲非但没有抱怨，反而宽慰道："你为正义而被贬，不能说不光彩。我过惯了清苦的生活，不在意是否富贵尊荣，你只要努力进取，我就为你高兴。"

　　总之，与乾道并立的坤道凝结着中国人特有的智慧。**中国人历来懂得"乾坤并建"，培育出了刚柔并济、动静有度的民族品格。**这种张弛有道、阴阳和合的智慧，对当代的中国人依然有着重要的启示意义。

 甲骨文

 金文

 小篆

 楷书

《说文解字》："厚，山陵之厚也。从垕，从厂。

厚，古文厚，从后、土。"

　　"厚"是一个含蕴深厚的字。"厚德载物"讲的是德性之厚，"利用厚生"讲的是民生之厚，"深情厚谊"讲的是情感之厚，"菲言厚行"讲的是行为之厚，"厚福无疆"讲的是福分之厚……

　　"厚"字出现得很早，为形声字，从甲骨文到楷书，其字形上端皆从"厂"，因"厂"为"石"字之略写且山陵多石，所以《说文解字》将"厚"解释为"山陵之厚也"。"厚"原指厚薄之厚，逐渐引申指体量之大、容量之多、分量之重、内涵之丰、情谊之深等。

　　"厚"在西周金文里，常被引申指福多，人们用"厚福丰年"（《史墙盘》）、"降余厚多福无疆"（《井人钟》）等来表达对美好生活的向往。春秋战国时期，"厚"还常常被用来表示厚德、厚欲、厚情、厚恩等。

　　在儒家文化中，"厚"主要用于以下三个方面：

　　一是从修养的角度讲"厚德"。儒家要求"躬自厚而薄责于人"（《论语·卫灵公》），意谓君子要修养出如大地般淳厚、诚笃、宽大、包容的品德，并期待老百姓在君子的引领教化下，也能培养出淳厚的品德，实现"民德归厚"（《论语·学而》）。

二是从民生的角度讲"厚生"。如《尚书》提出了"正德、利用、厚生"的观点，并将其作为衡量一个政权正义性与合法性的标准，其中的"厚生"即改善民生，让老百姓生活富足。

三是从伦理与情感的角度讲"厚谊"。儒家重视伦理，重视淳厚的情谊。孔子修订《诗经》，用以"厚人伦，美教化，移风俗"（《毛诗序》），从而培养出温柔敦厚、雍容博大的情怀。

道家亦重视阐发"厚"的义涵，倡导敦厚素朴。老子在《道德经》中讲"处其厚，不居其薄；处其实，不居其华"，强调立身敦厚和存心朴实，反对人心的浇薄与虚华；庄子重视"深蓄厚养"，在《逍遥游》里描摹出"水击三千里，抟扶摇而上者九万里"的大鹏，认为人只有修炼积厚水而负大舟、培厚风而负大翼的工夫，才能具备积厚持久的精神、恢廓的胸怀与超拔的境界。

儒、道两家对"厚"之义涵的阐发，也影响了传统的诗学、绘画等艺术，正所谓"温柔敦厚，《诗》教也"（《礼记·经解》），含蓄蕴藉、真诚笃厚、自然浑成成为中国美学追求的至高境界。

中国人尤重"厚德"，常以敦厚的心、宽广的胸怀善待他人。《曾国藩家书》中有这样一句话："见得天下皆是坏人，不如见得天下皆是好人。"出自曾国藩门下的官员多达四十余人，但曾国藩从不居功，反倒鼓励他们"自立门户"，并为其铺路搭桥。除了助人，曾国藩的厚道还体现在宽容别人的过错上。左宗棠脾气不好，常在家里骂曾国藩，并多次上书弹劾他。面对左宗棠的种种攻击，曾国藩总是淡然处之，毫不计较。厚德容人的品格，使曾国藩成为中国传统士大夫的典范。

经过历代人的理论阐释与亲身实践，修"厚德"、讲"厚生"、重"厚谊"已经成为中国人身上的标签，并形成源远流长、影响深远的"厚道"。今天，重视提倡"厚"之精神，对内有利于传扬优良家风，涵养淳朴民风，培植文明乡风，厚养精神文明，构建和谐社会；对外有利于向世界展示中国人博大、宽厚、务实的道德情操和精神风貌，塑造中国人的良好形象。

 甲骨文 1

 甲骨文 2

 金文

 小篆

恒 楷书

《说文解字》："恒，常也。

从心，从舟，在二之間上下。心以舟施，恒也。"

提起"恒"字，我们往往会想起"北岳恒山"。然而最初的"北岳恒山"并非今天地处山西的恒山，而是河北的常山。"五岳"为汉宣帝所封，后为避汉文帝刘恒之讳，作为"北岳"的"恒山"改称"常山"，从而有了《三国演义》中"常山赵子龙"的说法。那么，"恒山"为什么能被改称"常山"？这就要看"恒"与"常"之间的关系了。

"恒"是会意字。最早见于商代甲骨文，写作，上下两横表示天地，中间部分形似半月，组合起来，便表示月亮悬于天地间。《诗经·小雅·天保》中有"如月之恒"的诗句，提示"恒"字可表永恒、永久之义。另外，"恒"在甲骨文中还有个从"弓"的异体字，突出了初月趋于弓形的意象。初月趋于弓形意味着月亮渐趋盈满，而月之圆缺往复不绝，寓意恒久。综合两种字形，可知"恒"的本义是月亮趋于圆满，进而引申出恒久、长久之义。

后来，为了区分字义，金文的"恒"加上了"心"旁（上下两横之间，左为"心"之象形，右为"月"之象形）。由于"月""舟"二字在古文中常被混用，所以小篆"恒"字中间的"月"讹变为"舟"，《说文解字》就据小篆字形释"恒"曰："常也。从心，从舟，在二之间上下。心以舟施，恒也。"这就为"恒"赋予了心靠舟运转，在天地之间往返而历久不变的意象。总之，不管是从"月"还是从"舟"，"恒"都蕴含着永恒、长久之义。在此基础上，"恒"又被进一步引申指恒心。

中国人素来重"恒"。先民以"恒"的视角观察天地宇宙，并视之为天道的本真形态。《周易》中有"恒卦"，《道德经》亦以追求不可道的"恒道"和不可名的"恒名"为宗旨。在老子看来，飘风和骤雨都不够接近大道，因为"飘风不终朝，骤雨不终日"，都不能持久；相反，一直柔弱不争、谦卑处下的水却比飘风和骤雨更接近大道，因为水流绵延不绝。《周易·恒卦·象传》指出，"观其所恒，而天地万物之情可见矣"，认为如果从"恒"的角度审视天地万物，就可以看清天地万物的真实情态。正所谓"日月得天而能久照，四时变化而能久成"，日月、四时的运行都体现出终则有始、恒久不已的天地之道。

　　中国人向来讲究效法天道，并将天道运用于社会人生领域，于是"恒"就成了人生的根本法则与价值取向。《周易·恒卦·象传》中说："圣人久于其道而天下化成。"主张圣人应效法天地恒久之道，积极且持久地化成天下，让天下人都具备与天地恒久之道相契合的恒德。在这个恒德的支持下，传统的修身、齐家、治国等行为也就有了价值根基。

　　"恒"首先是个体修身之道。《周易·恒卦》讲了保持恒德的重要性，其中的九三爻辞指出"不恒其德，或承之羞；贞吝"，《象传》又进一步发挥为"'不恒其德'，无所容也"，意思是说，人们如果不能恒久地持守自己美好的品德，就容易招致他人的羞辱，结局很难圆满。《论语·子路》里，孔子引用这句话，教诲弟子们要持之以恒地修德做事。有不少流传甚广的故事，如东晋的王献之为练字而写完十八缸清水，唐代的李白因看到老婆婆"铁杵磨针"而受到启发专心读书，都体现出了恒德、恒道对人修身做事的重要性。恒卦九三爻辞中所描绘的"不恒其德"之人，就好比《三国演义》中的吕布，虽然骁勇善战，但见利忘义，惯会卖主求荣，故而被骂为"三姓家奴"，最终因无人收留而惨遭诛戮。

　　"恒"还是齐家之道。《周易》中有两个前后相连且与家庭相关的卦——咸卦与恒卦，对于这两卦，《周易·杂卦传》解释说："《咸》速也，《恒》久也。"咸卦上卦为兑为泽为少女，下卦为艮为山为少男，喻指男女因相悦而感通，这种情感是直接而炽热的。恒卦上卦为震为雷为长男，下卦为巽为风为长女，雷动风随是再寻常不过的自然现象，故而喻示夫妇亦应像雷、风一样不离不弃。从咸卦的少男少女，到恒卦的长男长女，意味着热恋的少男少女长大成人，结为夫妇。由此可见，家贵有恒，夫妇关系的恒固是家庭和睦的前提。

　　"恒"还是治国之道,正所谓"政贵有恒"(《尚书·毕命》)。说到恒德与治国,就不能不提汉文帝刘恒。文帝以"恒"为名,其品德修养与治国方略也颇能体现"恒"的智慧。刘恒在位期间,虽未开疆拓土,但深得民心,并被后世许多帝王当作典范。他以孝治国,以德化民,提倡节俭,轻徭薄赋,施行休养生息政策,使百姓逐渐从秦末战乱的创伤中恢复元气。其后,景帝延续了文帝的治国方略,使西汉出现了政治清明、社会稳定、经济富足的局面,史称"文景之治"。

　　"恒",是坚持的恒心,是承诺的恒定,是感情的恒久。"恒"的精神,已经深深融入中华民族的血脉。对于情感,我们遵奉"不恒其德,或承之羞",期望"白首到老不分离";对于践行,我们秉承"不忘初心,方得始终",守住初心就不会迷失方向,担起使命就无惧挑战。我们坚信,绳锯木断,水滴石穿,功到自然成,即便遇到困难,亦是"咬定青山不放松"。

5

共建共享

分协明　君直正

民共富　群均宁

福劳来　国法公

共

建共享

分

 甲骨文

金文

小篆

楷书

《说文解字》："分，别也。从八，从刀，刀以分别物也。"

　　"分"是会意兼形声字，最早见于甲骨文，在《尚书》中已频繁出现。甲骨文的"分"字，中间是一把"刀"，两边的笔画组成一个"八"字，表示一个东西被刀分割成两部分。"八"字的出现早于"分"字。殷商以前，"八"与"分"是一个字，"八"也是"分"的意思；殷商以后，这两个字才被分开使用。自甲骨文、金文、小篆至楷书，"分"字在字形上没有太大变化。

　　《说文解字》中说："分，别也。从八，从刀，刀以分别物也。"《周易·系辞上》中的"方以类聚，物以群分"之"分"，就是分开的意思。"分"字还有区别、区分、分发、分享等含义，《论语·微子》中的"五谷不分"之"分"，就是区分的意思；《左传》中的"分贫振穷"之"分"，就是分发的意思。当"分"字做名词时，含义比较丰富，最常用的是缘分、情分、福分等。

在中国传统文化中，"分"是"礼"的基础。儒家认为，要维持社会的稳定，就要建立合理的社会秩序，社会秩序的制度化体现就是礼。礼的基本意义就是把人分为不同的群体，并针对不同的群体，规定相应的责任与义务。只有每个人都做好自己的分内之事，稳定的社会秩序才能形成。孔子在《论语·颜渊》中曾提出"君君，臣臣，父父，子子"的说法，在一个正常的社会秩序中，君主要像个君主，大臣要像个大臣，父亲要像个父亲，儿子要像个儿子。生活于由血缘纽带连结而成的中国古代社会，每个人都兼具多种不同的身份，儒家针对每一种身份，提出了相应的责任、义务与道德要求，比如《大学》中说："为人君，止于仁；为人臣，止于敬；为人子，止于孝；为人父，止于慈；与国人交，止于信。"每个人都能认识到与自己身份相对应的责任，并做到尽职尽责，整个社会才能和谐运转。

　　孔子之后，最重视"分"之理念的是荀子，他提出了"明于天人之分"与"明分使群"两个重要命题。荀子认为，天有天的职分，人有人的职分，相互之间不能僭越，所以天与人应各安其分、各司其职。荀子还主张按照贵贱、长幼、贫富、男女等，对人群加以区分，并制定相应的礼仪来规范各自的行为，这就是"明分使群"。

　　儒家认为，任何人做任何事，都要与其名分、职分相对应。《弟子规》中说："衣贵洁，不贵华；上循分，下称家。"衣服贵在整洁，而不在于华丽；穿衣要符合自己的身份，与自家的境况相称。《尹文子》中说："名定则物不竞，分明则私不行。"名分确定后，人们对事物就不会争夺；分属明确后，人们的私欲就不会膨胀。据《吕氏春秋·慎势》记载，慎子曾经举过这样一个例子：一只兔子在跑，引来上百人追赶，这并不是因为一只兔子可以供上百人来分，而是因为这只兔子的归属尚未明确。大量的兔子被摆在市场上出售，经过的人却看都不看一眼，这是因为兔子的归属已经确定。治理国家也是一样的道理，有道术的君主，只要能做到辨正名分、明察职分，那他治理国家就可以像王良驭马一样收放自如。

　　对于儒家来说，名分、职分，既是责任，也是权力的限度。作为责任，社会中的每一个人都要明确自己的名分，清楚自己的职责，努力做到安分尽责。作为限度，一方面，"权力越大，责任越大"，权力与责任成正比，拥有什么样的权力，就要承担什么样的责任；另一方面，每个人都要守好自己的本分，僭越职权会扰乱正常的社会秩序，引发一系列不良后果。

　　另外，"分"还可以表达分享之意。分享所产生的能量是巨大的。一方面，通过分享，我们可以帮助他人拓宽发展空间，加快成长速度；另一方面，通过分享，我们可以提高自身，收获更多快乐，成就精彩人生。正如孟子见梁惠王时所说的那样，"独乐乐不如众乐乐"，独自听音乐获得的快乐，不如与他人一起听音乐获得的多；和少数人一起听音乐获得的快乐，不如与多数人一起听音乐获得的多。王泰和孔融懂得分享，书写了"让枣推梨"的千古佳话；陈胜起义前，要求朋友与其共担失败的风险，起义后却不肯与朋友分享胜利的果实，最终大失人心，一败涂地。

　　无数的历史经验告诉我们，分享可以带来满足与快乐，可以提升人生境界，可以使不同文化共生共荣。作为普通人，我们要学会分享自己的财富，分享自己的智慧，在分享中收获，在收获中成长。如果人人各安其分，人人各司其职，人人懂分享，人人愿分享，那么，社会协同发展、世界共建共享的进程自然愈加平稳畅达。

协

甲骨文 1

甲骨文 2

小篆

繁体楷书

简体楷书

《说文解字》："協，衆之同和也。从劦，从十。"

"协"是会意字，最早见于甲骨文，在《尚书》《诗经》中多次出现。从字形看，一种写法是由多个耒组成，象征着多人一起耕作；还有一种写法是在耒下面加了一个"口"，表示多人合力同声。小篆则将下面的"口"演化为左侧的"十"，三个耒形物也变成了三个"力"，齐心协力的蕴意更加显豁。

《说文解字》释"协"为"众之同和"，即众人协同和谐，所以"协"字最基本的含义就是调和、和谐、和睦、融洽，比如《尚书》中有"协和万邦""协用五纪"，其中的"协"字就是和谐、和睦的意思。在此基础上，"协"字又引申出会同、合作、辅助、符合等义。

我们在社会上生存，难免会遇到各种各样的困难和问题，而个人的力量是有限的，只有人与人齐心协力，共同合作，才能最终克服困难、解决问题。小到一个家庭、一个团体，大到一个国家，乃至整个世界，在面对共同的难题时，都需要依靠协同努力来解决。

对于一个家庭来说，亲人之间的齐心协力、协同合作极为重要。中国人常讲"打虎亲兄弟，上阵父子兵"，因为有血缘关系和亲情纽带，当面对强大的压力与共同的敌人时，父子、兄弟之间可以同心同德、同仇敌忾甚至生死与共，故而往往比单打独斗更容易克服困难、摆脱困境、战胜敌人。同样，夫妻之间也是如此。只有夫妻同心，才能战胜困难，共同创造和谐幸福的生活；若夫妻离心，同床异梦，就只能"大难临头各自飞"。我们常讲"家和万事兴"，一家人过日子，只有和和气气、同心同德，才能心往一处聚、劲往一处使，才能家庭兴旺、有活力，事业发达、有奔头。

对于一个团队来说，所有成员齐心协力、协同合作是成功的关键。《周易·系辞上》中说"二人同心，其利断金"，俗话也说"人心齐，泰山移"，只有团队的所有成员齐心协力、协同合作，才能发挥出团队的巨大力量，完成艰巨的任务。《孙子兵法·谋攻》提出了取得战争胜利的五条关键性原则，其中之一便是"上下同欲者胜"，南宋学者张预在注释这句话时说："百将一心，三军同力，人人欲战，则所向无前矣。"

对于一个国家来说，要想使国力强盛，国人也必须上下协同、众志成城。《国语·周语下》中有"众心成城，众口铄金"之说。据说春秋时期，周景王昏庸无道，刚刚命人铸造了大钱，接着又要命人铸造大钟。单穆公和乐官伶州鸠认为这是劳民伤财之举，都极力劝谏，但周景王没有采纳。大钟铸好后，周景王问伶州鸠新铸的大钟音律是否和谐，伶州鸠说："您铸造大钟，若百姓都非常高兴，钟声就会和谐。若百姓怨声载道，钟声就会刺耳。俗语讲'众心成城，众口铄金'，若全国上下齐心协力，就没有克服不了的困难，若全天下人都发出责难，哪怕是金属也可以被销熔。您不听劝阻，一定要劳民伤财铸造大钟，这钟声又怎么会和谐呢？""众心成城，众口铄金"虽然没有"协"字，但充分说明任何一个国家都是全体国民的国家，只有上下齐心协力，才能真正使国家强盛长久。

对于整个世界来说，各个国家之间的齐心协力、协同合作，是维持和平与人类生存的重要保障。当今社会，信息的通畅和交通的便利，使国家之间的联系更为紧密，整个世界变成了一个"地球村"。在这个"村落"中，对人类生存构成极大威胁的破坏性因素依然存在，这就需要全人类共同面对，没有任何一个国家、任何一个人可以置身事外，存则共存，亡则共亡，全人类的命运紧密联结在一起。中国文化中提倡协同合作、力求协合万邦的智慧，有助于打破国家与国家之间、民族与民族之间的隔阂，有助于妥善解决影响世界和平、威胁人类生存的棘手问题。

明

 甲骨文

金文

小篆

明 楷书

《说文解字》：“朙，照也。从月，从囧。
凡朙之屬皆从朙。明，古文朙从日。”

　　"明"字与人类对光的喜好有密切关系。明与暗相对，看到光明，我们的内心就涌起温暖积极的情绪，而提到阴暗，我们的内心就泛起寒冷惨淡的不快，所以"明"字寄寓着我们内心复杂多变的情感。曹操《短歌行》谓"月明星稀，乌鹊南飞。绕树三匝，何枝可依"，这是借由月光的清冷烘托内心的孤独；杜甫《春夜喜雨》谓"野径云俱黑，江船火独明"，这是借由一盏灯火表达对光明的向往。

　　从大多数早期甲骨文字形如 ⬡、⬡ 来看，"明"字是由左"月"右"日"组成的会意字，造字本义应该是日月相继、大放光明。但是在后期甲骨文如 ⬡、⬡ 等字形中，"日"逐渐讹变成了代表窗格的"囧"，可能是为了表示夜里月光从窗牖中射入，使屋内通透明亮。迄今发现的绝大多数金文字形，都是依循后期甲骨文字形而演变的，并且基本都是左"囧"右"月"。小篆字形虽然恢复了早期甲骨文由"日""月"会意的造字形式，却也吸收了金文"月"字右置的构形，最终形成了楷书的"明"字。所以《说文解字》中说："朙，照也。从月，从囧。凡朙之属皆从朙。⬡，古文朙从日。"后来，由光明、清楚之义，引申出了清明、修明、严明、高明、圣明、神明等抽象义涵。《尚书·尧典》云"克明俊德，以亲九族"，"明"即为彰明之义。

　　明与光相关，有光才有光明。古人认为，宇宙之光、天地之光、自然之光来自太阳、月亮、星星，这就是《三字经》中所说的"三光者，日月星"。《周易·系辞下》对"明"的产生说得非常直接："日往则月来，月往则日来，日月相推，而明生焉。"太阳与月亮相互交替，天地之间才有了光明，所以"悬象著明，莫大乎日月"。人与万物沐浴在日月的光辉之中，大地才有温度，万物才能生长，人类才会充满生机与活力。

　　人们向往光明，期盼光明，更希望自己也能像日月那样心地纯洁、明媚照人。人常说，人生一世，总得活个明白。怎样才算活得明白？明道，懂得道理，就是活得明白。而很多人为什么会活得不明白呢？因为人往往会"蔽于一曲，而暗于大理"。只有步入"虚壹而静"的"大清明"（《荀子·解蔽》）境地，才能明道、识道，才会起而行道。"虚壹而静"就是在接受新事物新知识时，放下成见，心无芥蒂，保持高度专注、冷静的状态，只有这样，才不会像盲人摸象那样蒙蔽于片面，才能获得准确、全面的认知，这种心态就是"大清明"。

　　在人类社会中，明道即明做人之道，明与人相处之道。"知人者智，自知者明"，了解他人是智慧，认识自己是聪明。无论是了解他人，还是认识自己，关键都在"明明德"。"明明德"，首在明智、仁、勇"三达德"，明君臣、父子、夫妇、昆弟、朋友"五达道"，进而修身、齐家、治国、平天下，能够做到这些，就是"大人"。"夫大人者，与天地合其德，与日月合其明"（《周易·乾卦·文言》），臻于光明磊落、光风霁月之境。

　　人类既有对自然光明的追求，更有对政治清明、社会文明的向往。人们向往执政者有"日照月临之目"，可以明察秋毫、明辨是非，清清白白为官，公公正正办事。这里所谓的"明"，是光明磊落、光明正大，也是为官之德。"公生明，廉生威"，有的官员不公正、不廉洁，滥用职权，中饱私囊，这就是不"清"；有的官员总是弄虚作假、欺骗民众，为了追求自己的政绩而挥霍民脂民膏，这就是不"明"。不"清"不"明"地为官，就完全违背了"吏为民役"这一政治传统。

黄宗羲说："天下之治乱，不在一姓之兴亡，而在万民之忧乐"（《明夷待访录·原臣》），无论何朝何代，如果执政者只知自家忧乐而置天下安危于不顾，其政权也就离崩溃不远了。生活在一个朗朗清明的政治环境中，既是人们的理想，也是人们的基本需要。任何阴暗和伪诈都逃不过天地正道的眼睛，如果执政者以光明正大之胸怀，造就一个清平世界，那么世界终会变得更好。这就是"明"字在人类理想生活中所蕴含的坚定信念吧。

《周易·贲卦·象传》云："文明以止，人文也。"如果一个人（特别是执政者）的德行能够像天地日月一样正大光明，并用礼乐来教化民众，那么人们就会被他的光明之德感召，行其所当行、止其所当止。"明"字，蕴蓄着中国人心仪向往的天人合一、人文化成的道德境界以及协和万邦、天下大同的宏大理想。

 甲骨文

 金文

 小篆

 楷书

《说文解字》："君，尊也。从尹，發號，故从口。"

　　"君"是会意字，最早见于甲骨文，在《尚书》《诗经》《易经》中频繁出现。甲骨文的"君"字，上面是"尹"，下面是"口"。从金文到楷书，"君"字在字形上没有太大变化。《说文解字》中说："君，尊也。从尹，发号，故从口。""尹"象人执权杖，表示治理，而"口"表示发号施令，所以"君"字的含义主要是"主宰"和"君主"。

　　"君"表"主宰"义时，中国古代有心君、天君、君药等说法。《管子·心术上》首次提出"心君"的概念："心之在体，君之位也。"心在人的身体中处于主宰地位。荀子又进一步把心提到了"天君"的高度，《荀子·天论》中说："心居中虚，以治五官，夫是之谓天君。"任何事物皆有主辅，我们一般把起主宰或主导作用的一方称为"君"，这一点在中医理论中也有体现。《黄帝内经》中说："主病之谓君，佐君之谓臣，应臣之谓使。"中医治病，有主药，有辅药，主药为君，辅药为臣，药引为使。

　　"君"最早是对拥有土地和权力的统治者的通称，古时的天子、诸侯、卿皆可称为"君"。春秋时期，诸侯国国君被通称为"君主"。儒家认为，作为国家的最高统治者，君主必须是道德高尚的人，因为只有道德高尚的君主才能教化百姓向善。孔子说："君子之德风，小人之德草。草上之风，必偃。"（《论语·颜渊》）君子的道德就像风，小人的道德就像草，风往什么方向吹，草就往什么方向倒。孔子又说："其身正，不令而行；其身不正，虽令不从。"（《论语·子路》）统治者若自身端正，即使不发号施令，百姓也会执行；统治者若自身不端正，即使三令五申，百姓也不会服从。

　　对于君主应该有怎样的修养，荀子说得最为详细。《荀子·王制》中说，君主是万物的总管、百姓的父母，要有跟天地一起管理万物的能力。首先，君主要"善群"，也就是要有一定的组织能力，善于把人们组织起来。只要组织和管理得当，万物就能各得其宜，六畜就能各获生长，一切生物就能各安其命。"善群"又称为"能群"，怎样才算是"能群"呢？《荀子·君道》中说："能群也者，何也？曰：善生养人者也，善班治人者也，善显设人者也，善藩饰人者也。"其次，君主是"管分之枢要"。《荀子·富国》中认为，君主是等级名分的最高管理者，他不但要善于把群体分成不同的等级，还要善于运用礼义来管理群体。最后，君主是民之表率。《荀子·君道》中说："君者仪也，民者景也，仪正而景正；君者槃也，民者水也，槃圆而水圆。……君者，民之原也，原清则流清，原浊则流浊。"君主如同日晷，百姓如同影子，日晷端正影子也端正；君主如同盘子，百姓如同盘中之水，盘子圆则水圆；君主是百姓的本源，本源清则支流清，本源浊则支流浊。

"君子"与"小人"原本是指一种社会阶层的划分，君子指君主，小人指百姓。孔子第一次用道德水平的高低来区分君子与小人。在《论语》中，孔子经常通过与小人的对比来凸显君子的品格，比如："君子周而不比，小人比而不周"，君子以义相合而不结党营私，小人结党营私而不以义相合；"君子喻于义，小人喻于利"，君子懂得道义，小人只知道利益；"君子坦荡荡，小人长戚戚"，君子心胸坦荡，小人忧戚烦恼；"君子和而不同，小人同而不和"，君子与人和睦相处而不失自我，小人一味附和他人而没有原则；"君子泰而不骄，小人骄而不泰"，君子舒泰而不骄横，小人骄横而不舒泰；"君子求诸己，小人求诸人"，君子严格要求自己，小人则苛求于他人。

在儒家思想中，以社会阶层来划分的君子和小人，与以道德水平之高低来评判的君子与小人，这二者之间并非绝对割裂，而是有着必然的联系。儒家认为，作为国君的君子与作为道德高尚之人的君子之间不仅没有矛盾，而且应该是统一的。统治万民的君主，必须首先是一个道德高尚的人。因为以孔、孟为代表的儒家，一直反对以暴力统一天下和单纯以法制治理百姓，认为以暴力统一天下不能使人心悦诚服，单纯以法制治理百姓只能治标不能治本。他们崇尚以"王道""仁政"来统一天下，以道德来教化百姓，而能行"王道""仁政"的国君，必定也是一位德行高尚的君子。

据《资治通鉴》记载，唐贞观十七年（643年），褚遂良在上疏唐太宗李世民时说："陛下君临天下十有七载，以仁恩结庶类，以信义抚戎夷，莫不欣然，负之无力，何惜不使有始有卒乎！"这就是"君临天下"一语的出处。"君临天下"是儒家"立功"的极致，但正如褚遂良将"君临天下"与"仁恩""信义"并提一样，儒家认为，"君临天下"不能靠暴力去达致，只能靠君主的道德感化来实现。《中庸》中说："柔远人，则四方归之；怀诸侯，则天下畏之。"能够怀柔远方的人，四方的人就会来归顺；能够安抚各方的诸侯，天下的人都会敬服。在儒家看来，君主只有心怀天下，为天下人谋利，才能真正做到"君临天下"。这一观念于现代国家，又何尝没有启示意义？

 甲骨文

 金文

 小篆

 楷书

《说文解字》："直，正見也。从乚，从十，从目。"

　　"直"是会意字，最早见于甲骨文，在《尚书》《诗经》中频繁出现，在《易经》中也曾被提到。甲骨文的"直"下部是一只眼睛，上部是一条直线，象征着从眼睛中射出的视线是笔直的。金文的"直"在甲骨文的基础上，左侧增加了一条折线，上面的直线中间增加了一个圆点。

　　《说文解字》按照金文字形来解释"直"，认为从眼睛中射出的笔直视线就表示"正见"。因此，"直"最基本的含义是不弯曲，如《诗经·小雅·大东》中说："周道如砥，其直如矢"，周代所修的道路像磨刀石一样平坦，像箭杆一样笔直。在此基础上，"直"又引申出正直、公正、正义等含义，如《韩非子·解老》中说："所谓直者，义必公正，心不偏党也。"

　　中国人认为，"直"是一种品德，1993年出土的郭店楚简中，"德"写作"惪"，直心为德。孔子经常谈到"直"这种品德，且对正直之人多有称赞。《论语·为政》记载，当鲁哀公问孔子怎样才能使百姓信服时，孔子回答说："举直错诸枉，则民服；举枉错诸直，则民不服。"推举那些正直无私的人，将其置于作风不正的人之上，百姓就会信服；推举那些邪曲不正的人，将其置于贤明正直的人之上，百姓就不会信服。

孔子主张与正直的人交友，因为正直的人讲诚信，表里如一，言行一致，能给人以良好的熏陶；而内心不正的人，往往花言巧语、逢迎谄媚、阳奉阴违，时间久了，会像鲍鱼之臭一样熏染毁蚀掉一个人。孔子在谈到如何对待别人的怨恨时，还提出了"以直报怨"的主张，即用公平正直来对待怨恨。

显然，孔子对正直这种品德是极为赞赏的，他认为只有正直的人才能生存，而那些不正直的人之所以能生存，只不过是侥幸罢了。孔子曾称赞卫国大夫史鱼正直："直哉史鱼！邦有道，如矢；邦无道，如矢"（《论语·卫灵公》），不管是处于有道盛世，还是无道乱世，史鱼都能像箭一样直道而行。

孔子认为，正直的人要实事求是，他举了一个例子来说明这个问题。有一次，有人到微生高家借醋，微生高家中恰好没有，但他并没有直接说没有，而是跑到邻居家要了一些醋，借给了那个向他借醋的人。孔子认为，不管出于什么原因，微生高这么做都不能算是正直，有就是有，没有就是没有，明明自己没有，却不说没有，而是从邻居家要来再借给他人，这不是正直的行为。

孔子还认为，"直"作为一种品德，其标准并不在于外界的律法，而在于内心的情感。《论语·子路》中有这样一段对话。有一次，叶公对孔子说："我的家乡有一个正直的人，他的父亲偷了别人家的羊，他出面指证了他的父亲。"孔子听完后说："在我的家乡，正直的人不是这个样子。父亲为儿子隐瞒，儿子为父亲隐瞒，而正直就在其中。"孔子认为，当一个人的行为完全出于自己的本心而丝毫不受外界干扰时，就是正直的，否则就是不正直。这正如后来孟子所认为的那样，儿子对父亲的爱是与生俱来的良知良能，不管父亲做了什么不当的事，儿子内心都不想让父亲受到惩罚，这才是为人子女者最真实的反应。至于其他行为，都是在外在因素影响下通过理性思考而做出的判断与抉择。

孔子认为，选择合理的方式和适当的时机来表现正直非常重要。他曾说"直而无礼则绞"（《论语·泰伯》），"好直不好学，其蔽也绞"（《论语·阳货》）。正直要与"礼"和"学"相配合，若以不合理的方式或在不适当的时机表现正直，不仅达不到目的，还会让人感到刻薄。

显然，在孔子看来，作为一种品德，"直"就是要正直、公正，要一把尺子量到底，不能搞双重标准，这一点不仅适用于个人，也适用于国家。这种"直"的精神，已深深根植于中国人的灵魂，成为中国人为人处事的重要原则。

正

甲骨文

金文

小篆

楷书

《说文解字》：“正，是也。从止，一以止。”

　　"正"是会意字，最早见于甲骨文，在《尚书》《诗经》中多次出现。甲骨文的"正"字，上面的"口"表示城池，下面的"止"表示人的脚，两者合起来，表示攻占城池。金文"正"的字形与甲骨文基本相同。小篆、楷书的"正"，字形一致，上面是"一"，下面是"止"。从字形构造来看，"正"最基本的含义应该是攻打、征战、征服，后来又引申出正中、正直、正确、正当等义，所以《广韵》说："正，正当也，长也，定也，平也，是也，君也。"

　　儒家经常用"正"来形容一个人的品德，比如正直、公正、端正等。一个有良好品德的人经常被称为"身正"，所以俗语中有"身正不怕影子斜"的说法。要想做到"身正"，就需要经过一个"正身"的过程。"正身"又可以称为"正己"，《中庸》中就提到君子"正己而不求于人"，道德高尚的君子，会严格要求自己，努力端正自身品德而不苛求于他人。

　　从个人修身来说，心比身更重要，心指挥人的行为，身体的所作所为皆是对心所发指令的执行，所以《大学》中说"修身在正其心"。《大学》把"正心"作为修身的一个重要环节，"正心"就是端正自己的心，使其不产生偏邪的念头。如何"正心"呢？《大学》中说："身有所忿懥，则不得其正；有所恐惧，则不得其正；有所好乐，则不得其正；有所忧患，则不得其正。"这里的"身"即指"心"，愤怒、恐惧、逸乐、忧患等情绪会对人的心产生不良影响，使心不能做出正确的判断。要想使心不受情感的干扰，就要去除情感对心的不良影响，使心处于端正的状态，这就是"正心"。

儒学向来不是一种"自了汉"式的学问，它要求人们在修养好自身道德的同时，也要去教化他人，使他人具有同样的品德，这就是由"正己"到"正人"的过程。在儒家看来，并不是所有的人都有"正人"的资格，因为要"正人"就必须先"正己"。《大学》中说："君子有诸己，而后求诸人；无诸己，而后非诸人。"真正道德高尚的君子，只有自己首先做到了，才会去要求他人；只有自己没有某种过错，才会去要求他人不要有同样的过错。

中国历史上不乏身先士卒、率先垂范的人物，战国时期的吴起就是比较有代表性的一位。他在魏国时，深受魏文侯器重，带兵攻打秦、韩等国。作为将军，吴起和士兵穿一样的衣服，吃一样的饭食，睡觉不设席，行军不骑马，亲自负粮与士兵同行。有的士兵长了毒疮，他还亲自为其吮吸脓血。正因为吴起能与士兵同甘共苦，真正做到了"正人先正己"，所以深受士兵拥戴，屡立战功。

在"正身"这一点上，儒家对统治者有更为严格的要求。儒家一直倡导贤人政治，试图通过统治者的身先士卒与率先垂范来教化百姓。《论语·颜渊》记载，当鲁国大夫季康子问孔子为政之道时，孔子说："政者，正也。子帅以正，孰敢不正？"在孔子看来，管理一个国家，最重要的就是一个"正"字，要是国君能带头端正自身，那么百姓也会跟着效法。《论语·子路》中还记录了孔子的一句话，进一步肯定了"正身"在为政中的重要性："其身正，不令而行；其身不正，虽令不从。"这就把统治者的修身与治国统一了起来，上行下效，而且"上有好者，下必有甚焉者矣"（《孟子·滕文公上》）。正是在这一意义上，《孟子·离娄上》中说："其身正而天下归之。"统治者只要端正自身，天下百姓必来归服。

"正人先正己"的思想，为处理人与人之间、国与国之间的关系提供了一个重要原则。当我们批评他人的时候，要先想一想自己是否有同样的错误；当我们要求他人的时候，要先想一想自己是否已经做得很好。而国与国之间只有真正做到"正人先正己"，才能增进尊重与理解，减少争端，实现和平共处。

民

 甲骨文

金文

小篆

楷书

《说文解字》："民，众萌也。从古文之象。"

　　"民"是指事字，最早见于甲骨文，在《尚书》《诗经》中已频繁出现。甲骨文中的"民"，上面是一只眼睛，下面是一个刺穿眼睛的尖物，有学者认为这是"盲"的本字。

　　"民"最早指的应是被刺瞎了一只眼睛的人，这个人很可能是罪犯或俘虏。郭沫若解释说，在甲骨文中，"臣"字竖目，"民"字横目，竖目表示顺从，横目表示叛逆，"横目之民"指的就是奴隶，所以古人以"盲"字训"民"。《说文解字》释"民"曰"众萌也"，清代段玉裁也训"民"为"萌"，意在说明"民"为懵懂无知之人。因此，早在西周时期，"民"字的意义便开始发生变化，主要指人民或百姓。

　　殷商时期宗教氛围极为浓厚，人们崇拜天地、山川、日月、星辰等，举凡大事，皆要通过占卜来判定吉凶。统治者认为，上天会保佑殷商天命永终，所以他们极尽鬼神崇拜之能事。但殷商末年，商纣王荒淫无道，"天命"转移到周。西周初年，统治者虽自称"天子"，也自认为禀受天命，但他们从商亡的教训中充分认识到"天命靡常"的道理，改变了神能主宰一切的认知，开始看到"民"在政权转移中的重要性。《尚书·泰誓》中说："民之所欲，天必从之。"又说："天视自我民视，天听自我民听。"《尚书·五子之歌》中也说："民惟邦本，本固邦宁。"此时，"天命"虽仍有一定的权威性，但决定"天命"的不再是神，而是变成了民，天也要顺应民意而为。这就是西周时期的"敬天保民"思想。

　　"敬天保民"思想后来被儒家继承，成为儒家民本思想的主要来源。《论语》中多次出现"使民以时""务民之义""博施于民"等说法，这都是孔子及其弟子重民的表现。在《孟子》中，也有诸如"与民同乐""制民之产""保民而王""安天下之民""救民于水火""仁民爱物"等与"民"相关的说法，这是孟子仁政理论以民为核心的体现。在君民关系上，孟子明确提出"民贵君轻"的主张："民为贵，社稷次之，君为轻。"（《孟子·尽心下》）孟子认为，对于一个国家来说，民是最重要的，因为国君和社稷都可以变更，但老百姓是不可更换的。孟子还提出了"得民心则得天下"的主张，《孟子·离娄上》中说："桀纣之失天下也，失其民也；失其民者，失其心也。得天下有道，得其民，斯得天下矣。得其民有道，得其心，斯得民矣。"夏桀与商纣之所以失去天下，是因为他们失去了人民；之所以失去人民，是因为他们失去了民心。得天下有一定的方法，得到人民就能得到天下；得到人民也有一定的方法，得到民心就能得到人民。孟子的这些主张将百姓的地位提升至前所未有的高度，成为中国古代民本思想的核心内容。

　　与孟子重视民心向背略有不同，荀子更重视百姓的实际利益。在《荀子》一书中，多次出现"化民""爱民""养民""富民""裕民""利民"等词语，这充分说明，荀子认为百姓在国家治理中具有不可替代的作用，故而君主一定要高度重视百姓的需求，采取有利于民众的措施，尽可能地藏富于民。另外，《荀子》一书中还两次提到："君者，舟也；庶人者，水也。水则载舟，水则覆舟。"虽然这句话不是荀子说的，但他显然是认同这个观点的。这个著名的比喻后来多次被人引用，据《贞观政要·君道》记载，唐太宗李世民就是听了魏征"载舟覆舟"的劝告，充分认识到了百姓的重要性，从而说出了"为君之道，必须先存百姓。若损百姓以奉其身，犹割股以啖腹，腹饱而身毙"这一千古名言。

儒家的民本思想是中华文化的瑰宝，流深致远，成为中国知识分子的人文底色与入仕为政的指导思想。汉代政论家、文学家贾谊在《新书·大政》中说："闻之于政也，民无不为本也。国以为本，君以为本，吏以为本。"北宋时期"泰山学派"代表人物石介在《根本》一文中说："善为天下者，不视其治乱，视民而已矣。民者，国之根本也。天下虽乱，民心未离，不足忧也；天下虽治，民心离，可忧也。人皆曰：'天下国家。'孰为天下，孰为国家？民而已。有民则有天下，有国家；无民则天下空虚矣，国家名号矣。"石介认为，民不仅是国家的根本，还是天下的根本，有民则有天下、有国家，无民则无天下、无国家。这个观点可以概括为王夫之所说的"即民以见天"，民即是天，一切为了民，民至高无上。

儒家的民本思想，使古代的统治者大多重视人民的力量，在施政时有所戒惧警惕，使百姓在一定程度上能够安居乐业，从而形成了汉代"文景之治"、唐代"贞观之治"和"开元盛世"、清代"康乾盛世"等中国历史上的繁荣时期。

共

 甲骨文

 金文 1

 金文 2

 小篆

共 楷书

《说文解字》："共，同也。从廿、廾。"

　　"共"的甲骨文字形似双手托举食物之状。金文字形上面为两个并列的"十"，"十"在古代可表"众多"，与下面表示两只手的部分结合在一起，"共"字就表示众手齐举之义。《说文解字》释"共"曰"同也"，可见"共"的本义是共同、一起。

　　随着字义的引申，"共"字衍生出了"供""恭""拱"等分化字。《周礼·夏官·羊人》"共其羊牲"中的"共"后来写作"供"，意思是供奉；《诗经·小雅·六月》"有严有翼，共武之服"中的"共"后来写作"恭"，意思是严肃、恭敬；《论语·为政》"为政以德，譬如北辰，居其所而众星共之"中的"共"后来写作"拱"，意思是拱卫。不过，自古至今，共同、一起的本义一直是"共"字最常见的用法。

　　"共，同也"，中国人自古重视人同此心，心同此理。孔子从道德秩序角度，提出了儒家处理人际关系的重要准则——忠恕之道。"忠"乃"己欲立而立人，己欲达而达人"，"恕"为"己所不欲，勿施于人"，"忠恕"要求人们根据自己的内心体验来考量他人的心理感受。这种推己及人的换位思考，可以让我们对他人抱有仁爱、尊重、宽容的态度，是一种基本的人际共情方式。

　　孟子从人性情感角度，肯定了人与生俱来的"同情共感"能力。他曾提出一个假设，看到一个小孩子快要掉到井里了，任何人都必然会自发地生出怵惕恻隐之心。这并不是因为想跟这孩子的父母搞好关系，也不是因为想在乡邻中博取声誉，更不是因为厌恶这孩子的哭叫声，而是因为人们内心中产生了对孺子的同情、不忍与怜恤。孟子认为，这种恻隐之心与羞恶之心、辞让之心、是非之心一样，是人与生俱来且不可或缺的，而且出自人类共同的本性——善。

中国人倡导人与天地万物的一体无间、和谐共存，所谓"亲亲而仁民，仁民而爱物"（《孟子·尽心上》），将对亲人的爱推扩到更广的范围，从人类同胞到世间万物，无所不爱。所谓"天地与我并生，而万物与我为一"（《庄子·齐物论》），大自然造就了天地万物，也造就了我，我与天地万物共同存在，统一于大自然之中。北宋哲学家周敦颐"绿满窗前草不除"，清代诗人郑板桥"一枝一叶总关情"，都真正诠释了"民，吾同胞；物，吾与也"的万物一体情怀。中国古人通过独特的整体性、共生性、交互性思维，提出了"天人合一"理念，认为人既可与自然互动，又对自然抱有同情、欣赏、赞美等情感，从而能够出于内心道德来自觉尊重、顺应和保护自然，最终臻于一种"天人共美"的和谐境界。

中国文化强调在人之共性"善"的基础上，寻求共识，学会共处，努力营造齐心协力、风雨同舟、和衷共济的氛围，从而实现"共享"的追求。"和衷共济"一词最能体现中国人共渡难关、共同奋斗的精神和共建共享、合作共赢的智慧。《尚书·皋陶谟》中讲"同寅协恭和衷哉"，意谓同僚恭谨事君，共襄政事之典；"共济"出自《国语》，指众人共同渡河作战的行为。对现代人来说，"和衷"就是凝聚、提升发自内心的共识，同心协力地追求和平、和谐；"共济"就是共同承担责任，共同面对挑战，共同抓住机遇。在这一历久弥新的观念的影响下，中国人积极回馈社会、关怀家国，每当国家、同胞遭遇危难时，大家定会做到"一方有难，八方支援"，从而共克时艰，共享人间大爱。

中国人在追求共性、共享的同时，也不否定个性差异，主张应以开放包容的心态对待他人，尊重差异，理解个性，从而消除隔阂，和谐共处。孟子说"物之不齐，物之情也"（《孟子·滕文公上》），万物都有自己独特的个性，这是客观现实；庄子也认为万物皆有其存在的必然性，"物固有所然，物固有所可；无物不然，无物不可"（《庄子·齐物论》），所以人们应平等看待他人及世间万物，在求同存异、相互欣赏的基础上达成"共识"。基于此，中国人时常努力内省，涵养了善接纳、能共赏的博大胸怀，形成了个体与群体兼重、自由与秩序并举的文化基因以及和而不同的文化境界。

　　"万物并育而不相害，道并行而不相悖"（《中庸》），万物一起生长而互不妨害，遵循各自的规律而互不冲突。这句话本是赞美孔子的伟大，因为他拥有像天地一样广阔的心胸，能够包容一切、承载一切。孔子对弟子们如天地般"无不持载，无不覆帱"，体现的不仅是极高的道德，更是极大的智慧，这种智慧就是对于多样性的包容和鼓励。这种包容和鼓励，不但使儒家学派在当时就保持了强大的活力与生命力，而且也作为一种文化基因被传承下来，对中国文化的发展发挥了重要作用。

　　中国人身上有一种温良的品质，能够设身处地地体谅、照顾到他人的感情和需求，这便是源于共情的力量。中国人既有良善的赤子之心，又有包容开放的智慧，所以，共享和平、合作共赢是中国人的真诚愿望；共济互惠、和谐共生、美美与共是中国人的恒久追求。

 金文

 小篆

 楷书

《说文解字》："富，备也。一曰厚也。从宀，畐聲。"

　　"富"是个形声字，最早见于战国晚期中山王嚳铭文，在《尚书》《诗经》《易经》中多次出现。金文中的"富"字，上半部分是宫室，下半部分是器物，以宫室中充满器物来表示富足。小篆中的"富"字，下半部分演变为"畐"，形成上"宀"下"畐"的结构。《说文解字》中说："富，备也。一曰厚也。"所以"富"字的基本含义是完备、丰厚、充满，又引申为富裕、富足、丰盛等。

　　"富"字主要有两层内涵，一是表示物质财富的充裕和丰厚，比如富国强兵、富甲天下等；二是表示道德或精神层面的丰盈与丰富，比如学富五车、丰富多彩等。孟子提出"大体"与"小体"的概念，"大体"指的是人的道德，对应的是"富"字的第二层内涵，"小体"指的是人的肉体，对应的是"富"字的第一层内涵，二者相辅相成、缺一不可。《管子》中有言："仓廪实则知礼节，衣食足则知荣辱。"满足人们最基本的物质需求，是提升人们道德水平的基础与前提。然而，在孟子看来，物质需求的满足只是为了生命的延续，是人与动物都有的本能。人与动物最本质的区别，在于人有道德而动物没有道德。正是在这一意义上，儒家认为，对于人来说，道德或精神层面的丰盈，比物质财富的丰裕更为重要。

　　追求财富是人之常情，孔子并不反对人们追求财富，他只是反对人们唯利是图、损人利己。孔子曾明确地讲，通过有悖于道义的方式获取的富贵，对他来说就像浮云一般，是他不屑一顾的。一味追求财富是不可取的，因为一个有财富而无道德的人，很容易富贵而骄。老子曾说过"富贵而骄，自遗其咎"，一个富贵而又骄矜的人，容易给自己招来祸患。那么，人们该如何处理财富与道德之间的关系呢？对此，孔子提出了"富而好礼"的主张。孔子认为，只做到让百姓富足是不够的，还要在此基础上进一步教化百姓，提升百姓的道德水平，使人人皆成为富而好礼的君子，这才是儒家的最终目的。《大学》中有一句话："言悖而出者，亦悖而入；货悖而入者，亦悖而出。"你对他人言辞无礼，他人也会以同样的方式对待你；你以不合道义的方式获取财富，最终也一定会以同样的方式失去财富。言外之意是，若只有财富而没有道德，财富最终是保不住的，要想保住财富，就要提升自身的道德水平，做到富而好仁、富而好礼。

　　国家的强盛离不开物质的支撑，财富充足是国家强盛的重要前提。针对这个问题，中国古代哲人提出了"裕民""富民""藏富于民""制民之产"等主张。早在《尚书·康诰》中就已经有了"裕民"的思想，这一思想后来被儒家继承。《论语》中记载，孔子周游列国时到了卫国，看到卫国人口众多，便由衷地发出感叹。随侍的弟子趁机问他："国家人口多了之后，又该怎么办呢？"孔子毫不犹豫地说："让百姓富裕起来。"此外，孔子的弟子有若还提出了"藏富于民"的主张。《论语·颜渊》中记载，鲁哀公因为年成不好、财用不足而苦恼，问有若该怎么办，有若告诉他可以减少赋税。鲁哀公很不理解——本来已经财用不足，再减少赋税，这不是雪上加霜吗？但有若认为，民富则国富，民贫则国贫，富民、裕民、惠民是君主最应该采取的为政措施。孟子则提出了"制民之产"的主张，认为统治者应该重视民生，满足老百姓最基本的物质需求，使他们对上能够赡养父母，对下能够养活妻儿，收成好能丰衣足食，遇到灾荒也不至于饿死。

对儒家"富国"思想继承与阐发最有力的当数荀子，《荀子》一书中有《富国》一篇，全面展现了荀子的富国思想。荀子认为，要想发展经济，使国家富强，就必须采取一系列政治与经济措施，即政治上要明分使群、尚贤使能、赏罚分明，经济上要节用裕民、强本抑末、开源节流。荀子分析了国家贫穷的原因，他说："上好功则国贫，上好利则国贫，士大夫众则国贫，工商众则国贫，无制数度量则国贫。"正是统治者的好功、贪利，导致了百姓的贫穷，造成了"田野荒而仓廪实，百姓虚而府库满"的不正常现象，从而使国家陷于贫困。荀子认为，"下贫则上贫，下富则上富"，要想国富，首先要"裕民"，百姓富了，田地就能治理好，田地治理好了，收入就会增多，收入增多了，国家就会富强。倘若百姓贫困，那么田地就会荒芜，收入就会减少，国家就会贫穷。

儒家一方面认为道德的富足比财富的充裕更重要，另一方面又极力提倡"裕民""富民"，貌似矛盾，实则不然。就个人而言，儒家只是反对唯利是图、损人利己，并不抹杀人们的物质需求；对国家来说，为天下百姓谋富足乃为政者的道德、大义之所在，也是国家政权稳定的保证。

 金文

羣 小篆

群 楷书

《说文解字》："羣，辈也。从羊，君聲。"

　　"群"是形声字，最早见于春秋晚期子璋钟铭文，在《尚书》《诗经》中已频繁出现。金文的"群"字，上部为"君"，下部为"羊"。小篆"群"在字形上没有太大变化，到了现代，才逐步演变为左右结构。《说文解字》中说"群，辈也。从羊，君声"，按照徐铉"羊性好群"的解释，"群"最基本的含义就是"聚在一起的人和物"。

　　"群"在中国是一个非常重要的字，在《周易》《诗经》《论语》《礼记》《荀子》等先秦典籍中多有提及。比如，《周易·系辞上》中云："方以类聚，物以群分。"同类的植物往往丛生，同类的动物喜欢成群，同类相聚是自然界中的一个普遍现象。同样，在人类社会中，同类的人也喜欢聚集在一起，组成志同道合的群体，整个人类社会就是由不同的群体构成的。

　　中国古代有很多人采取避世的人生态度，他们归隐山林，离群索居。这种人生态度曾受到过孔子的批评，孔子认为"鸟兽不可与同群"（《论语·微子》），人应该与人在一起，而不是与鸟兽在一起。孔子的学生子路也认为，所谓的隐士，他们不问世事，独善其身，违背了人伦，是对社会不负责任的表现。

对于应该选择与什么样的人组成群体，群体又应该是什么样的一种状态，儒家有自己的理解。在《论语·卫灵公》中，孔子说："君子矜而不争，群而不党。"在孔子看来，君子与小人都喜欢合群，但君子能够做到自重而不争强好胜、合群但不结党营私，小人却恰恰相反，其合群往往是为了结党营私。君子合群是因为志同道合，小人合群则是因为臭味相投，所以君子身边聚集的往往是君子，小人身边聚集的往往是小人。

战国时期，齐宣王喜欢招贤纳士，他让淳于髡举荐人才，淳于髡在一天之内就向齐宣王推荐了七位贤能之士。齐宣王很惊讶，就问淳于髡："寡人听说，人才是很难得的，如果千里之内能找到一位贤人，那贤人可算得上遍地皆是了；如果百代之中能出现一位圣人，那圣人可算得上是源源不绝了。现在，你在一天之内就推荐了七位贤士，那贤士岂不是太多了？"淳于髡回答说："不能这样说。要知道，同类的鸟儿总是聚在一起飞翔，同类的野兽总是聚在一起行动。人们要寻找柴胡、桔梗这类药材，如果到水泽洼地去找，恐怕永远也找不到；要是到睾黍山、梁父山的北面去找，那就可以成车地找到。这是因为天下同类的事物，总是聚在一起的。我淳于髡大概也算个贤士，所以让我举荐贤士，就如同在黄河里取水、在燧石中取火一样容易。"

对"群"的内涵阐发最充分的是荀子,他提出了著名的"明分使群"的概念。有人问荀子:"人在力量上比不上牛,在速度上比不上马,但能使牛马为自己所用,这是什么原因呢?"荀子回答说:"这是因为人能结成群体,而牛马不能。""人为什么能结成群体呢?""这是因为人能分为不同的等级。""人为什么能分为不同的等级呢?""这是因为人有道义。"荀子认为,"群"是人区别于动物的标志,也是人优越于动物的地方,作为社会性存在的人不能不群居,但群居必然会产生争夺,争夺则导致社会混乱,混乱则使人心离散,人心离散则使人力量变弱,力量变弱就不能战胜自然、战胜外物。所以,人们只有依据道义分成不同的等级和群体,才能使万物各得其所,使人人各安其命。

　　儒家关于"群"的思想，对中国人产生了深远的影响。我们经常说"人多力量大"，个人的力量是有限的，只有结成群体才能战胜困难，群体精神是人之力量的源泉。有很多现象，都体现了"人多力量大"的道理。比如，一根筷子很容易掰断，一把筷子就难以掰断。再如，我们以人力搬运重物时，往往要喊号子，这样大家就可以节奏一致，一起用力，集聚起众人的力量。

　　中国有着广阔的疆域，生活着众多的民族，不同的民族在语言表达、风俗习惯、宗教信仰等方面有着很大的差别。具有如此差异性与多元性的中华民族，之所以能够成为一个稳固的整体，历经几千年的风雨仍屹立于世界民族之林，就是因为中国人普遍具有"乐群"的美德。历史上，中国也曾有过分崩离析的时候，历史的教训使我们充分认识到，只有人民团结，国家才能富强；只有国家富强，人民才能幸福。

 金文

 小篆

 楷书

《说文解字》：“均，平徧也。从土，从匀，匀亦聲。”

　　"均"是形声兼会意字,最早见于春秋晚期蔡侯纽钟铭文,在《尚书》《诗经》中多次出现。左边是一个"土",表示土地,右边是一个"匀",表示均匀,合在一起,就表示土地平均之义。至小篆时,"均"的字形基本确定。

　　据《周礼》记载,上古时期曾设"均人"一职,掌管土地赋税。《汉书·食货志》记载,王莽曾设"五均官",负责管理市场,平准物价,抑制强取豪夺。无论是赋税还是物价,都要有一定标准,都要公平,不能有偏私,所以《说文解字》中说:"均,平遍也。"

老子崇尚天道，曾讲过一番天道均衡的道理："天之道，其犹张弓欤？高者抑之，下者举之；有余者损之，不足者补之。天之道，损有余而补不足。人之道则不然，损不足以奉有余。孰能有余以奉天下？唯有道者。"在老子看来，天道就像拉弓，抬得高了就压低一点，低了就抬高一点，用力大了就减点力气，用力不足就再增加点力气，只有高低适宜、张弛有度，才能射中箭靶。通过这个比喻，老子是说，天道可以"损有余而补不足"，有余就减损，不足就增补，最终实现均衡。而人道与天道正好相反，它是"损不足以奉有余"，越不足越减少，越有余越增加。本来就不够用，还要被夺走，拿去供奉所获过剩的人，这是违反天道的。真正把握天道的人，应做到"有余以奉天下"，把多余的拿出来奉献给天下的每一个人。老子所崇尚的"有余以奉天下"的精神，体现了其对社会均衡与公平的追求。

孔子也曾提出与老子相似的观点。据《论语·季氏》记载，孔子听说把持鲁国国政的大夫季氏要去讨伐一个叫颛臾的小国，就让弟子冉求去劝说季氏放弃这个想法。但冉求认为，若不灭掉颛臾，将来它一定会成为季氏后世子孙的祸患。孔子说："丘也闻有国有家者，不患寡而患不均，不患贫而患

不安。盖均无贫，和无寡，安无倾。"在孔子看来，一个国家
不应该担心财货不足，而应该担心财货分配不均；不应该担心
国家贫穷，而应该担心国家不安定。假若能够做到财货分配均
衡，国家就不会贫穷；能够做到上下和睦，国家就不会人心离
散；能够做到社会安定，国家就没有倾覆的危险。可见，孔子
认为，财货的平均分配可以缩小贫富差距，从而使国家安定，
这说明孔子非常强调贫富均衡和分配公平在国家治理中的作用。

社会均衡实际上可以分为两个方面，一是社会地位的
平等，即"等贵贱"；二是社会财富的均衡，即"均贫
富"。从秦末陈胜、吴广以"王侯将相宁有种乎"为号召揭
竿而起，到唐末王仙芝自称"天补平均大将军"，率领义军打
击地主豪强，再到南宋初年农民起义领袖钟相旗帜鲜明地提出
"等贵贱，均贫富"的口号，这些都充分表现出下层百姓对社
会等级固化和贫富悬殊的反抗，以及对社会地位平等与贫富均
衡的追求。

"等贵贱"不仅是农民起义领袖们的诉求，也是每一个人内心中的渴望。《晏子春秋》记载，春秋时期齐国大夫晏婴出使晋国，途中见到一个头戴破帽、反穿皮衣、背着柴草的人在路边休息，看气质，他不应该是一个如此落魄的人，晏婴就派人上前询问。那人说自己叫越石父，在中牟给人家当仆人。晏婴便为他赎了身，并将其带回了齐国。晏婴回到家后，没有跟越石父打招呼，便自顾自地回到屋里。越石父非常生气，要与他绝交。晏婴很是不理解，越石父就说："一个士人，若受到不了解他的人的轻慢，是不必生气的；但是，若了解他的人不能平等地对待他，他必然会愤怒。任何人都不能自以为对别人有恩，就不尊重对方；同样，一个人也不必因受惠于人而卑躬屈膝，丢掉尊严。你赎我出来，是你的好意，在回国途中，你一直没有给我让座，我以为这不过是你一时疏忽，便没有计较；现在到家了，你只管自己进屋，却对我不理不睬，这不说明你还是把我当奴仆看待吗？所以，我还是去做我的奴仆好了，请你再次把我卖了吧！"晏婴听了这番话，赶紧对越石父施礼道歉，并将其奉为上宾。

　　作为一位出身于社会底层的皇帝，明太祖朱元璋对下层百姓的疾苦有深刻的认识与体会，他充分认识到社会不公与贫富差距是导致百姓离心、国家动荡的关键因素，他说："民富则亲，民贫则离，民之贫富，国家休戚系焉。"为了改变众暴寡、强凌弱、富欺贫的社会现象，朱元璋采取了一系列"均贫富"的措施。他明确告诫各地富民"毋凌弱，毋吞贫，毋虐小，毋欺老，孝敬父母，和睦亲族，周给贫乏，逊顺乡里"，同时制定法律，严禁豪强富户将赋税徭役转嫁于佃民、贫户，对恃强凌弱者更是处以严刑。朱元璋一系列"均贫富"的措施，在一定程度上保证了明初的社会公平与国家安定，对于改善百姓的处境与生活起到了一定的作用。

　　社会地位的平等和社会财富的均衡是中国人自古以来的不懈追求。当然，对于"等贵贱""均贫富"，因时代不同，人们的理解和定义也会有所不同。今天，"平等是人类社会进步的基石"早已成为共识，不分地域、文化、宗教、种族，人人平等，是我们的核心价值追求；追求社会财富分配的公平正义，实现共同富裕，是每一个国家乃至全人类的共同理想和奋斗目标。

宁

 甲骨文

 金文

 小篆

 繁体楷书

宁 简体楷书

《说文解字》："寧，願詞也。从丂，盥聲。"

　　"宁"字,从"丂","盜"声。甲骨文中的"宁"皆作"安"的意思讲,为"盜"字的初文,如《尚书·五子之歌》"民惟邦本,本固邦宁"之"宁"即为安宁之义。西周早期盂爵铭文"王令盂宁邓伯"之"宁"为安抚、慰问之义。后来"宁"字单独发展出愿词的意义,用来表示人的意愿。现代汉语中,"宁"字兼具"安"与"意愿"两个义项,譬如心绪不宁、宁愿等。

　　虽然"安"与"意愿"含义差别较大,但共同结合在"宁"字身上却并非没有道理。在需要做出道德抉择时,中国人总喜欢问一句话:"你的良心安不安?"如果"安",那就大胆去做;如果"不安",那就不要做。这一"安"与"不安"的追问,本质上是一种自我叩问,问的是行为者的"愿"与"不愿"。

进一步说，这"安"与"不安"之间，本质上叩问的是：作为一个人，我设定的自我本质是什么？儒家讲"人禽之辨"，强调的正是道德良知作为人之本质的可贵，因为禽兽只知利己，但人会叩问自己这样做对不对、是不是自己"真的所愿"。人可以从自然界的生存法则中超越出来，为自己创造一个人性的世界。所以，一旦发现自己的行为有悖于道德良知等人性要求，我们就会感到不安——既由于我们的行为与我们的意愿相悖，又因为我们的行为与我们对自己作为一个人的认知相悖。正是在后者的意义上，任何道德层面上的触动与叩问，都使我们辗转反侧、痛苦不安。

宰我与孔子有过这样一段对话。宰我说："父母去世，守孝三年为期太久了。君子三年不习礼仪，礼仪一定会废弃；三年不奏音乐，音乐一定会失传。陈谷既已吃完，新谷又已登场，打火用的燧木也经过了一个轮回，所以服丧一年就可以了。"孔子说："父母去世仅一年，你就吃着精米、穿着锦缎，你心安吗？"宰我说："我心安。"孔子说："君子守丧，本应睡不安寝、食不知味，你若心安，那就去做吧！"宰我走后，孔子感慨道："宰我真不仁啊！小孩子生下来，三年后才能完全脱离父母的怀抱，所以我们要守三年的丧礼。宰我难道就没有从他父母那里得到三年的爱护吗？"

　　孔子之所以愤怒地说宰我是不仁之人，是因为宰我缺少自我的道德叩问，进而大言不惭地说出那句"我心安"。不知道德叩问的人，自然也就没有心灵上的安与不安。孟子曾说："生亦我所欲，所欲有甚于生者，故不为苟得也；死亦我所恶，所恶有甚于死者，故患有所不辟也。"（《孟子·告子上》）意谓生命和仁义都是我想要的，但如果二者不能兼得，那么我只能舍生取义。因为生命虽然可贵，但还有比它更可贵的东西，死亡虽令人厌恶，但还有比它更令人厌恶的东西，所以我不会为了求生而做出没有道德底线的事。这里的"甚于生者""甚于死者"，就指向人性的自我叩问。

　　"宁"在汉语中常常被用为副词，进而构成表示选择关系的关联句，如"宁愿……也不……""宁为……不为……""宁可……不可……"等。人们在强烈的爱憎对比中，做出让自己心安理得的抉择，而这种抉择往往折射着一个人的德性光辉。"宁可食无肉，不可居无竹"是中国人常说的一句话，就是这么一句简单的话，却反映了中国人对一味追求物质享受的鄙薄和对高雅生活的向往。"宁为太平犬，莫做离乱人"，亦流露出中国人对和平的向往与对战争的厌恶。宋末元初的诗人、画家郑思肖在《寒菊》一诗中，吟出了"宁可枝头抱香死，何曾吹落北风中"的名句，彰显出中国士大夫宁折不弯的气节。郑思肖在元军南下、宋廷覆亡之后隐居不出，誓不与元人交接，他在诗中以菊花不惧严寒、不肯零落于北风之中的坚贞形象，来表达自己忠于故国、誓不向新朝俯首称臣的高贵气节。

最为中国人称颂也最能体现中国人坚毅品格的一句话，是"宁为玉碎，不为瓦全"。公元 550 年，东魏丞相高洋逼迫孝静帝元善见退位，自己当上了皇帝，随即杀死了孝静帝，孝静帝的儿子和宗室近亲也无一幸免。见高洋欲将东魏皇室斩草除根，元景安惶惶不安，准备改为高姓，其堂兄元景皓怒斥道："岂得弃本宗，逐他姓？大丈夫宁可玉碎，不能瓦全！"虽然元景皓最终被高洋杀害了，但他"宁为玉碎，不为瓦全"的大丈夫气概震烁千古，彰显了千千万万重气节、讲道义的中国人的精神气质。

中国人祈盼安宁，不仅追求内心的宁静，更向往天下太平。但显然，在欲望日趋膨胀的现代社会，许多人的内心世界已变得躁动不安，如何使人重获内心的安宁与平静已成为无法回避的问题。利用传统智慧资源，尤其是儒家文化中的"致良知"思想，去安抚现代人的心灵，无疑是一个非常重要的话题。我们需要从抽象的规则回归人之为人的真实存在，将现代世界的规则体系于日常生活中转化为更具道德互动意义的交往过程。只有在价值上肯定每一个人的道德性，才能帮助人们在追问"自我是什么"的时候，明确自己内心有关良知的感触是真实可贵并且为整个社会所看重的。如此一来，价值虚无主义与极端功利主义才有可能被扫除，这将是中华文化为世界文明做出的有益贡献。

 甲骨文

 金文

 小篆

楷书

《说文解字》："福，祐也。从示，畐聲。"

"福"是一个会意兼形声字，最早见于甲骨文，在《尚书》《诗经》《易经》《道德经》等文献中多次出现。甲骨文的"福"字，左边上部是"酉"，表示酒樽，左边下部是两只手，右边是"示"，表示祭祀的对象或祭台，整个字的形态就好似一个人双手高举酒樽献祭、祈祷。金文、小篆中的"福"，字形不断变化，最后形成了左"示"右"畐"的结构。《说文解字》中说："福，祐也。"可见，"福"字最基本的含义是"保佑"，进而引申出福气、幸福等义。

"福"是中国文化中一个非常重要的字，中国人创造了许多带有"福"字的成语，像福星高照、五福临门、福寿延年、福寿康宁、福如东海、有福同享等，这些成语都带有吉祥如意的寓意，寄托着中国人对美好生活的向往、对人生幸福的追求。

什么是"福"呢？早在《尚书·洪范》中就有了"五福"的说法："一曰寿，二曰富，三曰康宁，四曰攸好德，五曰考终命。"用今天的话说，"五福"就是长寿、富贵、康宁、好德、善终，长寿即寿命绵长，富贵即财富充足、身份尊贵，康宁即身体健康、心灵宁静，好德即生性仁厚、乐于助人，善终即临终平静、没有痛苦。汉代的桓谭在《新论》中阐释了他所理解的五福："寿、富、贵、安乐、子孙多。"

中华民族是一个充满理性智慧的民族，人们对"福"的理解，并不只是停留于表面，而是富有深刻的辩证思考。中国人认为，与"五福"相对的是"六极"，即短命、疾病、忧虑、贫困、凶险、衰弱六种极凶恶之事。而且，"福"与"祸"是相生相依、相互转化的。《道德经》中就曾说"祸兮福之所依，福兮祸之所伏"，祸可以转化为福，福也可以转化为祸，祸福相依。《淮南子》中"塞翁失马"的故事，就主要说明了这一道理。

靠近边塞的地方，有一位精通术数的老人。有一天，他家的马无缘无故地跑到胡人那里去了，邻居们听说之后，都来安慰他。老人说："这怎么不是一件好事呢？"过了几个月，他家的马带着一匹胡人的骏马回来了。邻居们听说了以后，又都来祝贺他。老人说："这怎么不是一件坏事呢？"因为家中有好马，老人的儿子又喜欢骑马，结果从马上掉下来摔断了腿。邻居们听说了以后，又来安慰他。老人又说："这怎么就不是一件好事呢？"又过了一年，胡人侵犯边境，壮年男子都被征召参军作战。靠近边塞一带的人，绝大部分都战死了，只有老人的儿子因为腿瘸而免于参战，父子性命得以保全。故事中的"塞翁"，真可谓深谙吉凶祸福之道，他从"祸"中看到了"福"，又从"福"中看到了"祸"，明白祸福相依之理。

《论语·颜渊》记载，孔子的弟子子夏说："死生有命，富贵在天。"在儒家看来，人的生死与富贵是由天命决定的，不是人的意志所能左右的。那么，天依据什么来降下祸福呢？"积善之家，必有余庆；积不善之家，必有余殃"（《周易·坤卦·文言》），天依据人之善恶来决定降福或降祸，对于积善之人，天必降福以示奖励，对于积恶之人，天必降祸以示惩罚，这就是"祸福自招"与"福由德致"的道理。

在中国传统善恶报应观念的影响下，儒家一直坚信"德福一致"，认为有德者必有福。《中庸》中说："大德，必得其位，必得其禄，必得其名，必得其寿。"道德高尚的人，一定会得尊位，一定会得厚禄，一定会得高名，一定会得长寿。按照儒家这一理论，人要获福，必须修德。儒家经典中经常举大舜和周武王的事例来说明"福由德致"的道理。大舜贵为天子，拥有天下，上能享受宗庙祭祀，下有子孙继承其事业。他之所以能够享受这些福佑，正是因为他有圣人之德，以孝著称于天下，被尧赏识并禅位于他。周武王之所以能贵为天子，拥有天下，声名显赫，享受祭祀，并有周公辅佐周成王继承、发展其事业，也是太王、王季、文王等祖父辈世代积善积德的结果。

　　通过大舜和周武王的例子可以看出，若想求福，必先求德，福是通过德来获取的，但这个德不能只是个人的品德。大舜和周武王不仅拥有良好的个人品德，而且有功于天下，造福于百姓，立下了不朽功业，正是因为这一点，他们才可以享受"齐天洪福"。从这一意义上讲，我们不能只是追求个人之福，还要追求他人之福、大众之福，甚至要努力为天下人谋福祉。

 甲骨文

 金文

 小篆

 繁体楷书

 简体楷书

《说文解字》："劳，劇也。从力，熒省。

熒，火燒冂，用力者劳。"

　　"劳"是会意字，最早见于甲骨文，在《尚书》《诗经》中频繁出现，在《易经》中也曾被提到。甲骨文的"劳"字，上面是两个"火"，下面是"衣"，"衣"中间的三个小点表示滴在衣服上的汗水，其字形形象地刻画出在炎热的天气里，人们挥汗如雨、辛勤劳作的情景。金文的"劳"上面仍然是两个"火"，下面则变为"心"，表示劳心之意。小篆的"劳"上面依旧为两个"火"，中间是一个"冖"，下面是一个"力"，表示房上起火，人们在下面辛劳救火。

在古代汉语中，"劳"字的常用义项主要有三个：一是劳动、劳作，如《庄子·天运》中的"劳而无功"；二是辛苦、辛劳、勤劳、劳累，如《孟子·告子下》中的"劳其筋骨"、《左传·僖公三十二年》中的"师劳力竭"；三是慰劳、犒劳，如《诗经·魏风·硕鼠》中的"莫我肯劳"。

对于"劳"的精神，诸子百家中的墨家体现得最为充分，因为墨家学派的成员主要是社会底层手工业者，大多从事体力劳动，最具有吃苦耐劳的精神。墨家学派的创始人墨子就是吃苦耐劳的典范，他以大公无私、勤奋执着的大禹为榜样，"摩顶放踵利天下"（《孟子·尽心上》）。《墨子·非乐》中说："赖其力者生，不赖其力者不生。"依赖自己的力气就得以生存，不依赖自己的力气就不能生存。把"力"与人的生存相提并论，充分体现了墨家对于"劳"的重视。

　　儒家关于"劳"的理念对中华民族产生了极为深远的影响。孔子将勤劳视为一种美德，并极力反对不劳而获。据《论语·雍也》记载，当弟子樊迟问孔子什么是"仁"时，孔子回答说，"仁者先难而后获"。仁者是孔子心目中仅次于圣人的理想人格，在孔子看来，一个真正具有仁爱之心的人，一定先付出艰辛劳动再有所收获，绝对不会不劳而获。

　　儒家这种思想与其义利观有一定关系，孔子向来提倡"见得思义""见利思义"，对唯利是图、见利忘义、损人利己的小人予以严厉批评。孔子认为，道德高尚的君子，绝对不会追名逐利、不劳而获，当他得到一定的利益时，必然会首先想一想这是不是他应该得到的。若这是他通过辛劳的付出而获得的报酬，他就会心安理得地接受；若是不义之财，他则会毫不犹豫地拒绝。显然，在孔子看来，君子和仁者皆有勤于劳作、任劳任怨的美德。

中华民族自古以来就生活于华夏大地这片适合农耕的土地上，而农业生产除了深受自然因素的影响外，还受到人力因素的影响。人们若不怕吃苦，辛勤劳作，就会有好的收成，反之，则会忍饥挨饿。农耕这种生产方式，培养了中华民族甘于吃苦、任劳任怨的优良品德，历史上有很多以不辞辛劳著称的人物，比如大禹为了治理水患，累得大腿上没有多余的肉，小腿上没有汗毛；周公为了治理天下，"一沐三捉发，一饭三吐哺"（《史记·鲁周公世家》）。

勤劳作为一种美德，对于个人、家庭和国家都非常重要。对于个人来说，只有勤劳踏实、不怕吃苦，才能创造富足的生活和美好的未来；一个懒惰成性又天天想着不劳而获的人，是不会有什么前途的。当前社会中就有很多父母对自己的孩子娇生惯养，其实这是害了孩子，孔子曾说："爱之，能勿劳乎？"（《论语·宪问》）显然，在孔子看来，爱一个人并不是娇惯他，而是让他养成勤劳的习性，这其中的深意非常值得溺爱孩子的家长们反思。对于一个家庭来说，勤劳可以致富，懒惰可使家贫。中国历史上常见劝诫子孙勤于学习和劳作的家风家训，如曾国藩在临终前，就给他的兄弟们留下了"习劳则神钦"的劝诫。好逸恶劳是人之常情，倘若一个人能做到"习劳"，即习于劳苦、勤勤恳恳、自食其力，那么连上天都会钦敬、赞许他。对于一个国家来说，执政者和百姓勤劳，则国家安定、财富充足；执政者和百姓懒惰，则国家混乱、财用匮乏，政权也会因此而岌岌可危。

没有付出便没有收获，在挥洒了汗水甚至泪水之后，我们才能收获成功的喜悦和幸福的笑容。幸福是奋斗出来的，奋斗不只是口号，而且是要以劳动为底色的。天道酬勤，日新月异。

 甲骨文

 金文

 小篆

 繁体楷书

 简体楷书

《説文解字》：“來，周所受瑞麥來麰。

一來二縫，象芒束之形。天所來也，故爲行來之來。”

　　"来"是象形字，从甲骨文字形来看，一茎二穗，象麦芒之形，故本义为小麦。《诗经·周颂·思文》中"贻我来牟，帝命率育"之"来"即为其本义。《说文解字》认为，由于周地的大麦、小麦接受于天，是从天而来的，故引申出从他处到我处的含义，这也是现代汉语中"来"字最常用的义项。如《尚书·大禹谟》"无怠无荒，四夷来王"，西周早期康侯簋铭文"王来伐商邑"。

"来"字具有什么样的哲学含义呢？首先，人对宇宙万物应抱有一种敬畏和感恩的心态。周人认为粮食是来自上天的馈赠，或许有人会认为这种看法带有浓厚的宗教色彩，但这只是指出了一个客观事实。因为只要仔细想一想就会明白，即便是在工业高度发达的今天，我们的衣食住行仍然离不开大自然的馈赠。比如，衣服来自棉花、皮革以及从石油中提炼出的涤纶等材料，食物来自土地的产出和对驯化动物的养殖，建造房屋离不开用砂、石等制成的混凝土，各种能源归根结底都来自太阳和风等自然资源的馈赠。所以，人类是由于善于利用自然的馈赠才创造出了今天的文明。

然而，人类对自然界的征服往往让我们忽略大自然的馈赠这一事实，使我们变得越来越傲慢自大，越来越以自我为中心。试问，倘若天不下雨，再发达的农业科技又有什么用呢？倘若没有煤炭、石油、天然气等能源的供给，人类引以为傲的工业体系又能支撑几天呢？我们的先民很早就意识到了这一点，所以中国传统文化一直强调敬畏自然、感恩自然，倡导人类向天地自然学习生存之道。

人对天地保持敬畏和感恩，对自己又应做何要求呢？《警世贤文》中说"宝剑锋从磨砺出，梅花香自苦寒来"，朱熹《观书有感》道"问渠那得清如许？为有源头活水来"。不断的努力、拼搏、奋进，就是敬畏和感恩的最好注脚。所以**面对人生的不确定性，我们需要保持一种舂容平和且焕然自信的精神，将外在条件的限制转化为奋斗的动力。**

对于"来"字，清代学者段玉裁注曰："凡物之至者皆谓之来。"何谓"物之至者"？打个比方来说，有的人生来聪明，有的人生来蠢笨；有的人生在帝胄之家，有的人生在贫寒之家，这就是"有物之至"。有的人走了好运，有的人触了霉头，这还是"有物之至"。所以，"有物之至"从哲学的角度讲，就是一种人生的不确定性。

有的人说聪明总比蠢笨好，但真的是这样吗？《庄子》中有一个关于栎树的故事。有位木匠见到一棵大树，树围足有十丈，树梢高临山巅。他的徒弟激动地说："我从来没有见过这么完美的木材！"木匠叹了口气说："也许这是一棵无用之木，用它做船就会沉，用它做棺椁则会腐烂，用它做家具不结实，用它做柱子又招虫子。因为没用，它才能如此长寿。"夜里，栎树托梦给木匠，问他："你怎么能拿我跟山楂树、梨树、柚子树那些普通的树相比呢？因为果实可以吃、木材可以用，它们才备受摧残，无法终享天年。倘若我也有那些小用，哪能活到今天呢？这就是无用之大用的道理啊。"又如"塞翁失马，焉知非福"的故事，谁能确定我们所谓的好运气、坏运气就一定是不变的呢？明代崇祯皇帝自缢前亲手杀死了自己的小女儿，悲泣道："汝何故生我家！"所以生在帝胄之家也未必比生在贫寒之家更幸福。孟子说："天将降大任于是人也，必先苦其心志，劳其筋骨"，谁能说我们今天遭遇的苦难不是一笔将来成就自己的财富呢？

所以，困境未必是困境，它还有可能是通往成功的捷径，与其自怨自艾、怨天尤人，倒不如坦然接受，用自己的双手去创造属于自己的世界。人与自然也是一样，重点并不在于自然界给予了人类什么，而在于人类利用这些资源做了什么，这才是人类文明的伟大之处。倘若我们把一台电脑送给原始人，恐怕他只会弃如敝屣，因为他觉得这电脑既不能吃，也不能穿，一点用处也没有。我们因短视而厌弃的各种人生磨难，就如同被原始人厌弃的电脑一样，只是尚未被我们体悟出其真正价值。唯有真正努力过、拼搏过，我们回过头来或许才会发现：哦，原来当时的辛苦是值得的。

　　"厚往薄来"是儒家处理内政外交事务的一项准则。孔子说："远人不服，则修文德以来之。既来之，则安之。"（《论语·季氏》）远方的人不服从，就用仁、义、礼、乐招徕他们。坚持"王道"，使自己的国家成为文明之邦，其他国家自然会前来归服。《中庸》认为，治理天下国家有九大原则，其中就有"来百工""柔远人""怀诸侯"三项。"来百工"即吸引百工前来；"柔远人"即"送往迎来，嘉善而矜不能"，送往者，迎来者，尊敬贤人，悯恤弱者；"怀诸侯"指"厚往而薄来"，在对外交往中施予丰厚而纳受微薄。

　　儒家"来"的思想，可以帮助人们敬畏、尊重自然并做到与自然和谐相处；可以使我们宽容、尊重他人并更加重视与他人和平相处；可以提醒我们"厚往薄来""义先利后"，促进与其他国家的协调与合作。

 甲骨文

 金文

 小篆

 繁体楷书

 简体楷书

《说文解字》：“國，邦也。从囗，从或。”

　　"国"是会意字，甲骨文、金文中的"国"字象持戈保卫城市之貌，所以古说一国，便指一城。《诗经·大雅·民劳》云："民亦劳止，汔可小康。惠此中国，以绥四方"，此处"国"即指城，"中国"即指中央之城。"中国"一词其实最早见于西周早期青铜器何尊铭文"余其宅兹中或（国）"，意谓"天下之中央"。《说文解字》谓："国，邦也。从囗，从或。"国、邦互训，从地域上讲，大者为邦，小者为国，后"国"主要用来指称"国家"。

　　国家是一个政治地理概念，它首先指的是人类群体组织成立的政府管理机构，而中国的政府机构最早可以追溯至夏商周时代。国家还指一定的疆域，像古代中国发祥于黄河流域，后将长江流域纳入其中，又经元、明、清三朝的发展，现代中国的版图基本定型。除此之外，"国"字还具有一定的文化含义，譬如一个英国人尽管加入了中国国籍，生活在中国的疆域内，但如果他说的是英语，他的思想观念和生活方式也还是英国人的做派，我们就会认为他不像一个中国人。

　　文化涉及的内容非常多，包括道德、审美、风俗等各个方面。其中，道德的价值取向是文化的核心主干。"国"的道德价值取向主要表现为"忠"。"忠"在古代中国用来指称君臣关系中的责任与义务，在现代中国则用以指称人民与国家之间的双向忠诚——国家要忠于人民的意志，人民要忠于国家的利益。需要澄清的是，虽然古代中国是一个君主专制国家，但"忠"绝不指"愚忠"，维系君臣关系也不只是臣民单方面的义务，"忠"早已萌生出现代国家与人民双向互动的雏形。对于这一点，孔子说得很清楚："君使臣以礼，臣事君以忠。"（《论语·八佾》）君与臣之间是双向互动的关系，只有在君主以礼对待臣民时，臣民才应该效忠于君主。所以，"君"与"臣"只是权力地位关系，而"礼"与"忠"才是价值对等关系，如果错把"忠"当成权力地位的附庸，那么我们便误解了中国古人对待国家的价值态度。

　　从儒家对于"民"的论述中，我们可以看到，国家治理的主体一直都是人民。《尚书》中说："民惟邦本，本固邦宁。"孟子说："民为贵，社稷次之，君为轻。"所以"忠"本质上表达的是君主对于人民意志和人民利益的忠诚。民心向背决定着一个国家能否稳定发展，这是中国人早在先秦时代就达成的文化共识，如《管子》中就说："政之所兴，在顺民心；政之所废，在逆民心。"所以，如果我们把"忠诚"与"礼乐"的对应理解为一种人性的互动呼应，把"国家"与"人民"的一致理解为一种集体意志的表达，那么国家象征的归属感在抽象层面就代表着个人对人性价值的认同，在现实层面则表现为努力让所有人都从这种价值的实现中受益。

　　季康子曾求教于孔子：如何才能使民众忠诚？孔子说："孝慈则忠。"（《论语·为政》）"慈"指的是君主对待百姓的态度，它和"礼"的作用一样。这句话的重点在于"孝"——为什么"孝"与"忠"可以达成追求上的一致？实际上，"孝"与"忠"只是一个人两种身份的伦理表现。作为子女，个人要对家尽到"孝"的义务；作为公民，个人要对国尽到"忠"的义务。但无论是子女还是公民，这些身份的伦理诉求都要依托于个人的道德动力，只不过"孝"是基础，"忠"是对"孝"的进一步推扩罢了。所以，《大学》将"我"对于"家""国""天下"的伦理义务概括为一个修身、齐家、治国、平天下的推扩过程，而"孝"与"忠"在本质上是相通的，都是道德的外化。中国有"自古忠臣多孝子"的说法，一个不能在家庭范围内尽"孝"的人，自然也不可能在国家范围内尽"忠"，所以谈及爱国时，我们要将"家"与"国"放在一起，强调"家国情怀"。

　　了解了忠、孝、民、国之间的价值关系，我们自然也就能够理解为什么爱国主义是中国传统文化的重要特征，因为国家是大写的人，它既反映了人民的道德意志，又承载着每一个人的价值归属感，而这一价值归属感本质上代表的是人类自身的尊严。泛观历史，通过贬低"某国人"的身份来贬低对方作为人的价值是屡见不鲜的伎俩。"覆巢之下，安有完卵"，当国家蒙受屈辱时，我们每个人的尊严也会被践踏；当国家贫弱时，我们每个人的生活也都无法得到保障。所以，如果我们想要追求一种有尊严的生活，就必须将这种追求转化为对国家尊严的捍卫。这种使命，是每个人不可推卸的责任。

法

 金文

小篆

法 楷书

《说文解字》："灋，刑也。平之如水，从水。
廌，所以触不直者去之，从去。"

　　"法"是会意字，最早见于西周早期大盂鼎铭文，在《尚书》中频繁出现。金文的"法"字，字形由"水""廌""去"三部分组成。"水"代表执法公平如水；"廌"就是獬豸，是古代传说中一种能明辨善恶是非的神兽；"去"，"人相违也"。所以，"法"的本义是法律、法令，在古代有时特指刑法，后引申出标准、方法等义项。

　　上古时期，法律的概念产生之前，人们取法于天地自然，按照自然运行的规律来安排自己的劳作、生活。《道德经》中说："人法地，地法天，天法道，道法自然。"人取法于地，地取法于天，天取法于道，道取法于自然，人、地、天、道都要遵循"自然而然"的原则。中国人的很多智慧都源于对天地自然的取法与效法，《周易·系辞下》中提到，当年伏羲正是通过仰观天文、俯察地理而画出八卦，这就是对天道与地道的取法。

到了阶级社会，"法"字有广狭两层含义：从广义上讲，"法"指一切带有约束性质的规定或规则；从狭义上讲，"法"主要是指统治者明确公布的带有强制性与惩罚性的律令。在先秦诸子百家中，就有非常重要的一家——"法家"，主要代表人物有管仲、子产、李悝、吴起、商鞅、慎到、申不害、韩非、李斯等。法家所谓的"法"就是从狭义上讲的，韩非曾对"法"下过一个定义："法者，编著之图籍，设之于官府，而布之于百姓者也。"（《韩非子·难三》）法是指由官府制定成文并颁发给百姓，让百姓必须遵守的律令。法家认为，人的本性是恶的，只有制定严格的律令，才能约束人的恶性，使人不至于作奸犯科。在法家看来，法律具有绝对的权威性，"不别亲疏，不殊贵贱，一断于法"，即法律超越于亲疏贵贱之上。

　　为了推行法家的政治理论，其代表人物多主张变法改革，其中尤以李悝、吴起、商鞅为代表。李悝是魏国人，魏文侯时曾任丞相，在魏国推行变法，并编纂了中国古代第一部较为完整的法典——《法经》。因受变法先驱李悝的影响，卫国人吴起在楚国推行变法，而同为卫国人的商鞅则受到秦孝公的重用，也在秦国推行了一系列变法政策，并取得了巨大成效。商鞅认为法令是百姓之生命，是治理国家之根本，人的一切行为都要以法令为准则，凡是不符合法令的言论就不听，不符合法令的行为就不认同，不符合法令的事情就不做。商鞅之后，秦始皇又采纳了韩非、李斯的建议，进一步巩固了以法治国的理念，使秦国国力不断强盛，最终灭掉了其他六国，实现了天下统一。从一定意义上讲，法家对于结束列国争战、实现天下统一做出了重要贡献。

除法家外，墨家也极为重视法律。在先秦诸子百家中，墨家是最具有组织性的一个学派，它不仅有自己的组织和首领，而且还制定了"墨者之法"。"墨者之法"以"兼爱""非攻"为基本精神，以"杀人者死，伤人者刑"为主要原则。"墨者之法"执行起来非常严格，据《吕氏春秋·去私》记载，墨家有一个叫腹䵍的钜子居住在秦国，他的儿子杀了人，按照秦国法律当被处死，但秦惠王考虑到腹䵍当时年纪已大，又没有其他儿子，就打算赦免他儿子的死罪。但腹䵍则对秦惠王说："墨者之法，'杀人者死，伤人者刑'。制定这样的律法，目的是禁止人们杀人、伤人，而禁止人们杀人、伤人是天下之大义。您虽然赦免我儿子的死罪，但我不能不遵守和执行墨者之法。"终使其子伏法。由这个故事可以看出，墨家对待法律的严苛程度丝毫不逊于法家。

然而，单纯强调法制的作用，其弊端是非常明显的。以历史经验来看，强调"以法为教、以吏为师"的秦国，虽然依靠法制实现了天下统一，但也同样因为实行严刑峻法而导致二世即亡。汉魏时期，曹操重视法制，忽视道德教化的作用，终使曹魏政权被司马氏父子取代。正因如此，与法家一味强调法制不同，儒家在肯定法制作用的同时，也充分认识到法制的不足。孔子曾说："道之以政，齐之以刑，民免而无耻。道之以德，齐之以礼，有耻且格。"（《论语·为政》）若以政令管控百姓，以刑罚惩戒百姓，百姓虽会免于刑戮，但无羞耻之心；若用道德引导百姓，用礼制教化百姓，百姓不仅会有羞耻之心，而且还愿意归服。显然，孔子反对仅以政令和刑罚来治理百姓，而主张以道德与礼制来教化百姓。

律法不是万能的，但没有律法是万万不能的，因为律法是社会秩序的基本保障。一个组织或团体，没有规则，就不能成事；一个国家，没有律法，就没有安全与稳定。"法"的精髓不在于强制，而在于推动人们利益的趋同。只要人们共同面向一个和平美好的未来，那么用于约束人们行为的各项法律法规就不会让人感到冰冷无情。

公

甲骨文

金文

小篆

楷书

《说文解字》："公，平分也。从八，从厶。

八猶背也。韓非曰：背厶爲公。"

学界一般认为，"公"在甲骨文时期指先公，即对祖先的尊称。还有一种说法认为，甲骨文中有"公宫"之称，代表一种公共的空间。西周以后，"公"逐渐演变为对王朝大臣的称谓，如穆公、召公等。"公"在《尚书》《周易》及西周早期的沈子它簋铭文中多有出现。据文献记载，周代诸侯有公、侯、伯、子、男五个等级的爵称，公属最高等级。

"公"的小篆字形，上面是"八"，表示相背，下面是"厶"（"私"的本字），合起来表示"与私相背"，即不是私属或遵从公正无私的理念去思考问题。《说文解字》释曰："公，平分也"，进一步明确了其公平、公正的内涵。

在中国传统文化中，"公"的精神很早就被提倡了，孔子所谓"不患寡而患不均"（《论语·季氏》）即为一例，但要真正实现公平、公正则并不容易。在公共领域，公平与公正的侧重点不同，公平侧重于平等，公正侧重于正义。由于平等本身就是对正义的一种要求，但正义可以有多种要求而不一定只要求公平，所以公正是一个比公平范畴更宽广、内涵更丰富的概念。譬如，中国传统文化中有一种"德位相配"的理念，意谓一个人的道德修养应该与他的社会地位相匹配，这就是一种对公正的要求，但不包含平等；而先秦法家曾提出"法不阿贵"的主张，旨在强调"王子犯法与庶民同罪"，这就是一种对公平的要求，同时亦涵摄公正。

"公正"的概念与时迁变。譬如"男主外，女主内"体现的就是一种传统伦理观。由于在古代社会，绝大部分女性没有受教育的权利，主要负责家庭内部事务，加之古时男女之防十分严苛，"男女授受不亲"，所以古人会认为这种男女分工是公正的。但在现代社会，这种观念便被视为不公正——同样是人，为什么女性没有接受教育、选择职业的自由与权利呢？于是，"男主外，女主内"的社会分工不再被视为理所应当，也不再被认作公正。

　　由此可见，对于公正的追求，本质上体现了一种价值性的批判精神。当我们认为某件事情不应该被这样处理时，我们就是在追求一种公正，而古代社会与现代社会的不同，也主要体现在对公正标准的判定上。

　　既然我们每个人都在追求公正，那么随之而来的问题就是谁来主持公正。中国人认为"唯仁者宜在高位"，即认为只有有德性的人，才能主持公正。譬如，发生纠纷时，我们更倾向于找一个德高望重的人来调解。但仅仅这样做还不够，我们还需要将这个"仁""德"客观化为一种制度保障，使公正得以实现。由此，也就产生了权力的归属问题。以现代选举制为例，我们往往更希望那些道德声誉好的人掌权，因为我们认为他们更有可能从公正的角度出发来行使权力。

　　然而，德性并不等同于公正，因为无论是谁，总会受制于自己的一偏之见，不可能完全做到"背私为公"，而且总会存在滥用权力的可能性。所以，公正作为一种批判精神，既代表着所有人的价值期待，也捍卫着所有人的批判权利。同样，权力也只是一种被用来实现公正的手段，需要时刻接受人们的监督。在这个意义上，需要通过权力来实现的，一定关乎所有人的共同利益。中国古代社会是一个"家天下"的社会，因为皇帝总认为天下为自己一姓之私，这就导致他只关心自己的利益，而权力也只为他及他身边的小团体服务。本应为天下人谋求安定、尊严与富足的权力，最终蜕变成只为皇帝一己私利服务的工具，久而久之，这种政权势必会激起人民的反对和讨伐，而中国古代会出现兴衰治乱循环往复的现象也就不足为奇了。

荀子曾说："庶人安政，然后君子安位。传曰：'君者，舟也；庶人者，水也。水则载舟，水则覆舟。'"（《荀子·王制》）这里，"舟"与"水"的关系即代表着权力与公正的关系。唐太宗和魏征作为中国古代颇具公正精神的君臣，曾多次转引这一观点。有一次，一个叫庞相寿的人因犯了贪污罪而被革职查办。他曾是唐太宗做秦王时的幕僚，于是仗着这层关系跑到唐太宗那里求情。唐太宗想让他官复原职，魏征却劝谏道："倘若只因做过您的幕僚，他就可以贪赃枉法，那么天下人知晓后必会寒心啊！"唐太宗听后，打消了徇私的念头，对庞相寿说："我现在是代表天下人来做这个皇帝，不能因顾念私情而让天下人失望。"

只有敬畏人民的意志、敬畏公正的精神，才能求得国家的长治久安，这是从中国历代政治得失中总结出的宝贵经验。

6

和合大同

身康泰　教睦平
中华安　元亨通
和善邦　天本同

 甲骨文

 金文

 小篆

 楷书

《说文解字》："身，躬也。象人之身。从人，厂聲。"

"身"是象形字，象女性怀孕貌，本义当为"妊娠"。如《诗经·大雅·大明》中的"大任有身，生此文王"。因为孕妇腹部凸起，所以"身"可用来代指腹部，又因为腹部为人体的主要部分，所以"身"亦可指人之全身、身体。在此基础上，"身"又引申出自身、生命、身份等义项，譬如三省吾身、献身、出身，以及《尚书》中"慎厥身"的"身"字都是自身之义。

身体是人成其为人的物质基础，中国人认为身体首先由天地阴阳二气和合变化而生，其次由父母结合孕育而成。所以在中国古代，"身"并不被认为是仅仅属于自己的，而是来源且归属于父母的，保重身体被认为是履行孝道的重要方面。《礼记》认为"身也者，亲之枝也""身也者，父母之遗体也"，《孝经》认为"身体发肤，受之父母，不敢毁伤"，都是借助保重身体来表达孝亲之情。

　　在社会效用意义上，由于传统社会是一个以血缘伦理为纽带的社会，一己之"身"的安危往往关涉整个家族的兴衰成败。孔子曾说过："一朝之忿，忘其身，以及其亲，非惑与？"（《论语·颜渊》）这句话的意思是，因为一时的愤怒而忘记了自身的安危，甚至祸连亲人，这难道不是糊涂吗？由此可见，以家庭为出发点来衡量个人行为的社会价值，是中国传统社会的基本立场。

　　这种态度也并非绝对，孔子谓"志士仁人，无求生以害仁，有杀身以成仁"（《论语·卫灵公》），孟子谓"天将降大任于是人也，必先苦其心志，劳其筋骨，饿其体肤，空乏其身……"（《孟子·告子下》），在"仁义"的大道面前，家庭对于"身"的支配便黯然失色。因为"身"固然归属于父母，人固然要考虑自身行为对家庭的影响，但这一切努力都是为了实现一种"正"的价值目标，而这个"正"的价值目标就体现在对人类整体的善与幸福的实现上。所以相较之下，徒知维护家庭也就变成了不足为道的私己行为。换句话说，无论是对家庭的重视，还是对仁义的重视，"身"字都表现出一种舍己为人的集体主义精神。为了"仁义"而遭受身体的苦痛，甚至放弃生命，绝不仅仅是为了个人的成圣成贤，更重要的是为了他人的福祉。所以，我们才会将"杀身成仁"视为十分崇高

的行为，而子路在评价荷蓧丈人时才会说："欲洁其身，而乱大伦。"（《论语·微子》）

　　荷蓧丈人是孔子所处时代的隐士，所谓隐士，就是"不求闻达于诸侯"而只追求自己价值理想的人。他很瞧不起孔子，说："孔子四体不勤、五谷不分，这样的人也可以被称作'夫子'吗？"荷蓧丈人所追求的，是建立在自给自足农业社会基础上的人格独立，用《击壤歌》中的话来说，就是："日出而作，日入而息；凿井而饮，耕田而食。帝力于我何有哉？"通过自己的劳动实现自给自足，这种独立体现在价值追求上，就是一种个人主义的逍遥与自在。所以荷蓧丈人不太看得起周游列国、志在兴复周礼的孔子，认为孔子这样做是一种讨好权贵、谋取名利的行为。现代人可能会更欣赏荷蓧丈人的独立，但"欲洁其身，而乱大伦"的道理其实说得很中肯，这种自在逍遥的独立只体现在追求自己的高明与洁净上，看似一尘不染，但倘若人人都如此，那么整个社会就完全没有伦常秩序可言了。如果社会没有了伦常秩序，那么每个人的行为便会没有规则与底线，在这种情况下，你一个人想要有一方净土"日出而作，日入而息"，又怎么能够实现呢？

　　孔子对待荷蓧丈人的态度是矛盾且复杂的。一方面，他知道独立且自得其乐的生活是美好的，他最为欣赏的生活状态就是"浴乎沂，风乎舞雩，咏而归"（《论语·先进》）；但另一方面，他更清楚，如果社会没有伦常秩序，那么这种追求就只能是水中月、镜中花。所以，孔子周游列国是一种不得已而为之的选择，甚至可以说是一种舍身取义的牺牲。

　　谈及"身"以及"身"背后的集体追求，就不能不谈一谈身心之学与口耳之学的区别。在孔子所处的时代，口耳之学与身心之学的区别还没有那么大，这主要是因为知识的普及程度不够高，读书和求知还能够代表一种神圣性追求。所以无论是隐士的"个人追求"，还是孔子的"集体追求"，求知总意味着一种价值的担当。后世科举制的推广，虽然起到了打破门第界限、普及知识、增强国家凝聚力的积极作用，但同时也带来了以读书为求取功名利禄之"敲门砖"的弊端。这就导致知识与价值歧分为二：一方面，我们懂得许多伦常道理，但这只局限于自己的认知；另一方面，如果认知并没有转化为现实的行动，在某种程度上就是道德的虚假。真正的身心之学需以自身的躬行为试金石，而非仅仅停留于口头的表态与对书本知识的学习上。

陆游有一首《冬夜读书示子聿》："古人学问无遗力，少壮工夫老始成。纸上得来终觉浅，绝知此事要躬行。"儒家的身心之学正是这样一种生命的学问，一种从学习到躬行、于日常生活中反复体会印证、从少年到老年历经磨难而涵养出的道德学问，所以陆游才会有"纸上得来终觉浅"的感慨。明代心学大师王阳明也说自己的学问是"从百死千难中得来"，强调学问要在事上磨炼，只有经过自己内心的体认、掂量、抉择，这种学问才会从口耳之学转变为身心之学。倘若我们只在口头上说孝亲敬老、善待他人，一遇到事情却只考虑自身的利益，忧心自己的损失，那就彻底违背了中国文化的精神追求，又何谈益处呢？

康

 甲骨文

 金文

 小篆

 楷书

《说文解字》："穅，穀皮也。

从禾，从米，庚聲。康，穅或省。"

　　"康"或为"糠"的省字，"糠"的本义为谷皮，所以"康"的本义或与粮食有关。考虑到粮食是人类赖以生存的必需品，象征着生活的富足与安乐，且中华民族向来以农业文明著称，所以"康"字逐渐引申出健康、安康、安乐等义项。《尚书·康诰》中多次用到表安定、安康之义的"康"字。而"小康"一词最早见于《诗经·大雅·民劳》中的"民亦劳止，汔可小康"，意为"稍微安乐"，与其现代意义不完全相同。

　　只有身体健康方能不受苦痛，在饱受病痛折磨的状态下还能眉开眼笑，这并非易事。在身体健康的基础上，我们开始追求生活安康，这能给我们带来自信而积极的心态。在个人生活安康的基础上，我们开始希望每一个人都能过上这样的生活，此谓"小康"。倘若我们自己生活富足，但出门就能看见衣不蔽体、食不果腹的人，那么这不仅不会让我们快乐，反而会让我们产生道德负疚感。所以从小处看，"康"代表着一个人基本的生存需求；往大里讲，"康"则代表着整个社会的共同富裕。

　　总体说来，"康"的核心诉求就是"安"与"乐"。"安"指的是生存需求，而"乐"进一步指向内心需要。在生存得以保障的基础上活得快乐，是大部分人的理想。就拿父母对子女的期望来讲，父母无不希望自己的孩子平安快乐，但要实现这种理想并不容易，若生存尚且无法保障，便不必提生活得快乐不快乐了。

　　在中国古代社会，普通民众一生都要为糊口而劳碌，就连读书入仕者也不例外。在科举制盛行之后，大部分读书人赶考、入仕的目的是求富贵，即便是宋代著名政治家、文学家欧阳修也不例外。他说自己"本由寒素，偶践科场，只希干禄以养亲"，意思是说自己读书的最初缘由是家里太贫穷，没有钱财奉养亲人。在中国古代"士农工商"的四民社会中，读书可以获得更好的前途、求取更多的利禄，这是不争的事实，也是很多人投身举业的原因。

　　然而，得胜科场、改变命运，是只属于少数人的幸运。对于大部分读书人而言，一方面，读书而不事生产，就需要一定家产的供养；另一方面，一旦举业不成，自己又不甘心务农，生活便难以为继。所以，在宋、明两代，因读书而破产的家庭非常常见，同时也产生了很多游手好闲的读书人。

生存的重要性不可低估。孟子认为民"无恒产"则"无恒心"，意思是老百姓如果无法使自己的生存得到保障，就无法坚持道义，只能退而求其次，为了生存而苟活，在极端情况下甚至会不择手段。但孟子还有一个判断，说"无恒产而有恒心者，惟士为能"（《孟子·梁惠王上》），这里的"士"并不指入仕为官的人，而是特指那些敢于为道义而有所舍弃的人。孟子所处的时代，只有极少数的人可以不为生存需求所困，始终坚守道义。孟子的话只是代表了中国士人的理想主义精神。

秉持理想主义是一种可贵的态度，但人们往往把这种姿态摆得太高，反而造成了一种成见——读书若不是为了求道，就是耻辱的。很多时候，人们明明是为了求生存而读书，却非要把自己高尚化，拿道德和理想标榜自己，这最终造成了道德虚伪化的连锁反应，反而玷污了理想主义。

过分追求理想的高拔脱俗，会使我们漠视生存的艰辛与他人的困苦。一个人没有经历过生活的艰辛，便很难理解他人的困苦，自然也不会对他人的遭遇报以道德关怀。中国古人常说的"爱民如子"，源于中国源远流长的民本传统。《尚书》有谓"惠康小民"，讲的是君主负有让民众平安快乐的义务，又有所谓"天视自我民视，天听自我民听"，寓意民众生活能否安定富足是评价政治好坏的标准。没有亲身体验做支撑，人们便无法产生情感的共鸣，而没有情感的爱，也只能是一种幻想。古代君主大多养尊处优，难以亲身体会在生存边缘挣扎的民众的痛苦，所以要求他们"爱民如子"其实是很困难的，晋惠帝"何不食肉糜"的典故就是最好的例子。

为保障生存而付出的努力，不应被我们轻视，反而应该得到我们的敬重，因为没有这一层辛苦做铺垫，生活也就谈不上快乐。这就好比人们在享受自己的劳动果实时会觉得惬意，但这对于一个衣来伸手、饭来张口的人来说则没有什么意义，他只会以自己的好恶肆意褒贬他人的付出。所以尊重他人对于"安"与"乐"的基本需求、理解他人生存的不易、认同他人对富足生活的追求，是我们谈论任何道德准则与政治理想的必要前提。

　　孟子很早就强调"制民之产"以使百姓安康富足的重要性，他说，"必使仰足以事父母，俯足以畜妻子，乐岁终身饱，凶年免于死亡"（《孟子·梁惠王上》），然后引导老百姓过讲求道德的生活，老百姓才会听从。倘若社会贫富分化严重，权贵铺张浪费，老百姓救死不暇，执政者对老百姓缺乏理解之同情，穷人对富人抱有愤慨情绪，那么健康稳定的社会秩序就无法保障，人民的康乐安宁也就无从谈起了。

 小篆

泰 楷书

《说文解字》：“泰，滑也。从廾，从水，大（太）聲。”

　　"泰"是形声字，从"廾"，从"水"，本义为用手在水中汰洗，所以《说文解字》将其解释为"滑"。但在流传过程中，人们在讲到"泰"字时，渐渐不用其本义，而多用其大、极、安定平和等义。如《尚书》中有《泰誓》一篇，"泰"即为大、极大之义。最常用的当然还是"安定平和"这一义项，它可以用来形容生存环境的适宜，如"国泰民安"，也可以用来形容命运的顺遂，如"一生康泰"，还可以用来形容内心的平静，如"泰然处之"。《周易》中有"泰卦"，讲"天地交而万物通"，取"泰"之通顺畅达之义。

　　许多外界事物是人无法左右的，但是内心的平静却不一样，它是人们能够通过自身努力而求得的状态。在与外物相处的过程中，我们常常会受其影响。处于顺境时，我们往往骄傲自满；处于逆境时，我们往往悲观消极。这都不是"平静"，用庄子评价惠施的话说，就是："惜乎！惠施之才，骀荡而不得，逐万物而不反。"（《庄子·天下》）意思是：可惜啊！惠施的才能被他自己浪费掉了，放荡自我而毫无所获，追逐万物而不知自省。所以当我们顺着外界的变动而放浪自己的情感时，我们只是在"逐物"，最终会丧失自主性并为外物所役。

　　孔子形容他的弟子颜回说："贤哉，回也！一箪食，一瓢饮，在陋巷，人不堪其忧，回也不改其乐。"（《论语·雍也》）缺衣少食、生活贫苦，一般人即便能够忍受，也不会感到快乐。然而颜回不同，他不仅不以为意，而且甘之若饴。这是因为他清楚自己的目标是成为一个道德上的圣贤，而不是物质上的富翁，所以没必要为衣食上的清贫闷闷不乐。颜回的"不改其乐"，就是一种安定平和的心态。所以，一个人在真正致力于追求人生的理想与志趣时，必然不会介怀于一时一地的得失。当然，现实生活中的人也并非都能达到颜回"不改其乐"的境界。

　　如果我们的理想和志趣只是追求外物，那么我们永远也无法达到颜回的境界，因为我们的行为仍是庄子所说的"逐物"，外物的得与不得决定了我们的喜怒哀乐，我们什么自主性也没有。所以，既然一切有关"逐物"的考虑都与安定平和的追求背道而驰，那么颜回之乐只能是一种"自足"之乐，也即人的天性自足，不假外求。这种"自足"代表着反求诸己、焕然自信的精神状态。如此一来，"我"也就超脱于外物的钳制与束缚，成为一个具有自主性的价值体了。既然"我"自身就是有价值的，那么"我"选择做什么或不做什么也就具有了创造价值的意义。"溥博渊泉，而时出之"（《中庸》），价值经由"我"的行为，就如同源泉一样流向外界。这在根本上颠覆了"逐物"的价值逻辑——在"逐物"的逻辑中，"我"的价值是由世俗意义上的成功与否来判定的，是由外界赋予的；而在"自足"的逻辑中，"我"的价值是与生俱来的，外界的价值是由"我"赋予的。这里的"我"，指向每一个人的本性自足，颜回正是明白了这个道理，才做到了"不改其乐"。

　　或许有人会说，人性怎么可能是自足的呢？蛋糕一定比干饼好吃，说两者没有差别，吃什么都一样满足，难道不是自欺欺人吗？其实，这个人是没有明白另外一种道理。蛋糕是比干饼好吃，但还有更多比蛋糕好吃的东西，更何况，如果天天吃蛋糕，我们就不会觉得蛋糕好吃，甚至偶尔吃口干饼，会觉得干饼更加香甜可口。所以这种感官知觉的满足，乃至在人群中寻求成功感，都会面临边际效应递减的情况。这种情况是一个永无休止的过程——达成了目标后，我们在欣喜之余也会感到一种虚无，故而只能逼迫自己继续追逐另一个目标。如果再想一想干饼会比蛋糕可口的逻辑，就会发现，人在成功之后会怀念平凡，平凡久了便渴望成功，这是一个跷跷板式的无穷循环过程。人追求满足，却没有办法获得满足，这就如同在驴子面前吊了一根胡萝卜，它看得到却吃不到。如此一来，人最终只会身心俱疲，安定平和根本无从谈起。

东晋有个人叫谢安，他指挥军队以少胜多，击败了苻坚南下的百万大军，史称"淝水之战"。当胜利的消息传到他府上时，他正在和友人下棋。友人问他："发生了什么事？"他漫不经心地说："小伙子们打了胜仗。"但是等友人走后，他激动地跑回房间，跨过门槛的时候把木屐的屐齿都磕断了。《晋书》称他"矫情镇物"，也就是佯装镇定的意思。这种平和当然只是伪装出来的平和。真正的"泰山崩于前而色不变"的从容，并不是刻意的镇定、伪装的平和，其本质是不在与外界的互动中失去自我。

《中庸》认为"喜怒哀乐之未发，谓之中；发而皆中节，谓之和"，这并没有否认情感存在的意义，而是用"中""和"两个字来表达情感存在与发动的适中合宜、张弛有度。换言之，人不可能自我封闭而不与外界接触，也不可能做到丝毫不为外物所动，但在这个过程中，我们不应失去自我与本性，当喜则喜，当怒则怒，当哀则哀，当乐则乐。这种情感表现，就是"泰"字"安定平和"之义所蕴含的中国价值。

教

甲骨文

金文

小篆

教 楷书

《说文解字》："教，上所施下所效也。从攴，从孝。"

　　"教"为会意字，从"攵"从"孝"，形似一个人手持棍子监督孩子学习，所以，"教"的本义为上施下效，后引申出指导、教育等含义，进而又引申指宗教的派别，如道教、佛教等。

　　教育在中国历代社会都异常重要。《礼记》有云："古之王者，建国君民，教学为先。"而早在几千年前的夏商时代，中国就建立起覆盖中央与地方的教育体系。西周时，这一体系继续细化，在地域上分为国学与乡学，在阶段上分为小学与大学，并配以相应的选拔制度，使考核成绩优秀者获得官职。隋唐之后，中国的教育体系仍然分为中央和地方两级，但选拔制度则逐渐变为成熟的科举考试制度。

中国古代教育体系的核心特征之一是"学在官府"，而与"官学"相对应的，是发轫于先秦时期的民间私学。孔子是推动私学兴起的代表人物，据说他一生教育的学生有三千多人，很多都出类拔萃。孔子教授的主要内容是西周的礼乐文化与古代经典，弘扬的是以"仁义"为内核的人文道德精神。

私学教育在中国古代占据着非常重要的地位。从文化传播的角度来看，私学教育是对官学教育的有益补充；从解放思想、推动文化进步的角度来看，私学教育由于受约束较少，不易流于僵化，所以更能反映人们当下的疑惑以及对现实的思考。先秦时代的"百家争鸣"，就是私学教育流行结出的思想硕果。总而言之，官学与私学的良性互动，譬如从夏商周时代的"官师治教合"到先秦诸子时期的"道术将为天下裂"，从西汉的尊崇儒术、设立五经博士到南北朝以后的"三教合流"，均体现着中国文化源远流长的开放性与包容性。

"十年树木，百年树人"，中国教育的精神追求是道德教育，譬如"庠"这个字在西周就指兼有教育和养老双重职能的机构。将养老与教育交由同一个机构管理，这在现代人看来是不可思议的事情，但中国古人认为这样做有两个好处——对于老年人来说，他们丰富的人生阅历能给青少年带来有益的启发；对于青少年来说，与老人相处有助于培养他们尊老敬老的美德。所以，**中国人很早就形成了尊老敬老的传统，并且将这个传统与读书明理结合起来，塑造了求知与育德并重的中国教育传统。**

在统治者与民众的关系上，中国传统文化强调的是"教化"，即一种价值上的自觉认同。《尚书·大禹谟》中记载，舜曾表扬皋陶说："汝作士，明于五刑，以弼五教，期于予治。"孔子谓："远人不服，则修文德以来之。"（《论语·季氏》）意思是君主只有提升自己的道德修养并将之落实在善待民众的各种政策上，才能获得更多民众的认同。所以，中国人一向不推崇以武力称霸，而是追求文化价值上的自觉认同，此所谓"王道"。除此之外，孔子又有"有教无类"的名言，意谓教育面前人人平等，人人都可以接受教育，从而实现自身的提升。所以君主不仅要处理各种行政事务，还要尽到教化民众、引领德性追求的责任。自我努力的自觉与政府举措的推动结合，便形成了中国政治传统中通过教育、教化来达成一致看法，结成患难与共的政治共同体的基本模式。这一政治智慧，对于现代社会思考如何处理人与人之间的差异和冲突，也是大有裨益的。

教育在中国古代社会中扮演着特殊角色，官府通过教育选拔人才，读书人也经由科举而入仕，担任中央、地方各级官员，反向教化民众。所以，教育可以说是中国古代社会得以良性运转的轴心。唐太宗看到科举取士之盛，曾感慨道："天下英雄入吾彀中矣。"教育的兴盛既启迪了民众的智慧，为人们打通了阶层上升的渠道，又为整个社会提供了核心凝聚力，引领着一个国家的价值取向。一个人只要把书读好，就能凭借自己的才能在社会中谋取一席之地——无论是在古代还是在现代，这都是非常公平且高效的。

由此，中国人自古便养成了极为重视教育的文化意识。父母辛苦劳作，为的是让子女受到良好的教育；子女读书读得好，也往往是最令父母感到欣慰的。中国人尊师重道的传统也与教育的兴盛分不开，试问，一个不重视教育的民族，又怎么会尊重教师呢？而教师社会地位的降低，也往往意味着文化的衰落。

中国最著名的教育故事，当数"孟母三迁"。孟子和母亲最初住在墓地旁边，孟子平日嬉戏时，便经常与其他小伙伴一同模仿大人办丧事。孟母看到后，皱着眉头说："这里不是我的孩子该住的地方。"于是，她带着孟子搬到市场旁边。结果，孟子又开始模仿商贾做买卖，夸夸其谈。最后，孟母带着孟子搬到了学校附近。看到孟子开始跟着学校里的师生学做一些揖让行礼、进退有节的动作，孟母大喜道："这里才是我的孩子该住的地方呀！"

孩子的成长与其所处的环境关系密切，正所谓"如入芝兰之室，久而不闻其香""如入鲍鱼之肆，久而不闻其臭"（《孔子家语·六本》）。这种潜移默化的影响，实际上就是中国教化理念的另一种表达。如果"教"是一种直接的教育，那么"化"便是环境对人的潜在影响。一个良好的生活环境，对孩子的成长能起到重要的正向引导作用。

睦

金文

小篆

楷书

《说文解字》："睦，目顺也。
从目，坴聲。一曰敬和也。"

　　"睦"为形声字,从"目","坴"声,本义为目顺,引申指敬和,如讲信修睦、敦亲睦邻等。"睦"字代表着中国人对和谐人际关系的追求,《尚书·尧典》有所谓"九族既睦,平章百姓"。"睦"既是一种美德的外在表现,如《礼记》所言"睦于父母之党,可谓孝矣",也是古代读书人在家治家、在乡治乡的社会责任,如唐代欧阳詹就认为,士人"游于乡,可以睦闾里而宁讼争"。

　　与他人和睦相处有三种不同的层次。

　　第一种是自然情感的和睦,指的是人天生就有一种与他人和睦相处的情感能力。每个人都期望与他人和谐共处,而不是充满敌意地争斗。近至父子之间的血缘亲情,远至陌生人之间初次相遇便报以微笑,和睦都代表着我们生来就有的与人为善的意愿。

　　第二种是遵守规则的和睦,指的是通过遵守规则来共同参与公共生活,在公共生活中实现人与人的和睦相处。规则体系划定了人的行为边界，建构了两种不同的生活领域，一种是由规则维系的公共生活，另一种是由个人意愿维系的私人生活。在前者中，人应遵守公德，在后者中，人应遵守私德，二者不可分割。公德表现为公序良俗，私德则为个人修养，公序良俗既要依靠个人来践行，又可以反过来提升个人的道德境界。

第三种是人性至上的和睦，指的是人们在情感与理性的基础上对和睦相处的进一步追求。虽然迎合情感冲动与遵守理性规则之间经常发生冲突，但尊重人、尊重人性是"天理"所在，也是自己的良心所命。譬如路遇老人跌倒，尽管外在法律乃至规则体系没有要求我们必须去帮助他，但从"老吾老，以及人之老"的传统道德出发，从自己良心安与不安的自我道德律令出发，或者说从人性本善的主流观念出发，我们必须要对老人施以援手，这样才能实现个人内心的和睦。每个道德意识觉醒了的人，都会认为内心的和睦是最大的幸福，而内心的挣扎与煎熬是最大的痛苦。

人与人之间难免会为了一些小事而发生争执乃至闹上公堂，这样的事既可能发生在家庭内部，也可能发生于邻里之间，甚至发生在素昧平生、擦肩而过的行人之间。明代时，有一对父子反目，官司打到王阳明那里。王阳明对他们说："舜是天下最不孝的儿子，而瞽叟是天下最慈爱的父亲。"父子二人听了这话，竟然抱头痛哭起来，再也不提打官司的事了。王阳明这句话的奥秘在哪儿呢？大家都知道，舜是著名的孝子，位列"二十四孝"之首。舜娶了尧的女儿做妻子后，他的父亲瞽叟就不再喜欢他，甚至三番五次想要害死他，但是舜并没有与父亲反目成仇，而是一如既往地尽孝。舜明明是天下最孝顺的儿子，瞽叟可以说是天下最恶劣的父亲，可是王阳明为什么要反着说呢？其实，他是想让来打官司的这对父子醒悟：舜之所以一如既往地尽孝，是因为他总担心自己不够孝顺；瞽叟总认为自己是慈爱的，反而做出许多恶事。因此，对来打官司的这对父子来说，儿子只要想一想自己是否像舜那样担心自己不够孝顺，父亲只要想一想自己是否像瞽叟那样自以为足够慈爱，大概两个人就都会感到惭愧了。这种惭愧就是人性的流露。

　　如果没有主动的反省，这对父子可能永远无法意识到人性的重要。所以在这个意义上，人性虽然是人天生具备的东西，但它在社会中的呈现却是一个需要反躬自省的创造活动。本着人性对和睦的追求，我们需要用理性的思考，制定出能够彰显人性光辉的制度规范。

　　中国向来强调家庭、邻里、民族、邦国之间的和睦，并由此发展出一套完备的礼仪制度，其主体思路在于求同存异，一方面用礼仪区分人与人之间的差异，一方面又以和睦相处的愿景来引领人与人之间的共存。譬如，在中国的待客之道中，无论来者的身份是高贵还是卑贱，只要他是客人，主人便有义务款待他，而客人即使不适应主人的接待方式，也应该尊重主人的待客之道，这就叫"客随主便"。所以在主人、客人的相处过程中，人们共同遵循的是主客之礼，而不是各自的秉性与喜好。生活中，我们经常说"这个人没有礼貌"，表达的其实就是对双方无法和睦相处的不满。所以，和睦在中国社会中的外在表现应该就是礼。

睦，"敬和也"，体现了中国人的精神追求。在天人之间，中国人追求人与自然和睦相处，这种"和睦"不体现为征服自然，而体现为尊重自然、顺应自然乃至效法自然，从而实现"道法自然""天人合一"。

在国与国之间，中国人追求睦邻友好，厚往薄来，和平共处，最终实现协和万邦的目标。"远人不服，则修文德以来之"，而不是出兵以讨之，这体现了以德服人的"王道"理想。打着"仁义"的幌子，却以武力征服他国的方式来实现自己战略目标的"霸道"，是我们无法认同的。

在基层治理中，中国人追求邻里和睦。从孟子对"亲睦"的追求，到北宋时期中国首部乡约文书《吕氏乡约》的产生，再到明代朱元璋"圣谕六条"的颁布，无不表现出基层治理要以和睦为目标。"出入相友，守望相助，疾病相扶持，则百姓亲睦"，表达出孟子的社会理想；"德业相劝，过失相规，礼俗相交，患难相恤"，寄托着北宋蓝田吕大临兄弟对基层治理的希冀；而大量的家训、家规、家礼、家书等，亦彰显出中国人对家庭和睦的向往。总之，"睦"是中华美德体系中的要目，亲睦、和睦也是中国人恒久的追求。

平　金文

丂　小篆

平　楷书

《说文解字》："平，語平舒也。从亏，从八。八，分也。"

"平"是会意字,从"亏"从"八",本义为平整土地,如《尚书·大禹谟》云"地平天成"。后引申出平舒、均等、安定、普通等义,如《诗经·大雅·江汉》中"四方既平,王国庶定"之"平"为平定、安定之义。

"平"代表着现代社会极为重要的价值标准——平等。"平等"是人类社会的发明,因为自然界中不存在"平等"。从某种意义上说,每个人的天性禀赋与社会角色是不同的,人与人之间也谈不上绝对的平等。所以言及"平等",我们一定会预设一个更大的坐标框架,譬如在法律面前人人平等。这个更大的坐标框架往往具有至高的权威,承载着人们共同的价值信念,是整体意志的体现。

现代意义上的"平等"主要指每个人都依法享有受国家保护的各种权利，它体现在人格平等、机会平等以及权利平等等方面。对于这三种平等的追求，在中国古代文化中有着丰富的体现。

首先，尽管汉语中的"平等"是从佛经翻译中产生的新词，表示无差别的意思，但在人格等差的界定上，儒家则有不同的评判——既有孟子"人皆可以为尧舜"的观点，又有董仲舒的"性三品"说，强调人的道德资质存在着"圣人之性""中民之性""斗筲之性"的差别。直到明代心学流行，这种平等与不平等的冲突才算是得到了彻底解决。王阳明有一个著名的一两金与万镒金的比喻，说的是人与人之间虽然存在着天赋的差异，但这种差异好比一两金与万镒金、几千镒金的差别——只是"重量"不同，在"性质"上则都是金子。王阳明区分出"性质"与"重量"的不同面向，对儒家哲学范畴内的先天平等与后天差异给出了一个统一的解释。

其次，在机会平等上，古代中国主要是通过教育平等来间接落实经济的平等和社会地位的平等。孔子在先秦时期就提出了"有教无类"，而作为一种制度性的落实，则还要以隋唐时期科举制的兴起为标志。科举制打破了出身的限制，通过考试选拔人才的机制，使人人都有机会凭借读书来实现阶层的跃升，获取更丰厚的物质回报、更高的社会地位。从表面上看，古代中国算不上一个平等的社会，士大夫代表的文官集团在政治和经济上都拥有特权，但科举制的存在，至少将广大民众纳入一个条件宽泛的坐标系中，为天下人提供了一个经由读书、考试而入仕的机会。所以，科举制在古代中国并不仅仅起到了选拔人才的作用，还起到了凝聚人心、将整个社会团结成一个忧乐与共的共同体的作用。

第三，由于"权利"是一个法律概念，所以在古代中国，权利平等主要体现在执法的公平公正上。从法家的"法不阿贵"到民间流传的"包青天断案"，此类观点或故事可以说是不胜枚举。但我们也要看到，这种精神之所以会得到人们的特别肯定，恰是由于当时相关的客观保障不足，所以现代社会才会把"平等"作为主要致力方向，使其日常化并成为每一个人都能够享受到的基本权益。由此可知，只要是"人"，就享有受法律保护的平等权益，这已经是现代社会的基本共识。而权利平等不单指执法的公正，还涉及人们生存与发展的方方面面，比如受教育权、劳动就业权、政治权利，等等。

晏子是春秋时期齐国的政治家，他生来身材短小。有一次，晏子出访楚国，楚王派人在城门上挖了一个小洞，让他从这个洞里钻进去，意在嘲笑他。但晏子看后不慌不忙地说："这是狗洞，只有访问狗国，才会从狗洞进出。"楚王自讨没趣，只得恭恭敬敬地把晏子从城门迎入。吃饭的时候，楚王还不死心，又嘲笑晏子说："你们齐国没有人才了吗？怎么会派你出访？"面对宴席上的哄堂大笑，晏子不急不躁地说："我们齐国人才济济，只是有个规矩，访问有贤德之君的国家就派贤德的人去，访问无贤德之君的国家就派无德无才的人去。我是我们齐国最不中用的，所以就被派到这儿来了。"

晏子不卑不亢的回答告诉我们：要想得到别人的平等对待，自己首先要自信、从容；尊重他人就是尊重自己，歧视别人只能自讨苦吃。

在实现平等的过程中，人们免不了要与各种歧视抗争。努力消除宗教、种族、性别等方面的歧视，不仅是立法、司法等相关部门的工作，也是每个公民的责任。在没有民主的社会环境下，种族、性别乃至各种社会身份，是伴随每个人一生的标签。人们往往习惯于借助这些标签来评判他人的高低贵贱，这恰好与"平等"的精神相悖。"平等"要求我们从更宽广的视角出发，肯定人自身的价值，而不是肯定某一种标签的价值。譬如，嫌贫爱富就是一种歧视，而所谓的为富不仁，也属于一种歧视，因为二者都是根据物质财富的多寡来评判一个人的好坏，只不过前者是鄙夷对方的贫穷，后者则是刻意贬低富人的道德水准。然而，一个人的道德水准跟财富并没有什么直接的关系，所以歧视就是人戴上了有色眼镜后的主观臆断。一个旨在平等的社会体系，要求人们更宽容地接纳彼此的差异并报以尊重。

 甲骨文

 金文

 小篆

 楷书

《说文解字》：“中，内也。从口、丨，上下通。”

　　"中"为指事字，本义一说为"立中"，因为古代每遇大事，则将旗子立于地面，群众从四面八方望而趋赴，而旗子所在即为中央之地，关于征伐的甲骨文卜辞中多有"立中"的记载；一说为"内"，因为古时一般用旗子测定风向，"中"的甲骨文字形好似上下各带两条旗斿的旗杆，"○"指示中间之处，故"中"表中间之义，后引申出内、里、中心的含义。由此可见，"中"首先是一个指示方位的字，这个用法最为常见，如目中无人、人中龙凤等。而中央与内在的方位义在后世又逐渐引申指事物抽象的内在本性，譬如我们说一个人道德品格"中正"，说天地运行的大道是"中和之道"等，而《尚书》中强调"允执厥中""各设中于乃心"，《周易》里的"得中""中行""中正"等，亦均为此义。

"中"字具有丰富的哲学内涵，想用几句话就把它讲清楚十分困难，所以这里着重谈两点：一是其"无过无不及"的蕴意，二是其"中庸"蕴意。

一条棉绳，要求从中间将之分割，我们都知道将棉绳对折便可找到它的中点。有人问："你心中怎么想？"我们也知道，这个"中"指的是相对于自己外在行为而言的内在心灵。但是，脱离了具体的语境后，假如有人问"中"是什么，那么"中"字似乎就没有能被直接表述的具体内涵了。于是，中国古人便用"无过无不及"的间接表述来指称"中"——说棉绳的中点是"无过无不及"，说一件事做得适中是"无过无不及"，而所谓的"心中"，也是介于外表与潜意识之间的"无过无不及"。因而对于"中"字的第一层哲学含义，我们就可以理解为一种只能以否定性的陈述来间接指称的东西。重点在于，虽然我们可以在生活中灵活运用它，但它又不对应于任何一种可被直接描述的事物，所以这种抽象性逼迫我们只能用"既非……又非……"的否定性陈述来形容它。这种否定性陈述就像中国画里的留白，中国人通常认为把一张画纸涂满是很拙劣的绘画方法，而适当地留下空白，可为画中的山水、人物营造令人遐想的空间，让画的意境更具韵味。由此可见，留白处看似什么都没画，却如同"既非……又非……"的否定性陈述，并不是一无所有，反而是至关重要的存在。"中"字蕴含的就是一种类似留白的人生哲理。

在"无过无不及"的基础上，最能代表"中"字抽象意义的处事方式是《中庸》里提及的"中庸之道"。所谓"中庸之道"，其实就是中和之道，体现为《中庸》开篇的这段话："天命之谓性，率性之谓道，修道之谓教。道也者，不可须臾离也，可离非道也。是故君子戒慎乎其所不睹，恐惧乎其所不闻。莫见乎隐，莫显乎微，故君子慎其独也。喜怒哀乐之未发，谓之中；发而皆中节，谓之和。中也者，天下之大本也；和也者，天下之达道也。致中和，天地位焉，万物育焉。"

这段话很长，简单说来，它表达了这样几层意思。首先，这段话是中国人用"中"字描绘抽象的天地大道的典型范例。天地大道关乎天地为什么存在，而天地的存在又是人类存在的前提，所以不管我们愿不愿意，我们的生活总是要以天地大道为基础的。

其次，虽然"道"无处不在，但我们既无法在生活中直观地认识它，也不可能摆脱人类的局限性，跳到天地的层面去看一看"道"究竟是什么，所以我们只能以反观的方法来间接地认识天地大道。什么是反观的方法呢？譬如，如果问一个人"中"字是什么意思，他有可能回答不出来，但给他一条棉绳，他就一定能指出"中"在什么地方。同样，我们可能说不出什么是天地大道，但通过观察天地万物来间接地反观天地大道则是可以做到的。这其中，我们自己作为天地化育的产物，同样可以用反观自己的方法去间接理解天地大道的作用。所以《中庸》开篇的这段话，就以君子慎独即君子应谨慎对待自己内心的喜怒哀乐，来间接说明什么是作为"天下之大本"的"中"，什么是作为"天下之达道"的"和"。

再次，天地有春夏秋冬，人有喜怒哀乐，中国古人认为季节的变化与人的情感的波动具有一致性，而这个一致性所衬托出的就是天地大道。我们不能说人的内心世界等同于天地大道，但人作为天地化育的产物，依循的道理与天地存在的道理是相通的，故而这个看不见摸不着的天地大道，也就可以通过人自身的存在而得到一种间接的说明。《中庸》的这段话，虽然以人的喜怒哀乐为例说明"中和"之道，但结尾却落在"天地位焉，万物育焉"的结论上。天地化生万物，就如同人产生喜怒哀乐等情感，而万物和谐共生，也就如同人的情感自然流露无所窒碍。打个比方来说，天地大道如同一张无边无际的白纸，自我与万物就如同这白纸上的人物和山水。我们作为画中人，无法直接看到整张画纸，所以只能借助反观的方法，通过画中的留白去间接感知天地大道的存在。画的内容要以画纸为依托，自我和万物同样需要以天地大道的存在为依托。

"中庸"的思维方式对中国人的心灵世界影响深远，是中国人寓抽象于具体、以人心明天心的重要方法，正所谓"致广大而尽精微，极高明而道中庸"。所以，在中国人的认知里，对事物、道理、价值的探究，总伴随着对日常生活的关注与体会。北宋哲学家张载有"为天地立心，为生民立命，为往圣继绝学，为万世开太平"四句传世，这四句话与《中庸》有着密不可分的关系。据说，张载年少时喜欢舞枪弄棒、谈论兵法，后来，范仲淹很赏识他的志趣与气魄，认为他将来必成大器，便送给他一部《中庸》，规劝道："儒者自有名教可乐，何事于兵？"从此，张载致力于儒学研究，肩负起探求天地大道的责任。张载的这种责任担当，正源于"中"字所蕴含的从百姓日常着眼、究明天地大道的价值性关怀。

华

金文

小篆

繁体楷书

简体楷书

《说文解字》："华，榮也。从艸，从琴。"

　　"华"是会意字，不见于甲骨文，与"花""垂"等字同源，象草木生长低垂之貌，如《周易·大过卦》中的"枯杨生华"；后引申出茂盛、繁荣、豪华等义，如《尚书·顾命》中的"华玉仍几"。

　　中国人常用"华夏"指称祖国，用"华人"指称有中华民族血统的人。这些称谓源于上古时期中国人对礼仪与衣衫的重视，体现了中国人对自身文化的自信心与认同感。

"中国有礼仪之大，故称夏；有服章之美，谓之华"（《春秋左传正义》），礼仪文化与冠冕服饰是古代中国自别于周边部族的标志性特征，代表着社会的文明程度。衣衫之所以受到特别重视，是因为上古时期生产力不发达，很多人往往赤身裸体，所以穿戴便成为人自别于野兽的重要标志。像在春秋时期，吴地人"断发文身，裸以为饰"，就被中原人视为野蛮。吴地人留着短发，在身上刺着许多花纹，用树叶、羽毛、贝壳之类的东西装饰自己裸露的身体。"断发"有利于他们在江河湖海中游泳，而各种装饰物与刺青在本质上也与衣服的作用相同，都是用来装饰身体的。但在中原人看来，只有罪犯才会被刺青，而衣不蔽体也是很不体面的事。所以，同样是装饰自己的身体，人们认为冠冕服饰作为人类社会的产物，更具有文明属性。汉语中将"衣"放在日常生活"衣食住行"的第一位，甚至比"食"还重要，足见中国人对其人文价值的重视程度。

　　衣衫作为礼仪的一种外在表现形式，往往有着丰富的文化寓意。中国早期传统服饰的特点是"上衣下裳，褒衣博带"，其中最重要的配饰是冠和玉。冠在中国古代具有男子成年的象征意义。男子二十岁行冠礼，也就是男子二十岁开始束起头发，戴缁布冠、皮弁、爵弁，这代表着他们从少年步入成年，开始承担各类社会责任。玉作为配饰，则象征着一种温润如玉的君子品格。《说文解字》认为"玉"象征着仁、义、智、勇、洁五种品德："玉，石之美。有五德：润泽以温，仁之方也；䚡理自外，可以知中，义之方也；其声舒扬，専以远闻，智之方也；不桡而折，勇之方也；锐廉而不忮，洁之方也。"把象征着这些品德的玉佩带在身上，无疑体现了中国人在修德立身上的不懈追求。

　　在上古时期，"华夏"与"夷狄"的差异主要体现在衣衫与礼仪方面。《论语》中记载了孔子这样两句评论，"夷狄之有君，不如诸夏之亡也"（《论语·八佾》），"子欲居九夷。或曰：'陋，如之何？'子曰：'君子居之，何陋之有？'"（《论语·子罕》）这两句话的意思是：夷狄即便有君主，也不如没有君主的华夏；九夷虽偏远荒陋，但若有君子居住，也就不再荒陋了。由于文化认同构建了中国人的身份认同，而这种认同往往体现为个人与集体两方面的评判，所以孔子才会一方面强调"夷狄之有君，不如诸夏之亡也"，一方面又强调"君子居之，何陋之有"。所谓有君不如无君，意思是没有文化的支撑，政治也就失去了向善的目标，在这种情况下，蛮夷之邦纵然有国君，也远不如虽无国君却有礼乐文化传承的华夏诸国。所谓"君子居之"，意思是在礼崩乐坏的时代，人们的文化认同感趋于淡薄，此时，君子在文化传承上就负有不可推脱的责任。所以，君子所在之处，就有着人性的光辉，就有着礼乐文明的人文色彩，自然也就无所谓"陋"了。这有些像现代的一句流行语——"凡我在处，就是中国"，我们的一举一动都体现着中国的文化精神。

　　当今世界多民族多文化并存，文化习俗的差异绝不代表着高低贵贱之分，各种文化类型都可以说是人们理解人文精神的一种渠道。所以，在平等共处的环境中，我们需要重新理解传统的"华夷之辨"：对内，提升中华民族的文化自信心与认同感；对外，这种自信与认同要转化为求同存异的尊重与包容。这二者中，又以塑造中华民族的文化自信心与认同感为重中之重。只要留意一下日常生活就会发现，在我们的衣着、饮食、言谈举止乃至价值取向中，传统文化的影子已越来越少。而层次丰富、内涵深厚的中华优秀传统文化，乃中国人的立身之基。现代中国需要取鉴于传统中国，将传统文化的精华重新注入现代生活，树立我们的文化主体意识，唯有如此，我们才能真正解答"我是谁"的问题，也才能重塑中华民族的文化自尊。而只有通过塑造文化自尊，我们才有可能更宽容地对待其他民族的文化，既能虚心学习其他民族的优点与长处，又能将自身的不足转化为奋勇追赶的动力。

安

 甲骨文

 金文

 小篆

 楷书

《说文解字》：“安，静也。从女在宀下。”

　　"安"字为会意字，最早出现于甲骨文，在《尚书》《诗经》中频繁出现，在《易经》中也曾被提到。甲骨文中的"安"，上面是一个房子，房子中有一位端坐的妇女。在我们的祖先看来，敌人被关在房门外，女子便不必担忧自己会受到伤害，于是以"女坐室内为安"造出了"安"字。金文、小篆中的"安"字，上半部分没有太大变化，下半部分则不断演化，发展到隶书时，其上为"宀"，其下为"女"，字形正式确定下来。《说文解字》中说："安，静也。从女在宀下。"可见"安"字的最基本含义是"静"，后来逐步引申出安全、安宁、安定、安泰等义。

"安"是中国传统文化中一个非常重要的概念，主要有"安己"与"安人"两个层面，而"安己"又可以分为"心安"与"身安"。

儒家认为，人人心中有一杆秤，这杆秤就是良知，它可以判断意念与行为的善恶。良知又被称为本心或良心，我们经常说，做事要对得起自己的良心，又常讲"平生不做亏心事，半夜不怕鬼叫门"。所以，是否心安是判断人之行为善恶的标准，让我们心安的事，我们就可以去做，让我们心不安的事，就不要去做。在此基础上，孔子又提出了"内省"的修身方法，就是要反省自己做的事情是否让我们心安理得，只有经常进行自我反省，才能真正做到"内省不疚"。

心安之后就是身安，我们经常称身安为"安身立命"。晚唐有一位叫景岑的禅师，因经常在长沙一带传扬佛法，所以又被人称为"长沙和尚"。有一天，一个僧人问他："人假若不站在地上会怎么样呢？"景岑说："不站在地上，如何安身立命呢？"什么是安身立命呢？"安身"就是身有居处，生活有着落，比如有一个合适的工作，有一套可以容身的房子，这就可以算是安身了；"立命"就是精神有安顿之处，比如有理想、有追求、有信念就可以算是立命了。在安身与立命之间，中国人更重视立命。孔子认为，安身是普通人的追求，而立命则是士人、君子的追求，他认为，一个士人若只想着居家安逸，就不是一个真正的士人。在孔子眼里，真正的君子应该把求道作为人生理想与最高目标，而不是只追求生活的安逸与舒适。他还说，君子吃饭不求饱足，居住不求安逸，勤于做事而谨慎说话，亲近有道之人去端正自己，就可以算是好学了。君子作为道德高尚的人，追求的应该是道，而不仅仅是衣食的富足。当一个人在精神上有了追求和归宿，他就不会过多地关注衣食问题，就不会以吃的穿的比不上别人为耻辱。所以《大学》中说："知止而后有定，定而后能静，静而后能安，安而后能虑，虑而后能得。""止"就是理想或目标，"知止"就是对自己的理想或目标有明确的认识，这样就可以心有定向，心有定向就可以内心平静，内心平静就可以所处皆安，所处皆安就可以深思熟虑，深思熟虑就可以有所收获。

孔子的弟子颜回，每天仅有一箪饭、一瓢水，却始终不失乐观豁达。孔子也曾自称，吃着粗食，喝着冷水，弯着胳膊做枕头，乐在其中。孔子和颜回的生活可以说是很困苦了，但他们不仅不以为苦，反而常常感到快乐。他们之所以能做到这一点，就是因为他们追求的并不是衣食的丰足，而是道德的提升与人格的完善，他们追求的是"立命"，而不仅仅是"安身"。

中国人并不满足于独善其身，而是把治国、平天下作为更高层次的理想。所以安心、安身不是目的，安百姓、安天下才是最高目标。当子路问什么是君子时，孔子说："修养自身，使态度庄重恭敬，就可以说是君子了。"子路问："仅仅这样就可以了吗？"孔子进一步说："修养自身，使身边的人得以安顿，就可以说是君子了。"子路又问："仅仅这样就可以了吗？"孔子又进一步说："修养自身，使百姓得以安顿，这恐怕连尧舜都不一定能完全做到。"（《荀子·王制》）在孔子看来，作为君子，只安顿好自己的身心是不够的，还需要安顿他人、安顿百姓。荀子也用"庶人骇政，则君子不安位"来告诫统治者，倘若不能"安百姓"，统治者就不能安安稳稳地坐在自己的位子上。这是把"安百姓"与政权的稳定直接联系在了一起，充分体现了他对"安百姓"的重视。

在心怀大志的儒家学者眼里，仅仅"安百姓"也是远远不够的，《大学》作为儒学总纲，就提出以"平天下"作为最高目标。在《孟子·梁惠王下》中，孟子也曾称赞周文王、周武王"一怒而安天下之民"。孟子还以"平治天下"为己任，他说："夫天未欲平治天下也，如欲平治天下，当今之世，舍我其谁也？"（《孟子·公孙丑下》）

在原始社会，人们追求更多的是生存层面的"安"。随着社会的不断发展，人们面对的维度越来越宽广，遇到的问题越来越复杂，对"安"的需求越来越立体：国家安、军事安、经济安、文化安、科技安、生态安、资源安、信息安、食物安……"安"的内涵也随之愈加丰富。在充分承继中国古代"安"文化宝贵遗产的同时，我们要发挥人类特有的高级智慧，把"安"的新时代文明种子播撒到世界的各个角落。

元

 甲骨文

金文

小篆

楷书

《说文解字》：“元，始也。从一，从兀。”

　　"元"是会意字，从"一"从"兀"，本义为"人首"，后引申出"始"的义项。由于"首"与"始"分别在空间和时间两个维度指称最关键的部分，所以"元"字在汉语系统中往往具有至高权威的色彩。譬如《尚书》中提到的"元德""元命"；再譬如我们称一国之君（或最高领导人）为"元首"，称万物之初为"元始"；又譬如"气"为中国哲学中用以理解万物构成的基本概念，而"元气"就代表着最初始、最本质的气。

"元"字所具有的这种特质，使它经常被用来描述古代中国的宇宙观念与政治理念。众所周知，现代物理学在解释宇宙的起源时，提出了"大爆炸"的假设，认为整个宇宙是从一场大爆炸起始的。古代中国人却不这么认为，《周易》中就说，宇宙从无到有，是"易有太极，是生两仪，两仪生四象，四象生八卦"，八卦又演化为六十四卦的过程。所谓"卦"，就是中国古人用来描述各种不同性质的符号，古人认为这六十四卦可囊括宇宙各种各样的性质，而六十四卦之间的运动变化是在一个无穷的时间序列中形成的有序的循环关系。这其中，最重要的当然是开端，因为循环关系是一个闭合的序列，所以开端不仅代表着整个循环关系的起点，也包含着循环关系的全部。

《周易》六十四卦的开端为"乾卦"，它表述的是天的性质，即"天行健"，强调了天的运转不息、刚健有力。乾卦的四德为"元亨利贞"，与"春夏秋冬"四季相对应，"元"象征着万物萌动初生，而"亨""利""贞"分别象征着万物的成长、收获与贮藏。《周易》谓"大哉乾元，万物资始"，就在两重含义上体现着"开端"的重要性——一为万物之初始与其完整的发展过程，此为"生"；一为这一初始与发展过程的循环不息，此为"生生"。中国人极为重视"生"与"生生"的叠加循环。

　　或许有人认为，说宇宙或历史是一个循环，岂不是与人们熟知的进化论相悖吗？殊不知，这恰好体现了中国古人的独特智慧。一般说来，哲学总是追求永恒不变的东西，因为变化不能体现事物的本质，但古人正是在这一点上实现了突破，巧妙地利用循环结构来表述永恒。永恒不意味着不变，它反而是在事物的循环运动中体现出来的，"生生"就是中国古人对于永恒的一种认知。我们常说"有生便有死"，但宇宙若只是一个从生到死的过程，那么对于所有生命来说，既已生，所要考虑的便只是如何面对死，结局无论如何都是悲剧性的。但倘若我们转换视角，将关注点从某一事物的生死变换为宇宙万物的生生不息，那么情况就会大不相同，人生倏地就变得明朗且积极起来了。

　　所以，中国人一方面重视祭祀祖先，因为祖先是每个人的血脉源头，象征着"生"，而子孙是血脉的延续，象征着"生生不息"；一方面努力效仿天地创生且永不休止的壮举，将其运用到人生境界的审美与政治秩序的建设上。宋代理学家周敦颐与程颢都有"窗前草不除"的典故传世，说的是两人窗前的草长得太高，一片芜乱，旁人问他们为什么不除草，周敦颐说："与自家意思一般。"意思是说看见这些蓬勃生长的草，就如同看见他自己。程颢说："欲常见造物生意。"意思是说他能从这些草的生长中，真切感受到天地创生的用心。周敦颐、程颢都是从一草一木的"生"中感受到了超越时空的"生生"的永恒之美。

　　中国人喜欢用"天人合一"来讲人与自然的和谐共处，其逻辑的关键，就在于从这循环往复的结构中体味到永恒性。人只有把握了这种永恒性，才可能从私己的"生"中跳脱出来，融入整个宇宙的"生生不息"来审视生命的意义。中国人之所以特别重视过年，就是因为一年之计在于春，放鞭炮、祭祖、贴春联等仪式，寄托了"一元复始，万象更新"的美好希冀，象征着每一年都有新的开始，生生不息。

　　"元"字在政治理念上的体现，要以《春秋》为代表。《春秋》开篇谓："元年春，王正月。"这虽然貌似一句用来纪时的话，但其实大有深意。"元年"象征着天地之始，"春"象征着四时之始，而"王正月"则代表着君主仿效天地布政施教之始，也即人道之始。这三者合起来，"始"就不仅表示"开端"，同时也有了"正"的意思，象征着人道以天理为法则、政教以天道为范本。因为"天"是中国古代政权合法性的重要来源，中国古人认为，君主善待百姓与天地创生万物在性质上相同，所以君主的职责就是与天合德、代天养民。在这个意义上，古代君主的布政施教才被认为符合"王道"的理想，因为它贯彻了宇宙"生生"的价值内涵。

　　尽管在现代社会，"元"字上追天道的意味越来越淡，但重申这一点仍不是没有意义的。因为对于人类而言，如何解决多元价值间的冲突而使之和谐共存，已是迫在眉睫的问题。"元"字及其代表的"生生"天道，恰好能为这个问题提供一种包容性的思路——"生生"追求的不是某个人、某个事物的独生，而是宇宙万物的共存共生，它要求人们在"天道"面前放下身段，谦逊地与他人、与大自然共处，尊重文化的多元性，尊重大自然的多样性，不把个人意志独断地施加于他人。

 甲骨文

 金文

 小篆

 楷书

《説文解字》："亯，獻也。从高省，曰象進孰物形。
《孝經》曰：'祭則鬼亯之。'"

　　"亨"，古字作"亯"，为象形字，其字形象征高台上用于祭祀的祖庙，本义为"献"，即向神灵敬献祭品。后"亯"字分化为"亨""享""烹"三字，古籍多通用，如《诗经·小雅·瓠叶》中"幡幡瓠叶，采之亨之"的"亨"即"烹"。"亨"字后引申出"通"义，表示祭者与被祭者上下相通，后又引申为"顺利"，代表得到祖先、神明的认可与祝福。现代汉语中的亨通、亨泰等词语，基本就是使用了"顺利"这个义项。

　　"亨"字既代表了中国人对美好生活的向往，又反映出中国人对美好生活的基本理解。无论是在天地创生万物的意义上，还是在人事的意义上，想要万事亨通，都需要以下几个前提条件。

　　首先是"开端"，有开端，才有成长，也才有"顺利"或"不顺利"的评价可能。所以在《周易》中，"亨"是乾卦"元亨利贞"四德之一，象征着万物初生之后的成长阶段。

　　其次，"顺利"与否，只有在乾卦刚健不息的自强基础上讲才有意义。我们在现实生活中经常会遇到不顺利的情况，比如考学失败、创业失败、婚姻不如意，很多人就由此陷于一种怨天尤人的悲观情绪中。在孔子看来，这种心态并不可取，他曾对子贡说："对于没有人了解我这件事，我不会埋怨天，也不会埋怨人，因为通过学习礼乐来上达天命这种志趣，大概只有天才能了解吧！"

孔子在世时不是一个世俗意义上的成功者，他周游列国十余载，渴望兴复周礼，但都失败了。郑国有个人甚至说孔子看起来像一条丧家之犬，但孔子听后不以为意，反而笑着说："人的外在形象只是旁枝末节，说我看起来像一条丧家之犬，倒也没有错。"人们追求世俗意义上的成功，很大一部分原因是希望得到别人的赞誉与欣赏。虽然这种追求往往寄托着自我价值的实现，但久而久之，人们会越来越在意他人的评价而忘了自己的初心。如此一来，自我价值的实现，就变成了通过成功来取悦他人进而取悦自己的本末倒置之举了。在这个时候，如果遭遇失败，人们就会埋怨他人不懂得欣赏自己，埋怨上天没有给自己足够好的机遇。然而孔子并不是这么做的，他一方面豁达地面对他人"丧家之犬"的嘲笑，一方面深知自己的人生价值并不取决于他人的褒贬，而是唯有上天才能评判。或许有人会说，孔子的理想太高拔，我们达不到那个境界，可问题的关键不在于此。孔子说，"知我者其天乎"（《论语·宪问》），我们完全可以将这句话解读为一种自信焕发的人生态度，它所表达的是：无论我们做什么事，都要坚韧且自信，不要因他人的否定而轻易动摇。

"亨"字所体现的面对艰难困苦百折不挠又对结果泰然处之的人生态度，塑造了中国人不忘初心、砥砺前行的优秀品格。孟子说："天将降大任于是人也，必先苦其心志……"（《孟子·告子下》）司马迁说："文王拘而演《周易》；仲尼厄而作《春秋》；屈原放逐，乃赋《离骚》；左丘失明，厥有《国语》。"（《报任安书》）追求美好生活的理想与"艰难困苦，玉汝于成"的奋斗过程辩证地结合在一起，正是"亨"字所具有的哲学内涵。它提示我们：在追求美好、追求顺利的背后，一定要有勤勉、努力与百折不挠的意志做支撑。所以，当我们追求顺利时，也就意味着忍受困苦；当我们言及困苦时，它便指向我们自身的奋进；而当我们瞩目于自身的奋进时，眼前才会展现出光明的未来。

最后，追求"顺利"还需要一定的客观条件。比如我们要想在考试中取得成功，最起码要有供我们学习的地方，如果暂时没有这个条件，就要去寻求他人的帮助来获得这个条件。别人对我们的帮助，亦是"亨"。所以"亨"字还代表着一种"厚德载物""成人之美"的君子德性，这一意义的典范表述，正是《周易·坤卦·象传》中所讲的"至哉坤元，万物资生，乃顺承天。坤厚载物，德合无疆，含弘光大，品物咸亨"。

简单说来，这句话讲的是坤卦所代表的德性是伟大的，它顺承上天创生的意志而为万物提供了生长的环境，使得万物能够顺利地成长。对应于宇宙，乾代表天，坤代表地，如果说乾只是在可能性上提供万物初生的开端，那么坤就在实现的意义上使这种可能成为现实。对应于人事，乾代表父，坤代表母，分别象征着君子自强不息与厚德载物两种德性。乾、坤二卦虽然各有不同的象征意义，但就像困苦与顺利一样，二者相辅相成，缺一不可。自强不息与厚德载物同样如此，仅仅具有自强不息的精神还不够，这种自强的刚健精神须与宽容厚道的品性相结合，才能造就君子人格。

换言之，我们追求的诸事顺遂，最终并不体现在自己的志得意满上，而是体现在成就他人、家庭、国家乃至人类命运共同体上。因而"亨"字所代表的诸种德性以及对美好生活的向往，于中华民族而言，象征着艰苦奋斗的自强；于整个世界而言，则象征着对"美美与共"理想的奉献与追求。

通

甲骨文

金文

小篆

楷书

《说文解字》：“通，達也。从辵，甬聲。”

　　"通"是形声字，从"辵"，"甬"声，本义为"达"，《周易》谓"往来不穷谓之通"，后引申出接通、交流、精通等义。这三个引申义在中国早期的宗教活动中有着集中体现，譬如《尚书·吕刑》中的"绝地天通"一词中，"通"既代表了上天与人的接通，也代表着人与神灵之间的信息传递，同时还蕴含着精通沟通人神这种法术的意思。就其"达"的本义而言，"通"字象征着一种关系的建立与无窒碍。譬如当我们说"阡陌相通"时，我们说的就是这些田间小路将不同的地方联系起来；而当我们说"沟通"时，说的就是人与人之间经由交流而发生了联系。所以，对应人类社会，"通"字主要指的是人与人之间的互通与共存。

　　然而，为什么只有互通才能共存？这主要是因为人类是群居性生物，需要依靠彼此的互助合作才能在大自然中生存下来。这种互助合作促进了各种分工的产生，大大提升了人类改造大自然的能力以及群体的组织化水平。在这一基础上，各种专属于人类社会的精神活动逐渐发展出来，譬如宗教、哲学、艺术、科学，等等。可以说，从远古时期百十人的小部落到现代社会两千万人的巨型城市，整个人类社会的文明史就是一部互助合作的发展史，是一部"通"的历史。

在内部的分工合作上，中国很早就发展出了以血缘伦理为基础框架的高度组织化的文明形态。《尚书》有云："克明俊德，以亲九族。九族既睦，平章百姓"，勾勒出以"君主"为中心，以"亲族""百姓"为外围的政治组织形式。这一政治组织形式在秦汉大一统后逐步演变为君主专制、中央集权的组织形式，又经由科举制而演变为以"君主"和"士大夫"为核心的政府文官集团。高度发达的政治组织形式提高了政府的行政能力，这确保中国有能力对广阔的疆土保持有效的控制力，维系统一的局面。所以，儒家文化能够成为中国传统文化的主流并不是一种偶然，而是出于现实的需要。儒家文化尤为重视道德伦常与对政治的积极参与，这对于在广阔疆土上建构合理的人间秩序具有非同寻常的意义。具体说来，儒家将各种人际关系总结为君臣、父子、兄弟、夫妇、朋友五伦，这五伦配合士、农、工、商四种职业，构成了传统中国互助分工的基本结构。其中，"君臣"是最重要的伦常秩序，而"士"是最高贵的职业类型，二者殊途同归，最终皆指向对政治秩序的建构与维系，代表着华夏文明追求的主要目标乃是建构一个实现共同向善的人类整体。而这种共同向善的目标，正是中华文明得以延续数千年而不中断的关键所在，也是保证中国长期稳定的文化力量。

在对外交流方面，中国作为发祥于黄河、长江流域的文明古国，是在与周边部族不断交融的过程中发展壮大的。历史上，向外探寻世界、寻求与其他文明的交流互鉴一直是中华文明保持旺盛生命力的重要原因，像张骞出使西域、玄奘取经、郑和下西洋等，都是很著名的事例，"丝绸之路"更是著名的中西交通要道。纵观历史，唐朝为提升中国文化影响力，做出了厥功至伟的贡献，东亚文化圈就形成于唐朝。作为中国历史上思想文化极为开放繁荣、国力极为强盛的朝代，唐朝对当时的日本、新罗等国家具有巨大的吸引力。日本曾三番五次地派遣使节来唐朝学习中国的文化，模仿汉字创造自己的文字，仿照长安城建造都城平城京，而其传统服饰和服也是借鉴盛唐服饰的款式设计的。

对外的交流互鉴不仅促进了中国文化的传播，还带动了中国农业与经济的发展以及人口的爆炸式增长。像玉米、土豆、红薯、棉花、西瓜、辣椒等农作物，就都是由域外传入中国的。其中，玉米、红薯于明代传入并大规模种植，缓解了中国粮食生产的压力，促使中国人口激增。可以说，中国数千年来的发展，就是在与整个世界互通有无的大背景下实现的。

对外交流活动还为中国提供了关于世界的最初想象。17世纪初，天主教传教士利玛窦来到北京。在他敬献的所有贡品中，万历皇帝最感兴趣的就是自鸣钟与世界地图。但是中国与西方世界的交流因清朝的闭关锁国而被骤然斩断，以至于到了19世纪，道光皇帝在听闻英吉利这个国家时，竟十分天真地问道："英吉利在哪儿？是否有旱路可通？"正是由于彼时的大多数中国人对世界几乎一无所知，所以林则徐和魏源才会印行《四洲志》《海国图志》等介绍世界地理的书籍，提倡"开眼看世界"。闭塞就意味着自大，而自大就会导致落后，这是近代中国留下的历史教训。

从个体与个体的互助合作，到民族与民族的文化交流交融，再到21世纪信息与知识的全球共享，世界各国的发展休戚与共。我们应该看到，每个人、每个国家的生存与发展都越来越依赖于人类整体的共通、共存与共荣。现代中国将秉持更加开放包容的精神，自觉担负、履行更多的责任与义务。

 金文

 小篆

 楷书

《说文解字》：“咊，相應也。从口，禾聲。”

　　"和"字对中国人有着深远的影响。从"调和鼎鼐"的饮食艺术，到"家和万事兴"的治家格言；从"和而不同"的自我修身，到"和衷共济"的共同体理念；从"和气生财"的经商之道，到"以和为贵"的处世哲学……"和"的观念早已渗透到中国人内心世界与现实生活的各个角落，成为中国人一直怀抱的人生态度与努力追求的理想境界。

　　"和"字在金文中便已出现，其字形左"口"右"禾"。《说文解字》释曰："咊，相应也。从口，禾声。""和"与"龢""盉"是同源字，且都以"禾"为声旁。通过它们的字形，我们能看出古人对于粮食作物极为重视，亦能看出古人对人与自然和谐相处的素朴愿望。

　　"和"的古字为"龢"，由于"龠"是用竹子制成的一种乐器，用以发和声，所以"和"字最初应指"音乐之和"。《周易·中孚卦》有云："鸣鹤在阴，其子和之。"西周末年，史伯在与郑桓公交谈时提出"和实生物，同则不继"（《国语·郑语》），使"和"有了哲学层面的内涵，而这场有关"和同"的论辩，不仅强调了异质相济与建立在尊重差异基础上的和谐共融，也申明了各类事物之间矛盾的均衡和统一。

　　自此之后，经过儒家学者的阐发，"和"逐渐引申指天、地、人的和谐状态，以及人们追求的理想境界。

　　在儒家看来，"和"是宇宙创化运行的基本规律与法则，"和也者，天下之达道也"（《中庸》）；"和"是自然万物生生不息的密码与窍奥，"万物各得其和以生"（《荀子·天论》）；"和"是人类个体道德伦理的价值取向，"天时不如地利，地利不如人和"（《孟子·公孙丑下》）；"和"是国家系统顺利运作的调节阀门，"百姓昭明，协和万邦"（《尚书·尧典》）。"和"既意味着自我修养层面的"中和""平和"，也代表着人与自然关系的"和合""相合"；既涵盖道德伦理层面的"和谐""调和"，也囊括政治实践中的"和衷""协和"。

　　儒家之外，道家主张"万物负阴抱阳，冲气以为和"（《道德经》），"和则相生"（《老子想尔注》）；佛教提倡"六和"，即"身和同住，口和无净，意和同悦，戒和同修，见和同解，利和同均"；中医也用"和"来调节人体官能的协作，如"气相得则和，不相得则病"（《黄帝内经》）。通过"和"的调节，万物得以共生共荣，个体得以自我平衡，社会得以和谐发展。

历代中国人对"和"的现实应用与推扩，取得了修身睦邻、兴国安邦的良好效果。

清代康熙年间，桐城（今属安徽）境内发生的"六尺巷"故事，就验证了"和能睦邻"之说。文华殿大学士兼礼部尚书张英老家的府邸与吴姓人家相邻，两家在宅基地的问题上发生争执，互不相让，对簿公堂。考虑到两家在当地都是名门望族，县官举棋不定，不敢轻易断案。于是，张家人千里传书至京城，征询张英的意见。张英看信后立即批诗寄回，诗曰："一纸书来只为墙，让他三尺又何妨。长城万里今犹在，不见当年秦始皇。"张家人读罢，豁然开朗，主动将宅基地向后退让了三尺，吴家见此情景，深受感动，也效仿张家，礼让三尺，于是两家之间就形成了一条六尺宽的巷子。

"将相和"的故事则是对"和能兴国"的极佳诠释。战国时，赵国舍人蔺相如奉命出使秦国，不辱使命，完璧归赵，被封为上大夫；后陪同赵王赴秦王的渑池会，使赵王免受秦王侮辱，被封为上卿。廉颇想到自己曾为国家立下赫赫战功，而一介文弱书生蔺相如仅凭舌辩之才，就获得了高过自己的官位，从而内心失衡，屡次向他人表达自己的不满，并决意伺机羞辱蔺相如。蔺相如得知此事后，以大局为重，以和为贵，称病不再上朝，以避免与廉颇正面接触。后来，廉颇领悟到蔺相如的责任担当与胸怀气度，非常惭愧，便登门负荆请罪。最终，二人冰释前嫌，和睦相处，成为赵王的左膀右臂。

从理论层面上看，"和"是衡量个人道德修养的标准，是调节人与自然关系的支点，是平衡人与社会关系的杠杆，是实现政通人和的渠道；从现实层面上看，"和"在化解社会矛盾、平衡社会关系、维护国家统一与民族团结、促进生态经济协调发展、呼吁世界多元文化美美与共等方面，都起到了积极的作用。可以说，"和"塑造了中国人的思维与处世模式，积淀为中国人的一种文化心理，造就了华夏文明热爱和平、祈盼和顺、崇尚和美、追求和谐的品格基调与价值取向。

善

金文

小篆

楷书

《说文解字》："譱，吉也。从誩，从羊。
此與義美同意。"

　　"善"是会意字，不见于甲骨文，金文从"誩"从"羊"，与"義（义）""美"同源，表"吉"之意，后演变为现行楷书的写法，并在"吉"的基础上，发展出好、赞许、喜好、善于等义项。如《周易·益卦》"君子以见善则迁"及《尚书·伊训》"作善，降之百祥；作不善，降之百殃"中的"善"，均为"好"的意思；《道德经》"善行无辙迹，善言无瑕谪"中的"善"为"善于"之义。

　　现代人更多地在道德称许的层面上使用"善"字，譬如说某人是个"善人"、他做了一件"善事"等。这种用法的普及与孟子思想的传承有着十分密切的关系。孔子虽然提出了"仁义"的学说，但并没有用"善"来解答人性是什么；而孟子则明确地将人性与"善"联系起来，提出了"人性本善"的命题。

要探究孟子这么做的缘由，还要从他身处的时代环境说起。孟子生活的战国时代是一个战乱频仍、人命危浅的时代，孟子曾与梁惠王有过这样一段著名的对话。梁惠王问孟子："我治理国家已经非常用心了，可为什么我国的老百姓并未增多呢？"孟子说："您喜欢四处征战，那么请问，打仗的时候做逃兵，逃跑了五十步就停下的去嘲笑那些逃跑了一百步才停下的，行不行？"梁惠王说："不行。"孟子说："老百姓希望能够安居乐业，生有所养，死有所葬，可您却只顾着四处征伐、开疆拓土，眼睁睁地看着老百姓饿死在路旁却不救援，然后推卸责任说'这是天灾，不是我造成的'，这不就好比有人拿刀杀了人，却说'是刀杀人而不是我杀人'吗？"进而又说，"以刀杀人和以政杀人在本质上是一样的，您自己过得丰衣足食，却叫百姓食不果腹，就应被视为'率领禽兽来吃人'。人们见到野兽同类相残尚且厌恶，对于用'俑'来殉葬尚且反对，那么作为本该庇护百姓的一国之君，您又怎能目睹百姓饿死路旁却无动于衷呢？"梁惠王听后，面红耳赤，羞愧难当。

可见，在战国那样的时代环境中，生命的朝不保夕愈发凸显出和平与友爱的可贵。那么，到底什么是"善"？用"善"的本义来追问，什么是"吉"？什么又是"好"？让我们来看一看孟子的说法。

孟子曾感慨："大人者，不失其赤子之心者也。"（《孟子·离娄下》）这句话表明能否葆有赤子之心是衡量一个人高贵与否的标准，那么赤子之心又是怎样的呢？简单地说，赤子之心指的就是像小孩子那般纯真的心灵。小孩子的心灵不伪诈，不残暴，也不会存有为达到一己目的而不择手段的邪念。或许有人会说：这有什么难的呢？每个人不都是从小孩子慢慢成长起来的吗？没错，这正是问题的关键所在。赤子之心代表着人原初的本性，只是被人们在日后的各种世俗追求中遗落了。**人们追求成功，追求卓越，追求名利，却恰恰忘了自己的本来面目。**

　　孟子还有一句很著名的话，他在批评齐宣王推脱施行仁政的义务时说："是不为也，非不能也。"（《孟子·梁惠王上》）这句话的意思是：善待百姓并不是多难的事，只是你不肯做罢了。齐宣王为什么不肯做？因为他的理想是开疆拓土，与列国争胜，所以他不肯把精力放在改善百姓的生活上，这就如同一个人整日想着出人头地，却对父母妻儿不闻不问甚至冷眼相待。自私的人不会得到家人的认可，同样，齐宣王也不会得到百姓的拥戴。伪诈自私、追名逐利遮蔽了人们与生俱来的赤子之心，而人性之善，就体现在这赤子之心上，这种品质虽然平凡，却在被遗落后显现出它高尚且珍贵的一面。孟子认为赤子之心体现着人们与生俱来的道德能力，是人们应该永葆的。

　　多么奇怪，一个表示"好"的比较级的汉字"善"，竟然用来指称我们本有的天性！我们很多人每天都在追求卓越，追求更好的生活，却遗失了本性中的"善"，要知道，关怀他人、付出真情远比不择手段地谋求世俗的成功更高贵。明代王阳明有一句诗写得非常好："抛却自家无尽藏，沿门持钵效贫儿。"意谓我们明明已"富有四海"，却像乞丐一样每天拿着碗去别人那里讨饭。这真是舍本逐末！

在中国人的传统认知中，"德"与"福"原本应该互相匹配，即所谓"好人有好报"。但现实往往不尽如人意——有的人勤勤恳恳，积德行善，却始终郁郁不得志；有的人投机钻营，巧言令色，却一朝名利双收，其间落差，令人气结。可是我们难道因为无法容忍"德"与"福"的偶尔错位，就能拒绝行善吗？当然不行！因为，**中国人讲"善"，绝不是单纯追求"善有善报"，而是要在成就自身道德的前提下，建构一个美好的社会，建设一个富强的国家。貌似立足于个人品德的"善"，代表的是全人类对公平正义的价值追求。**

综上所述，"善"代表着中华民族对"人"的基本价值的信念，而所谓"信念"，就是一种自强不息的精神。譬如每个人虽都会遭遇病痛、死亡这类人类无法逾越的天然屏障，但这并不意味着我们就应麻木地接受，恰恰相反，越是身陷这种境遇，我们就越要振奋地生活，因为生老病死并不能阻碍我们对人性光辉的追求；同时，我们还应更努力地善待身处此类困境的人，给予他们更多的帮助，使他们感受到人性的温暖——这就是我们努力"学以成人"并"与人为善"的信念所在，也是人类共同追求的美好理想。

 甲骨文

 金文

小篆

邦 楷书

《説文解字》："邦，國也。从邑，丰聲。"

　　"邦"是会意字，最早见于甲骨文，在《尚书》《诗经》中频繁出现。甲骨文的"邦"字上面是"草"，下面是"田"，表示建立土界，划分田地，即"封疆"之义。金文的"邦"字，去掉了"田"，增加了"邑"，表示"疆域"。小篆的"邦"，"草"演变成了"丰"，从而成了一个形声字，它的含义也由原来的动词"封疆"变成了名词"国"，所以《说文解字》中说："邦，国也。从邑，丰声。"

　　"邦"最初的含义就是"封疆"，这与中国古代的分封制有关。商朝末年，商纣王昏庸无道，周武王联合其他属国讨伐商纣王，经过牧野之战，最终推翻了商纣王的统治，建立了西周王朝。西周建立之初，周武王推行"分封制"，把自己的宗亲以及在讨伐商纣王过程中立有战功的姜尚等人分封到各地为王，建立起很多诸侯国。诸侯国的国君也仿效周武王的做法，将自己的宗亲分封到诸侯国各地做大夫，大夫下面又有士，士下面又有庶民，也就是百姓。诸侯、大夫甚至士，都各有自己的封地，即采邑。这样，整个周朝就形成了一个由天子、诸侯、大夫、士、庶民构成的金字塔式的社会结构。周武王作为周朝的最高统治者，被称为"天子"或"王"，他的统治疆域就是"天下"，所以《诗经》里说"溥天之下，莫非王土"。诸侯国的最高统治者是国君，他的统治疆域被称为"邦"或"国"。起初，邦和国还是有一些差异的，一般情况下，大国称邦，小国称国，到了春秋战国时期，诸侯国之间相互兼并，诸侯国的数量越来越少，邦与国之间的差别也逐渐缩小。汉朝初年，为了避汉高祖刘邦的名讳，典籍中的"邦"字都改为"国"。

就现有文献来看，商朝与周朝都是由很多属国组成的。比如，周原来就是殷商的一个属国，在历代祖先的经营下，于姬昌时开始崛起，以至于"三分天下有其二"，最后，周武王代商而王，建立了周王朝。起初，周天子对各个诸侯国拥有绝对的控制权，但自春秋时期开始，有些诸侯国在兼并中不断强大，逐渐脱离了周天子的控制，形成了列国并存的局面。各个诸侯国之间战争不断，导致生灵涂炭，饿殍遍野。人们向往国与国之间和睦相处，于是出现了"协和万邦"的理念。

"协和万邦"的思想被后世所继承，成为中国人十分重要的人文取向和价值理念。儒家一直秉持"大道之行，天下为公"的理念，以实现"王道盛世"为社会理想。战国中期，一些强大的诸侯国试图统一天下，当时儒家重要代表人物孟子认为，统一天下最好的方式不是"霸道"，而是"王道"，因为"霸道"虽然可以通过战争等暴力手段掠夺土地并强迫人们归服，但只有实行"王道"，施行仁政，"老吾老，以及人之老；幼吾幼，以及人之幼"，才能真正使人们心悦诚服。

在儒家思想的影响下，"协和万邦"始终是中华民族处理国与国之间关系的重要原则。纵观五千多年的历史，中华民族一直是一个爱好和平、反对战争、倡导和谐共处的民族。明成祖永乐年间，中国虽已成为当时世界上的强盛大国，但并未试图通过武力扩张去征服世界，而是怀抱着"协和万邦"的理想，由郑和带着丝绸、瓷器等物品七下西洋，与沿线国家进行友好的交流与贸易。

"协和万邦"的理念产生于邦国林立的商周时期，旨在化解矛盾、消弭冲突。这一理念辉耀千古，历久弥新。随着信息时代的来临，世界各国交流合作愈加频繁深入，你中有我、我中有你、利益共享、风险共担，已成为一个复杂的命运共同体。为此，我们必须协和万邦、和衷共济，以求互联互通、互利共赢，最终把这个美丽的"地球村"打造成温馨和睦的大家庭，为人类社会创造更为美好的明天。

 甲骨文

 金文

 小篆

 楷书

《説文解字》：“天，顛也。至高無上。从一、大。”

　　"天"是指事字，从"一"从"大"，以"颠"为义。甲骨文中，"天"多数作"大"解，少数作"颠"解。从字形看，"大"字象人正立之形，其上加"一"，表示高于人之"颠"的意思，所以被用以指称"天"，后引申出"至高无上"之义。

　　"天"是中国传统文化中的核心观念，至少具有以下三层含义：

　　第一，"天"指自然之天，也就是我们现在所说的天空。这种自然意义后来在哲学上被引申为一种解释"万物从何而来"的宇宙起源说。中国人认为"天生人成""天地合而万物生"，万事万物的存在都依赖于天地的存在，像我们所说的天才、天赋，就都是在这个意义层面上指一个人生而具有的禀赋。

　　第二，由于"天"在空间上给人至高无上、无穷无尽的观感，又兼具化生万物的功能，所以它又被用来指称一种至上的、具有宗教意味的人格之天，譬如《尚书》中所说的"天聪明，自我民聪明。天明畏，自我民明威""上天孚佑下民"，以及西周早期的大盂鼎铭文中的"朝夕入谏（谏），享奔走，畏天威"。上天不仅像人一样具有好恶的感受，而且具备赏罚的意志，这种理念从科学的角度看虽荒诞不经，但直到今天，它都在深刻影响着某些中国人的行为方式。人们常说的苍天可鉴、胆大包天、天网恢恢等，其中的"天"都含有人格天的意味，表现了人们对人世间公平正义能够得到上天保障的渴望。另外，在古代中国人看来，上天还有一种表达自我意志的方式，那就是"灾异"。利用"灾异"来修正现实的政治措施，在中国古代尤其是两汉时期十分常见。一般说来，如果出现了灾祸或者异常凶险的自然现象，人们就认为这是上天的警告；而如果出现了祥瑞之象，人们就认为这代表着上天的赞许。随着科学的发展，大自然的神秘感逐渐淡化，这类观念自然也退出了历史舞台。不过值得注意的是，客观意义上的人格天与灾异虽然不再具有说服力，但它仍作为一种民间表达方式，被人们借以反映主观诉求。譬如元代关汉卿在《窦娥冤》里塑造了"六月飞雪"的灾异景象，借"六月飞雪，必有冤情"的民间思维来表达对现实的不满以及对人世间公正、公道的诉求。所以人格天的出现体现了人类道德意愿的投射，本质上象征着对人间秩序的建构与维护。

第三，除了至高无上的地位外，相较于寻常生命的短暂，天还具有恒常不变的特性。"至高"与"恒常"的结合，使天具有一种道理、原理层面的秩序意义，譬如我们说的"天道""天理"，就都是在这个意义上讲的。这意味着万事万物都是在遵循"天"之秩序的前提下化生、发展直至终结的，但这种秩序并不像人格天那样具有主动性并代表着一种人格意志，而是通过恒常不变的特质来展示它的客观意味。所以秩序意义上的天又是我们透过各种纷纭现象、综合各类认知而得出的关于天地"本来如何"的一种答案。

譬如我们常说的"道法自然"，这里面的"道"就是天道，它不是对某一事某一物的认知，而是对整个天地"本来如何"的体会。宋代大儒程颢有一句名言："吾学虽有所受，天理二字却是自家体贴出来。"这里的体贴，就是体会、揣摩。这句话的意思是说，我的学问虽然有师承，但是对于"天理"的理解则不是学来的，而是自己内心"体贴"出来的。这说明了什么道理呢？简而言之，就是天理不是一种仅仅通过学习书本或认知外物就可以弄懂的知识性学问，而是一种内外贯通的学问。譬如我们看见一个人，知道他的外貌特征，可以部分感知他的心理活动，但我们终究不是他，所以永远都不可能完全知道他的所思所感。对于天理也是一样，如果缺少了自我内心对天理"本来如何"的追问与感受，那么我们只能得到残缺不全的理解。只有亲自补上"体贴"这段经历，我们才能体会到完整的天理，否则就只是照猫画虎，弄懂一点有关天理的知识罢了。程颢所说的，其实就是中国哲学所追求的"天人合一"。

在中国古代，"天"的这三种含义往往被混杂使用，界限并不清晰，所以我们所说的"天"，既具有宇宙化生的意味，又具有人格的意志作用，还具有客观性的秩序意义，这就使"天"既是中国人效法的模板，又是中国人敬畏的对象，还是中国人价值追求的依据与目标。"天命"这个观念就综合了上述三者，认为一个人的出生、成长、寿命以及天然的禀赋等，都是天地化生万物时所赋予的"命"，而所有这些特质、人生境遇得以如此的缘由，也可以被理解为一种由上天所主宰的"命"，譬如有的人天生貌美，有的人生来健康，有的人出生在富贵之家，有的人出生在贫寒之家。但是中国人的伟大之处，就在于我们并不用一种浅薄的命定论去解释它们，而是着重强调天命在人身上体现出的道德价值与自强精神。

　　孟子说："尽其心者，知其性也。知其性，则知天矣。"（《孟子·尽心上》）意思是人要通过"尽心"这种自强的方式来知晓自己的本性以及天命，但所知晓的并不是什么贫富贵贱的"命数"，而是一种道德价值的恒存——在天曰德，在人为善。因而"天命"说到最后，追求的就是人们努力体贴道德这一天理秩序，并将其落实为人间秩序的价值。所以，"天"字可以说是代表了中国人追求永恒的不竭动力与价值取向。

 金文

 小篆

 楷书

《说文解字》："本，木下曰本。从木，一在其下。"

　　"本"是指事字，最早见于西周早期本鼎铭文，在《尚书》《诗经》中多次出现。金文中的"本"字，主体是"木"，下部有三个呈膨大状的节点，用来表示树木的根部。小篆的"本"字，下部三个节点抽象为"一"，其后字形基本固定。

　　据《说文解字》释义，"本"的本义应是木的根部，《国语·晋语》中说："伐木不自其本，必复生。"砍伐树木要从根部砍断，否则树会死而复生。因为草木的根部与茎干相连，所以其茎或干有时候也被称为"本"。又因为草木的根部决定着草木的生长状况，所以"本"字又有起始、根本、根源、基础等义。还因为事物的根源往往决定其性质，所以"本"又有本质、本来、本意、本能等义。

　　虽然"本"字有多重含义，但其中最主要的含义是由树木根部所引申出来的根本、本源、基础等。中国古人深明基固楼高、源深流远的道理，向来有"重本"的传统。《大学》中说："物有本末，事有终始。"任何事物都有根本与枝末，有终结与发端，而根本与发端在事物的发展过程中往往起着决定性作用。《道德经》中说："合抱之木，生于毫末；九层之台，起于累土；千里之行，始于足下。"合抱的树木，生长于细小的芽蘖；九层的高台，筑起于每一堆泥土；千里的远行，从脚下第一步开始。这就像建一座高楼，打地基非常重要，地基牢固，高楼才能稳固，楼越高，对地基牢固性的要求越高。

"重本"体现在政治上，就是中国人常讲的"民惟邦本"的理念；体现在个人身上，就是《大学》中所说的"自天子以至于庶人，壹是皆以修身为本"；对于修养自身道德来说，其根本在于修心，所以《大学》中又说"修身在正其心"。

"重本"体现在哲学上，就是魏晋玄学代表人物王弼提出的"崇本息末"的主张。王弼认为，《道德经》一书，"几乎可一言而蔽之。噫！崇本息末而已矣"。王弼所说的"本"，就是"无"，所以他又主张"以无为本"。《道德经》中说："道生一，一生二，二生三，三生万物。"在老子看来，天地万物皆由道生，而王弼认为老子所说的"道"就是"无"，他说："道者，无之称也。"所以，老子的"道生万物"在王弼那里就成了"无中生有"。王弼所说的"末"就是"有"，也就是万物。《道德经》中还说："天下万物生于有，有生于无。"王弼解释说，天下万物皆从"有"而生，而"有"又生于"无"，所以要以"无"为本，即将"无"视为天地万物的本体。

"重本"体现在经济上，就是中国古人一直秉持的"重农抑商"观念。国家之本在民，而民之本在食，要想让百姓有充足的食物，就要重视农业生产。中国人很早就明白这个道理，如孟子提出了"制民之产"的主张，建议推行井田制，让百姓有土地耕种，以满足其最基本的生活需求。与孟子大概同时代的秦孝公，重用商鞅，在秦国推行变法，而商鞅变法的一项重要内容便是"重农抑商"。商鞅开阡陌、废井田，承认土地私有，实行了一系列"以农为本"的政策，极大地激发了农业生产者的积极性，为秦国完成统一天下的大业做出了重要贡献。

孟子说："天下之本在国，国之本在家，家之本在身。"（《孟子·离娄上》）进一步讲，身之本又在德，德之本则在心。天下、国、家、身、德最后都要落脚于心，心是修身、齐家、治国、平天下的根本。《荀子·解蔽》中说："天下无二道，圣人无两心。"所以中国人坚信，只要是人，其心就可以相通，这一理念是今天我们建构人类命运共同体的内在理据。

 甲骨文

 金文

 小篆

 楷书

《说文解字》：“同，合會也。从冃，从口。”

"同"为会意字，从"冃"从"口"，"冃"表"重覆"之义，"口"一解为口，一解为器物。口与器物重覆，引申出合会、聚集之义，又可引申出等同、赞同、一同等义，如《尚书·泰誓》中的"同心同德"即为一致、同一之义。现代中国流行的"同志"这一称谓，意思就是志向相同的朋友。古代中国也有一种追求，那就是"天下大同"的政治理想。

这一理想最初见于《礼记》，原文为："大道之行也，天下为公，选贤与能，讲信修睦。故人不独亲其亲，不独子其子。使老有所终，壮有所用，幼有所长，矜寡孤独废疾者，皆有所养。男有分，女有归，货恶其弃于地也，不必藏于己，力恶其不出于身也，不必为己。是故谋闭而不兴，盗窃乱贼而不作。故外户而不闭，是谓大同。"

这段话的大意是说，大道施行的时代，天下是人们所共有的，选举贤能，诚信和睦。人们彼此亲近爱护，不再受限于血缘。老人能终其天年，青年人能发挥才能，小孩子能茁壮成长，社会上的弱者都能得到供养。男子各安职分，女子各有所归。人们追求富裕，共同劳作，但不是只为自己。没有人再搞阴谋诡计，也没有人偷盗作乱。每家每户都不用关门，不用再提防他人。这就是大同世界。

从表面上看，此处 "大同" 的 "同" 表示 "等同"，因为文中明确说 "不独亲其亲，不独子其子"。但是，如果将 "大同世界" 的 "同" 理解为人与人之间的 "等同"，那就误解了这段话的意思。"等同" 只是一种本真生活的形式媒介，而人与人之间的等同，不仅不能造就这段话所描述的美好生活，或许还会导致更严重的纷争与冷漠。之所以要谈及 "同"，只是因为自私与利己导致了生活中的狭隘与伪诈。

"同"追求的是一种"共同"，即一种"我中有你，你中有我""我为人人，人人为我"的理想生活。但这里的"共同"也是一种形式媒介，而不是最终目的。因为倘若只是片面地追求"共同"，就会造成一种严重的矛盾——无论我们做什么事情，都只能以他人为考量对象，任何源于自我意愿的行为都是不道德的，但我们出于基本的道德常识，往往认为唯有源于自我意愿的道德行为才是真正意义上的道德行为。所以，这种对于"共同"的片面追求，因抹杀了"我"存在的意义而使"大同"理想缺乏现实的可操作性。

既然"等同"与"共同"都只是一种形式媒介，那么它们就都是人们为达到最终目的而采取的方法。这个最终目的不是别的，正是人的道德本真及依此道德本真去生活的自由。

在对"大同世界"的描述中，真正使中国古人向往的并不是"等同"或"共同"的形式，而是那几句"选贤与能""讲信修睦""不独亲其亲""不必为己""外户而不闭"的道德描写。人与人之间的世俗壁垒被打破，做事情不需要瞻前顾后地考虑得失，甚至睡觉的时候也不需要提防他人，这对于深陷世俗纷争而深感疲惫的人来说，无疑具有强大的吸引力。只是荒谬的是，虽然"天下大同"是一种理想，但它表述的内容不过是道德生活最普通的样子。那么，人们到底在追求什么呢？真的是在追求一种理想吗？

《庄子》一书中有这样一段有趣的对话。东郭子问庄子"道"在哪里，庄子说"道"无处不在。东郭子说："还是请您具体指明一下吧。"庄子说："在蝼蚁。"东郭子不满意。庄子又说："在稊稗。"东郭子还是不满意。庄子继续说："在瓦甓，在屎溺。"庄子的回答虽然有些"无厘头"，但并不是没有道理。"道"不是一种具体的事物，是无法被人具体指明的，我们既可以说它存在于"蝼蚁""稊稗""瓦甓""屎溺"，同样也可以说它不在任何地方，因为一方面，这些东西跟"道"都没有关系，另一方面，任何一种东西都可以成为指称"道"的媒介。所以，总括而言，"道"就是日常。

"天下大同"的理想跟庄子口中的"道"有些相像，虽然表面上看，它代表着一种追求，但这种追求的本质，是在诉说一种日常的肯定、一种"当下即是"的觉悟。如果我们像东郭子一样，一定要追问这个理想追求究竟何为，那就反而忽略了它的具体所指，因为它指的就是"当下"，它的全部力量都汇聚于我们为改变当下而投入的心力。明白了这一点，我们就不难理解为什么"大同"理想描述的都是道德本真的日常内容了，因为这些内容并不是难以做到的。

另外，单有对日常生活的道德肯定与投入还不够，我们还需要以"和而不同"的方法来具体处理现实生活中的问题。什么是"和而不同"？春秋时期的晏婴说得很清楚，他认为"和"就像烹煮羹汤一样，需要把肉、水、盐、醋、梅等食材、调料调和在一起，才能做出美味的羹汤，假如只有肉却没有调料，就做不出好汤。同样，声音也是如此，一首乐曲只有各个音符配合得当，才能悦耳。如果我们只喜欢与跟自己脾性相投的人一起生活，那便在无形中否定了其他人存在的意义，这只能说是在追求"等同"，而不是和而不同的"天下大同"。

所谓"天下大同"，一定是指每个人的存在就像羹汤里的食材、调料一样，都是必要且有价值的。人与人只有在这个基础上生活在一起，才能形成一个完善的整体，而唯有这个完善的整体，才配在"天下"的意义上被称作"大同世界"，正所谓"和实生物，同则不继"——这是中国传统文化留给现代世界的古老智慧。

后　记

　　激动与忐忑之中，《中国字 中国人》一书终于要与读者见面了。

　　本书为 2022 年度山东省重大理论与实践问题研究重点课题，是集体智慧的结晶。山东省委常委、宣传部部长白玉刚担任本书总策划、总主编，在其主持下，编委会几经商酌，确定以中国字为切入点，按照中国人立身处世、美德建设的不同层面，分成自律助人、孝老爱亲、服务利他、节俭绿色、共建共享、和合大同六个相对独立又相互关联的部分，每个部分选择 17—18 个汉字，每个字呈现为一篇 2000 字左右的国学小散文，通过阐述其字形、内涵的演变以及蕴含的价值理念，让读者了解中国字既体现了中华民族核心价值观的精髓，也承载着人类共同的文明成果和价值。

中国字是中国传统文化的"活化石"，中华民族是一个敬畏文字乃至崇拜文字的民族。敬畏文字、爱惜文字是学人乃至每一位中国人刻在基因里的情结。如果说文字是丈量现实世界的一把尺子，那么人便是这把尺子上的刻度。现实世界中的一切是非、善恶、美丑、功过，皆展现于文字世界，留待后人评说。

因此，剖析中国字背后的"微言大义"，可以让我们洞悉中国传统文化的一些奥秘，有助于我们利用其多维文化价值取向，了解先贤，认识自己，服务当代，裨益后人。

作为中国字的传承者，我们中国人学习的绝不仅仅是一种文字，更是一种精神文化，这种精神文化会在学习中国字的过程中，注入中国人的思维。我们守住了中国字及其文化意蕴，就是守住了华夏儿女的身份，守住了中华文化的精神。

文化传统与现世关怀紧密关联，从中国字的角度检视传统文化，凸显中华民族优秀文化传统的基本内核，同时将德性养成视为一种人生态度，不断提高全民族文化道德素养，正是"观乎人文，以化成天下"的具体体现，也是文化工作者们孜孜以求的终极理想。

　　山东省委宣传部对本书高度重视，省委宣传部分管日常工作的副部长、省文明办主任、省新闻办主任袭艳春，省委宣传部一级巡视员孔繁轲多次带领编委会成员研究讨论书稿构架和编写工作；理论一处处长冷兴邦、副处长刘洁全程参与本书的讨论。

　　在编写过程中，颜炳罡教授担纲主编，李细成负责撰写第一篇的主要部分，于媛负责撰写第二篇的主要部分，李琳负责撰写第三篇的主要部分，房秀丽负责撰写第四篇的主要部分，赵卫东负责撰写第五篇的主要部分，蓝法典负责撰写第六篇的主要部分。分工是相对的，协作是绝对的，每个篇章都有不同作者的参与，很多文章亦经由数位作者和出版社编辑的共同润色。在这个过程中，山东友谊出版社社长何慧颖，副总编王俊杰，人文编辑部主任张亚欣，以及文字编辑王苑、赵锐，美术编辑刘一凡为本书的质量提升和完美呈现付出了辛苦的努力。

　　文字学家、山东大学刘心明教授以高度负责的精神，参与本书编写工作的全过程；儒学研究专家徐庆文教授参与本书编写的初期工作，在此表示衷心的感谢！

为让读者立体感知中国字的魅力，我们特别为本书录制了音频。在音频录制工作中，山东广播电视台党委副书记、总编辑周盛阔给予了指导、协调，主持人薛猛、王苏付出了辛勤劳动，我们表示诚挚感谢！

清华大学国学研究院院长陈来、武汉大学国学院教授郭齐勇、清华大学人文学院教授方朝晖、四川大学国际儒学研究院院长舒大刚、中山大学哲学系教授李宗桂、山东师范大学齐鲁文化研究院首席专家王志民、中国社会科学院哲学所研究员刘丰等专家学者，均对本书给予指导，提出宝贵意见，在此一并致谢。

经历数千年历史的积淀，中国字背后的中国人文精神深邃而厚重，我们对每个字的阐述虽力求兼容并包却仍不免挂一漏万，呈现在大家面前的这本书肯定存在着这样那样的不足，敬请方家批评指正！

编　者

2022 年 8 月